国家社科基金
GUOJIA SHEKE JIJIN HOUQI ZIZHU XIANGMU
后期资助项目

# 尼古拉斯·卡尔多
# 经济思想

Nicholas Kaldor's Economic Thoughts

王济平　著

WUHAN UNIVERSITY PRESS
武汉大学出版社

**图书在版编目(CIP)数据**

尼古拉斯·卡尔多经济思想/王济平著.—武汉：武汉大学出版社，
2022.9
国家社科基金后期资助项目
ISBN 978-7-307-23271-6

Ⅰ.尼…　Ⅱ.王…　Ⅲ.尼古拉斯·卡尔多—经济思想—研究
Ⅳ.F095.61

中国版本图书馆 CIP 数据核字(2022)第 156083 号

责任编辑:唐　伟　　责任校对:李孟潇　　版式设计:韩闻锦

出版发行:**武汉大学出版社**　(430072　武昌　珞珈山)
(电子邮箱：cbs22@whu.edu.cn　网址：www.wdp.com.cn)
印刷:武汉中远印务有限公司
开本:720×1000　1/16　印张:14.5　字数:252 千字　插页:1
版次:2022 年 9 月第 1 版　2022 年 9 月第 1 次印刷
ISBN 978-7-307-23271-6　定价:58.00 元

# 前　言

尼古拉斯·卡尔多勋爵（1908—1986年）是20世纪著名的经济学家，新剑桥学派的代表人物之一，他在英国经济政策方面的影响仅次于梅纳德·凯恩斯。卡尔多经济思想经历了从奥地利学派到凯恩斯学派的转变历程。早期的卡尔多系统学习了边际理论、均衡理论等当时主流的经济理论，他思想深邃，从蛛网模型的提出，发现六个典型化事实，到支出税的理论和实际等，无不展示了他独立思索的光芒。在皈依凯恩斯理论之后，卡尔多就成为了坚定的凯恩斯主义者。

本书定位为国内第一本系统介绍和分析尼古拉斯·卡尔多经济思想的著作。目前，国内关于卡尔多经济理论研究的中文书籍只有一本，即澳大利亚约翰·金撰写，贾晓屹、张军翻译的《尼古拉斯·卡尔多》，其他关于卡尔多经济理论的研究散见于各种期刊论文之中。

国外对卡尔多经济理论的研究主要是通过两种方式进行：第一种是介绍卡尔多本人及卡尔多经济理论研究的结论，但很少介绍其分析过程和分析逻辑。其中比较有影响的是卡尔多的两位传记作家塔尔盖迪和瑟尔沃尔，他们把卡尔多一生中所发表的文章编纂为八卷本的卡尔多论文选集，并于卡尔多逝世后出了第九卷。第二种方式是对卡尔多某一个经济理论方面的专题进行探讨。

卡尔多经济思想的发展经历了从奥地利学派到凯恩斯学派的转换历程。卡尔多具有从经济现实问题中概括和抽象出经济本质的能力，他同约翰·罗宾逊和迈克尔·卡莱斯基一起成为后凯恩斯主义的代表人物，该学派是对新古典主义一般均衡理论、增长和分配理论具有强烈批判意见的一个学派。

本书拟对卡尔多经济思想发展的历程进行全面系统的梳理和阐释，力图把握其思想建构方式和历史渊源，进而对卡尔多经济思想在20世纪西方经济思想史上的位置做出客观评价。卡尔多在多个经济领域的理论和实践中都有贡献，其最有代表性的理论体现在静态和动态均衡的分析、凯恩斯经济理论分析、收入分配和经济增长关系的因果探索、对均衡理论分析现实问题的批判、对新货币主义学派的批判与国内和国际经济政策六个方面。

从研究的视角看，卡尔多自始至终是围绕解决现实经济问题来进行的。即使是从事理论研究，他也习惯于从经济现象和经济问题中抽象出的基本概念出发，对于不是源自现实经济现象的理论抽象，他总是予以无情的批驳，认为这些理论只是个人思想的自由发挥，而非现实经济理论的生动体现。如果概括地把整体经济运行机制分为自由市场经济和政府干预，卡尔多无疑支持后者。同样是反对自由经济，即使在某些方面同马克思的理论有部分近似，但不能把他的理论归于马克思的社会主义思想。

卡尔多比较关注经济理论的前提假设。他指出，任何理论的应用都有其假设前提，但是在应用这些经济规律和经济理论时，人们经常忘记这些假设前提和局限。与此同时，卡尔多又很擅长继承和发展前人的经济理论，如凡登-卡尔多定理、卡尔多-希克斯改进等。

从今天的视角看，似乎卡尔多的经济理论并无特别光芒耀眼之处。但是，如果我们站在卡尔多所处的时代看，他从收入分配的视角分析经济增长，对经济增长动力的机制分析，对凯恩斯理论的深入探索，以及如何应对经济衰退，对抚平经济波动的建议等，对今天也非常具有借鉴意义。不仅如此，卡尔多的许多经济观点时至今日仍然具有价值，如关于经济增长动力的观点：工业是经济增长的发动机。当今德国的工业4.0、美国的制造业再回归、中国制造业2025计划（《中国制造2025》）等，无不是这一思想的再次体现。大宗商品的国际存货对稳定物价、减缓经济波动具有重要作用。收入分配理论对增长理论具有重要的影响，分配的差异对于经济增长既有拉动效应，又有阻碍效应等。这些理论都具有非常强的现实意义。

# 目　　录

第一章　尼古拉斯·卡尔多的一生 ………………………………… 1

　第一节　卡尔多的人生旅程 ……………………………………… 1

　第二节　卡尔多的学术历程和学术成果 ………………………… 6

第二章　卡尔多对静态和动态市场均衡的分析 ………………… 10

　第一节　卡尔多对静态均衡的理性分析 ……………………… 10

　　1. 不同类型均衡的理论分析 ………………………………… 10

　　2. 供给和需求的相对弹性：蛛网模型 …………………… 17

　第二节　卡尔多对需求与供给曲线的机理分析 ……………… 20

　　1. 静态均衡假设的逻辑缺陷：厂商均衡不等于产业均衡 ……… 20

　　2. 企业家精神的核心职能是协调 ………………………… 23

　　3. 静态均衡和完全市场竞争假设不相容 ………………… 26

　第三节　卡尔多对不完全市场与产能过剩的分析 …………… 28

　　1. 不完全市场的假设前提 ………………………………… 28

　　2. 机构垄断：除成本以外的垄断 ………………………… 32

　第四节　卡尔多经济学中的福利命题 ………………………… 35

　第五节　卡尔多对企业均衡理论、市场运行机理和福利理论的

　　　　　贡献 ………………………………………………… 37

第三章　卡尔多对凯恩斯经济理论的贡献 …………………… 39

　第一节　投资与经济稳定 ……………………………………… 39

　　1. 投机和存货投资 ………………………………………… 39

　　2. 投机的先决条件 ………………………………………… 41

　　3. 投机和价格稳定 ………………………………………… 45

　　4. 投机和收入稳定 ………………………………………… 50

　第二节　商业周期模型和凯恩斯理论的争议与发展 ………… 53

　　1. 商业周期模型结合凸性供给的解读 ················ 53
　　2. 对凯恩斯的配置、就业和需求的解读 ··············· 57
　　3. 开放经济下有效需求的分析 ····················· 65
　第三节　卡尔多对凯恩斯经济学的贡献 ················ 67

第四章　卡尔多的收入分配与经济增长理论观点 ········ 70
　第一节　卡尔多的分配理论 ······················· 70
　第二节　卡尔多对资本积累与经济增长关系的研究 ······· 81
　　1. 卡尔多六个典型化事实 ······················· 81
　　2. 卡尔多资本累积与经济增长的基准模型 ············· 83
　　3. 充分就业增长条件下的增长模型 ················· 89
　　4. 基于新古典假设的增长模型 ···················· 91
　　5. 利润和工资都有储蓄的经济增长模型 ·············· 93
　　6. 非完全竞争假设的经济增长模型 ················· 94
　　7. 技术进步假设下的经济增长模型 ················· 95
　　8. 有投资行为假设的经济增长模型 ················· 96
　　9. 卡尔多资本积累与经济增长的最终模型 ············· 97
　第三节　卡尔多对分配理论和经济增长理论的贡献 ········ 101

第五章　卡尔多对英国经济增长缓慢的原因分析 ········ 104
　第一节　英国经济增长缓慢可能的原因 ··············· 104
　　1. 英国同西方其他发达国家经济增长的比较 ··········· 104
　　2. 发展中国家工业化进程的发展的四个阶段 ··········· 112
　第二节　卡尔多坚决反对英国加入欧共体 ·············· 115
　　1. 区域增长不平衡问题 ························· 115
　　2. 对英国不利的区域公共政策 ···················· 121
　第三节　卡尔多对完全国际自由贸易的质疑 ············ 123
　　1. 完全自由贸易有市场极化的可能 ················· 123
　　2. 适度关税政策有利于国内工业化 ················· 125
　　3. 外向战略导致潜在出口增加而非进口替代 ··········· 128
　第四节　资本主义和工业发展：英国的教训 ············ 131
　　1. 英国工厂制度和贸易条件 ····················· 131
　　2. 英国经济衰落的原因 ························· 135
　第五节　卡尔多对技术进步和累积因果关系的理论贡献 ······ 138

**第六章　卡尔多对均衡理论的挑战**……………………………… 140

　第一节　均衡理论分析现实经济错误的根源……………………… 140

　　1. 均衡理论假设的现实缺陷……………………………………… 140

　　2. 均衡理论的假设前提与现实经济不符 ……………………… 143

　第二节　为什么主流一般均衡经济理论是错误的………………… 147

　　1. 经济学不全是一个资源配置问题…………………………… 147

　　2. 均衡经济理论前提假设中对规模报酬递增的忽视 ………… 150

　第三节　均衡理论假设到底错在哪里……………………………… 152

　　1. 均衡理论的主要特征………………………………………… 152

　　2. 均衡理论的错误之处………………………………………… 154

　第四节　卡尔多对均衡理论批判的贡献…………………………… 157


**第七章　卡尔多对新货币主义的批判**………………………… 159

　第一节　卡尔多对新货币主义理论的质疑………………………… 159

　　1. 新货币主义理论的四个基本命题 …………………………… 159

　　2. 不存在稳定的货币需求函数和货币流通速度 ……………… 162

　第二节　卡尔多对货币供给的实证研究…………………………… 165

　　1. 大萧条前后基础货币没有减少 ……………………………… 165

　　2. 英国货币供给的实证分析 …………………………………… 167

　第三节　卡尔多基于凯恩斯理论对新货币主义的反击…………… 168

　第四节　卡尔多对货币政策、经济增长和稳定关系的分析……… 173

　　1. 货币和利率的作用机理及货币政策的运作方式 …………… 173

　　2. 货币政策与经济稳定………………………………………… 176

　　3. 西方12个发达国家经济增长、货币和物价的实证分析 ……… 178

　第五节　卡尔多对货币理论的贡献………………………………… 180


**第八章　卡尔多的经济政策观**………………………………… 182

　第一节　卡尔多关于支出税的建议………………………………… 182

　　1. 税基的选择 …………………………………………………… 182

　　2. 支出税优于收入税的观点 …………………………………… 184

　第二节　经济目标的冲突…………………………………………… 186

　　1. 第二次世界大战后各国政府政策的四个主要目标 ………… 186

　　2. 20世纪初西方发达国家的政府目标 ………………………… 189

　第三节　卡尔多对世界经济滞涨的分析…………………………… 194

1. 世界经济滞涨的原因 ……………………………… 194

2. 价格暴涨的年代 …………………………………… 198

第四节　商品价格在经济复苏中的作用…………………… 201

1. 市场资源在第一、二产业间错配 ………………… 201

2. 国际大宗商品库缓冲库 …………………………… 204

第五节　卡尔多对应用经济政策的理论贡献……………… 206

参考文献………………………………………………………… 209

附录　尼古拉斯·卡尔多（Nicholas Kaldor）生平 …………… 224

# 第一章　尼古拉斯·卡尔多的一生

一个学者的人生历程、工作经历、顺境或逆境对其思想、理论研究有着或多或少的影响。因此，在研究任何一个经济学家的经济理论之前，如果能够完整了解他的人生历程、工作和学术经历，无疑将使我们对该学者的思想有更深层次的认识。为了更好地理解新剑桥学派代表人之一尼古拉斯·卡尔多(Nicholas Kaldor)的经济理论研究和他参与的经济实践，我们将从生活、工作、学术和社会服务等方面对卡尔多进行全方位的简要回顾。①

## 第一节　卡尔多的人生旅程

尼古拉斯·卡尔多出生于20世纪初，逝世于20世纪末，他的一生几乎参与和见证了20世纪经济学波澜壮阔、学术流派纷呈的全过程。

尼古拉斯·卡尔多1908年5月12日出生于匈牙利布达佩斯，他有着一个幸福的童年。在青年时期，由于家境相对殷实，他可以按照自己的兴趣选择学业和职业而不受太多约束。卡尔多高中毕业一年之后，在一个律师事务所谋到一份差事，工作一年后他又到德国洪堡大学学习经济学。卡尔多能够说流利的德语，这也为他后来阅读和学习奥地利学派的相关文献奠定了基础。另一方面是，当时卡尔多对政治经济学很感兴趣，正如卡尔多后来回忆的，当他15岁同他的家人到德国旅行时，第一次看到了20世

---

① 自凯恩斯宏观干预的思想建立后，产生了两个不同的流派：新古典综合学派和新剑桥学派，它们都声称自己是正宗的凯恩斯主义，尽管两个学派在许多观点上并不相同。新古典综合学派自称是被学院派和实务派广泛接受的主流经济学，其特色在于将凯恩斯就业理论同马歇尔的新古典经济学价值论和分配论组合为一体，组成一个集凯恩斯宏观经济学和马歇尔微观经济学之大成的宏观和微观结合的经济理论体系。新剑桥学派指责新古典综合学派忽视了凯恩斯理论体系对收入分配、预期、经济历史等问题的研究。

纪 20 年代德国高度的通货膨胀，这给他留下了深刻印象，也使得卡尔多在研究之中始终关注经济学的现实问题。到德国后，他不太喜欢洪堡大学的教学模式，于是到德国在匈牙利的报社当记者，并开始对英语产生浓厚兴趣。由于在洪堡大学的课程不都是必修课，因此，他在 1927 年离开德国到伦敦。卡尔多最初的想法是在伦敦政治经济学院短暂停留，但实际上他最后在那里待了 20 多年。

卡尔多到了伦敦后，没有把精力放在学业上，而是为匈牙利和英国的报纸撰写文章。1927 年 10 月，他在英国伦敦政治经济学院注册了科学学士的学位课程，同时继续参加了德国柏林洪堡大学的考试，并于 1929 年获得学位。在伦敦政治经济学院学习期间，他聆听了阿林·杨格和约翰·希克斯等著名经济学家的课程，这使得卡尔多从经济学入门开始就站在一个很高的起点上。阿林·杨格是非常著名的经济学家，他应伦敦政治经济学院系主任威廉·贝弗里奇的邀请，于 1927 年从哈佛大学来到伦敦政治经济学院，接替退休的爱德华·坎南教授的工作。阿林·杨格是卡尔多的第一个经济学老师，他讲授的内容不是基于古典理论规模报酬不变的基本假设，而是关于规模报酬递增对经济发展的影响，这对卡尔多的思想影响很大，并贯穿卡尔多经济思想的始终。可以说卡尔多是阿林·杨格规模报酬递增思想的继承者和发扬者，因为在他后期的许多文章当中，都在使用阿林·杨格赐给他的这把宝剑，在古典经济学界几乎所向披靡，但阿林·杨格"由于疏于发表论著，对后世的影响明显与水平不相称"①。

当时，伦敦政治经济学院经济系的主任是从牛津大学新学院来的年轻的莱昂内尔·罗宾斯。由于种种原因，卡尔多同罗宾斯的私人关系并不很好，这种不好的人际关系影响了卡尔多职业生涯的一贯性和连续性。罗宾斯年轻、活力四射，周边常聚集了大量的跟随者，他的讲课集中于瓦尔拉斯的一般均衡理论、维克塞尔和威克斯蒂德的分配理论以及奈特的奥地利学派的资本理论。

卡尔多从伦敦政治经济学院毕业以后，回到了布达佩斯，他在那里与数学家冯·诺依曼成为好朋友，他们经常讨论经济学问题，特别是经济衰退的问题。卡尔多建议冯·诺依曼读瓦尔拉斯和维克塞尔的书籍。冯·诺依曼学习经济学非常迅速，而且成效显著，以德文发表了一篇非常著名的文章《关于经济方程系统和布劳尔不动点的归纳》。当这篇文章被翻译成英文后，在经济理论学术界产生了巨大影响，并且一直被认为是数理经济

---

① 张旭昆. 西洋经济思想史新编(下卷)[M]. 浙江大学出版社，2015：1077.

学最有影响的文献之一。

卡尔多在伦敦政治经济学院学习期间，把主要精力放在为报刊撰文上，他在《纽约时报》上发表了260多篇通讯文章。卡尔多的思想具有跳跃性和时变性，有时后面的论断推翻自己前面的论断，如早期他提出了用汇率贬值的方法解决多瑙河流域国家贸易平衡的问题，不赞成当时盛行的贸易保护政策观点。但是，到了晚年，他在解决英国商业问题时提出的建议则恰恰相反。这也是卡尔多的特点，他似乎很热衷于搭建某种框架，至于里面有什么，他似乎并不在意，甚至有的时候他会把自己搭建的框架推翻，尽管如此，也丝毫没有掩盖卡尔多灿烂的思想火花。

卡尔多在20世纪30年代早期受哈耶克的影响较大，1931年至1933年，他翻译了两篇奥地利经济学家的文章。在他翻译哈耶克的文章时，就对哈耶克尚未完善的奥地利学派理论产生了质疑。早期，卡尔多是洛桑学派的忠实信徒，是希克斯首先把瑞典经济学家介绍给卡尔多，特别是哈耶克编辑的缪尔达尔德文版的文章《货币均衡》。当卡尔多开始接受缪尔达尔文章的观点时，就显示出他皈依凯恩斯理论的潜在意愿。

在1935—1936年，卡尔多因研究与均衡市场需求问题相关的生产理论获得了洛克菲勒奖学金，学院提供给卡尔多一个机会到美国游学。在哈佛大学，卡尔多遇到了熊彼特、张伯伦、萨缪尔森、索罗和斯威齐等著名经济学家，随后他访问了哥伦比亚大学、加利福尼亚大学和芝加哥大学，先后遇到了弗里德曼和维纳、雅各布·瓦伊纳、亨利·西蒙斯和欧文·费雪等知名学者，美国的游学开阔了卡尔多的眼界。同样，美国的经济学家对卡尔多也高度赞扬，诺贝尔奖获得者萨缪尔森就对卡尔多在资本理论、新古典理论等方面的贡献给予了高度肯定。

第二次世界大战初期，伦敦政治经济学院搬到了剑桥。到剑桥之后，凯恩斯运用他在经济学术圈的影响力，邀请卡尔多到剑桥大学讲授收入分配理论。罗宾斯或许是因为他的这位前学生的学术立场转到他的学术对立面而大怒，拒绝派卡尔多去剑桥大学讲课，以致两个学院之间无法达成协议。当罗宾斯离开剑桥大学到军队服务之后，学院之间才达成协议，这是卡尔多的名字第一次出现在剑桥大学教师成员名单上。第二次世界大战结束后，伦敦政治经济学院重新搬回伦敦，但是卡尔多依然坚持留在剑桥，因此他同伦敦政治经济学院的关系降温很快。卡尔多曾说过，他是伦敦政治经济学院唯一的左翼。由于伦敦政治经济学院的环境对卡尔多很不友好，所以卡尔多在学院外承接了很多社会工作。1946年，他以准将身份成为航空部和后勤部的顾问。同年，他受联合执政党之一的匈牙利社会民主党邀请，帮助匈牙利建立经济计划。1947 年，他应法国政府要求，为法国提供了一个金融稳定方案。法国政府希望达到的目标是：在不影响高投资的前提下，保持货币稳定。卡尔多提出的建议是，进行大量的税收改革，提高收入税，既简化了制度，又公平对待纳税人。同年，联合国经济和社会委员会的一个分支机构欧洲经济委员会主任，同时也是瑞典商务部长的缪尔达尔，计划在日内瓦建立一个计划和研究部，邀请卡尔多成为其负责人，但是伦敦政治经济学院的罗宾斯拒绝给卡尔多任何假期，这就成为促使卡尔多离职的最后一根稻草。尽管卡尔多在伦敦政治经济学院工作了 20 年，但是伦敦政治经济学院的右翼氛围和罗宾斯的敌意，最终令卡尔多从伦敦政治经济学院离职。

1947 年，卡尔多到联合国欧洲委员会计划部任职。在日内瓦，卡尔多的工作是招募研究团队，为分析欧洲的经济状况和前景报告做准备，他建立了一个一流的研究团队。在逗留日内瓦期间，卡尔多还被邀请成为两个委员会的顾问。1948 年，他作为六个非结盟国家组成的委员会的顾问，参加了联合国安理会关于德国货币重建问题的讨论。1949 年，团队成员凡登发表了著名的关于要素在生产率增长中影响的文章，他的理论在 20 世纪 70 年代被卡尔多重新引用，从而成为著名的卡尔多-凡登定律①。同年，卡尔多对英国政府关于英镑贬值的决策起到了一定作用。同年 10 月，卡尔多应联合国秘书长要求参加了一个专家委员会，他的任务是起草促使成员国充分就业的计划书。之后的 1952—1963 年，他一直在为联合国工作。

同样是在 1947 年，剑桥大学在战后连续失去了两位重要人物——1946 年凯恩斯去世和 1947 年肖夫去世，学院的教师队伍必须得到补充。在约翰·罗宾逊的建议下，理查德·卡恩劝说学院给卡尔多提供一个教职。在日内瓦的第一年，国王学院的教务长同意让卡尔多回学院任教。1950 年，卡尔多回到了剑桥继续任教。学院任命他为讲师后两年，卡尔多成为副教授，但是他必须等有空岗才行，因为已有的两个岗位在 1957 年给了詹姆斯·米德和 1965 年给了简·罗宾逊。1966 年卡尔多担任教授直至 1975 年退休，学院授予他荣誉教授称号。1952—1975 年，他讲授经济增长方面的内容。

卡尔多的社会贡献主要体现在国内外政府和国际机构的政策咨询当中。卡尔多任顾问主要集中在经济理论的两个领域：国际收支和税收。

---

① 卡尔多-凡登定律：第二产业的生产率最高且生产率提高最快，带动经济增长。

1951 年，休·盖茨克作为新一届英国政府财务大臣，让卡尔多参加英国利润和收入税务皇家委员会。这个皇家委员会由商人、工会代表和两位专业经济学家组成，这两位经济学家就是卡尔多和希克斯。卡尔多始终认为英国当时的税收系统不合理、不公平，主要原因是税负是根据个人不同收入决定的。卡尔多认为，最公平和有效的税收系统应该是支出税，而不是以收入税为主体。同时，应该把财政改革集中于资本利得税。当时，英国皇家委员会有一部分人支持支出税而不是资本利得税，但最终并未获得一致同意。1954 年，当英国皇家委员会解散时，卡尔多正在专心写他的著作《支出税》。尽管在实务中并未成功，但他在书中关于支出税的观点却得到了广泛赞誉。卡尔多很快以税务顾问的身份在学术界和政治界名声大噪，很多发展中国家都希望得到他的税务咨询意见。这样，卡尔多就开启了作为税务专家在全世界范围内的密集旅行，他接到第一个税务方面的任务是在印度。1956 年，卡尔多在印度考虑的假设前提是，个人税收应该基于纳税能力，纳税能力可以收入、资本利得、赠与和个人支出等作为衡量指标，这种纳税能力只产生一张报税单，通过交叉检查来防止逃税，另一个原则是采用宽税基和适度税率。但是，由于税收不仅是政治和经济问题，卡尔多在印度的税收改革基本没有实施。卡尔多在印度时还被邀请到中国，得到了毛泽东主席的接见，他还在北京大学发表了一个演讲，比较了马克思和凯恩斯的增长和发展理论。他还访问了巴西、墨西哥、秘鲁、智利、委内瑞拉、土耳其、日本、澳大利亚、伊朗、斯里兰卡等国，宣传他的税收观点。

卡尔多在世界各国的税收改革失败，似乎并不能归结于他过于理想主义，只能说税收改革的实施是一个牵一发而动全身的系统工程，仅凭经济学家一人之力，很难完成这个宏大的任务。其实，卡尔多具有很快切入社会实际和抓住问题关键的能力。1961 年，卡尔多到非洲由殖民地独立的国家加纳和英属圭亚那进行税收咨询。尽管两国困境类似，但卡尔多很快发现其原因完全不同，加纳政府机构浮华、奢侈和腐败，而圭亚那虽然缺乏经济智慧和经验，但是诚实而节俭。显然，卡尔多在制定税收政策时，充分考虑到了现实约束。

在英国国内，卡尔多参与经济决策的主要方式是为执政党提供经济咨询报告和建议。卡尔多已经为劳动党国家执行委员会做了很多年的经济顾问，他还是 1964 年至 1967 年的詹姆·卡拉汉政府、1967 年至 1968 年的罗伊·詹金斯政府和 1974 年至 1976 年的丹尼斯·希利三届政府的特别经济顾问。

　　演讲是卡尔多宣传其经济理论的主要方式之一，包括各种经济学会议演讲、就职演说、大学演讲等，这种方式一直持续到他生命的最后几年。他不断接受邀请，到处演讲，对不同的经济领域发表意见。剑桥大学的经济学家对英国政府决策有非常重要的影响。在卡尔多去世以后，他的同事罗伯特·尼尔德认为，政治经济学家卡尔多是自凯恩斯以后，影响英国政府决策的第一人。

　　由于卡尔多广泛的社会影响和学术贡献，他获得了许多的学术荣誉与成果。1955年，卡尔多被授予比利时皇家经济学会荣誉会员；1963年，他被授予英国经济学会成员；1970年，他被授予英国高级科学协会F分部的主席；1970年，他被授予伦敦政治经济学院荣誉会员；1974年，他被授予英国皇家经济协会主席；1975年，他被授予美国经济协会荣誉会员和美国科学院外籍荣誉成员；1962年，他被授予第戎大学荣誉博士；1982年，他被授予法兰克福大学荣誉博士。尽管卡尔多一直期望获得诺贝尔经济学奖，但是诺贝尔奖评委会并没有给剑桥的经济学家们惊喜，包括著名英国凯恩斯学派的斯拉法、卡莱斯基、哈罗德、卡恩、约翰·罗宾逊等都未获得诺贝尔经济学奖。

　　卡尔多有着复杂的个性，他在剑桥大学时的学生Vela教授说："关于卡尔多，我并不认为他很好。约翰·罗宾逊和里卡德·古德温都不喜欢他，20世纪50年代，约翰·罗宾逊至少有5年没有和他说话。尽管如此，这似乎并没有对卡尔多有多大影响，他依然在上议院的演讲中口若悬河。在他自己的王国里，卡尔多很享受，尤其是当他做反对撒切尔首相的演讲之时。"[1]尽管有许多不同的声音，但毋庸置疑，卡尔多对新剑桥学派所作出的贡献是值得铭记的。

## 第二节　卡尔多的学术历程和学术成果

　　卡尔多作为一个经济学家的学术历程大致可以分为三个阶段：第一个阶段是1932年至1946年期间，卡尔多在伦敦政治经济学院任教，从助教、讲师直至副教授。这个阶段是卡尔多的理论研究阶段，是他的学术早期，思想活跃，敢于质疑和批判。第二个阶段是1947年至1975年，卡尔多一方面在剑桥大学承担教职，另一方面多次担任英国政府的特别经济顾

---

　　①　Vela同笔者在2020年5月的邮件交流内容。

问，以及在联合国从事经济咨询工作。由于职业变换的原因，这个阶段是卡尔多把经济理论和经济实践紧密相结合的阶段，他的出发点和落脚点都是力争解决现实经济问题并有所创新。第三个阶段是 1975 年至 1986 年，尽管卡尔多已经从剑桥大学退休，但是他的学术生涯并未终止，从退休至逝世的近十年，卡尔多依然不间歇地宣讲他的经济理论，甚至在他逝世前两年，还在米兰的大学举办学术讲座。

在卡尔多学术研究的第一阶段，他一直在伦敦政治经济学院任教。卡尔多最初接受的依然是古典经济理论和新古典经济理论。20 世纪 30 年代之前的主流经济学，无论是在大学教室还是在华尔街，讨论和交流的主要是均衡理论。尽管有许多不同的声音，尽管有的学说很光鲜，但是同主流的古典经济学和新古典经济学相比，都很势弱。早些年，卡尔多主要是跟随哈耶克、冯·诺依曼和奥地利学派，后来转到凯恩斯、李嘉图和斯拉法。他对在经济学中使用数学予以批评，按照他的学生 Vela 教授的说法，"他这样做是可以的，但别人这样做就不行"①。卡尔多是新剑桥学派的代表人之一，他有许多追随者，但他对旧剑桥学派的支持者如卡恩和迈克尔·波斯纳非常不屑一顾。伦敦政治经济学院的罗宾斯则认为无论是在方法论上还是在政策上，凯恩斯的理论都是有害的，所以他在伦敦政治经济学院很少讲授凯恩斯、哈特利和罗伯斯顿的理论。

希克斯和卡尔多住在一起，经常见面，因此卡尔多深受希克斯的影响。卡尔多从到伦敦政治经济学院的第一年开始，就讲授多瑙河流域国家问题和在 20 世纪 20 年代源于经济学家克拉彭、斯拉法、阿林·杨格的成本理论。在 1936 年至 1939 年期间，他除了讲授主流的均衡理论、资本理论之外，还讲授许多全新的课题，包括哈罗德的动态理论、瑞典货币理论、凯恩斯流动性偏好理论、经济周期理论等课程。1937 年，卡尔多关于资本理论的观点还是非常正统的，但对剑桥大学庇古教授的观点进行了批评，幸运的是庇古教授接受了凯恩斯效应理论。在凯恩斯《就业、利息和货币通论》（以下称《通论》）发表的前后，卡尔多就已经被这种新的经济理论所打动，"就像新奥地利学派指出的那样，一般理论，即使是缜密的逻辑，也无法动摇凯恩斯主义体系"②。1937 年至 1940 年期间，卡尔多开始专注于凯恩斯的投资和利息理论、经济周期理论。在卡尔多经济研究的第一阶段，他的主要精力基本在经济理论方面，对经济现实的考虑很少。

---

① Vela 同笔者在 2020 年 6 月的邮件交流内容。

② 马克·斯考森. 现代经济学的历转[M]. 长春出版社，2009：408.

从某种意义上讲，卡尔多还是站在高处评价经济现实，而并未下山。

在卡尔多学术研究的第二个阶段，一方面，他继续在剑桥大学从事经济理论研究，另一方面，他已经踌躇满志，走入江湖，将他的经济理论应用于实践，这个阶段可以说是理论和经济实务紧密结合的阶段。1947年，卡尔多一方面在剑桥担任教职，另一方面到日内瓦联合国机构从事经济咨询工作。之所以卡尔多留在剑桥大学而不是回到伦敦政治经济学院，主要有两方面的原因：一方面，剑桥大学有着和伦敦政治经济学院不同的学术氛围，前者学术思想活跃，善于提出和接受新观点，特别是凯恩斯的《通论》发表之后，有一批学者围绕在凯恩斯的周围或接受凯恩斯的观点。而后者的学术氛围相当严肃，对未经证实的经济理论总是充满质疑，并不轻易纳入自己的教学体系和教学计划。从学术和个性的角度看，卡尔多留在剑桥大学更合适。另一方面，也与第一个因素有关，在20世纪的初期，学术门派还是比较盛行，而卡尔多背离了罗宾斯推崇的均衡理论，自然也难以得到从私人关系角度的支持，因此，从人际关系的角度来看，卡尔多同罗宾斯的矛盾很深。自从开始了理论与实务的双栖生活之后，卡尔多一直不回头地向前走，直至他从剑桥退休之后，才真正回归经济理论界。

卡尔多学术研究的第三个阶段是学术延续阶段。自1975年从剑桥大学退休直至逝世的近十年，他基本从未停歇。甚至在逝世前的两年，他还在意大利做世界经济增长和停滞原因的演讲。但是显然，尽管回归理论，这个阶段卡尔多的学术贡献是最小的。

在卡尔多的三个学术发展阶段中，第一阶段的理论贡献是最大的，既是由于卡尔多处于青中年时期，思想活跃，善于思考，勇于质疑，也是由于环境给他提供了在当时相对丰富的学术背景，更重要的是，第一阶段的学术早期，是聪明才智的迸发时期。第二个阶段，卡尔多更多关注现实问题，考虑问题更加务实，也更加准确，但是其理论贡献显然不如第一个学术阶段。第三个阶段，则只是卡尔多经济理论的延续和进一步思考，更加成熟务实，但是依然锋芒毕露。

尼古拉斯·卡尔多在英国经济学界的理论和政策层面的影响无处不在。在20世纪的英国，卡尔多在理论和政策综合分析上仅次于凯恩斯。在许多方面，卡尔多的兴趣比凯恩斯更广泛。他的政策建议已经超出英国范围，影响到了许多发展中国家。凯恩斯和卡尔多有许多共同的学术特征：两人最初都是对政策感兴趣，接着是对理论感兴趣；都有过经济管理部门的实务经历；他们都视经济学为道德科学，都拥有直觉和洞见，使得他们能够从不重要的地方找到重要的东西，并时常用简单而新颖的方式理解复杂的经济关系；两人都是理性主义者，相信智慧的力量能够战胜野蛮和荒诞，人类可以制订计划使得世界变得更加文明和适宜生活。

同时，卡尔多同凯恩斯也有许多不一致的地方，日本学者根井雅弘称卡尔多为著名应用经济学家，而凯恩斯显然不是应用经济学家，凯恩斯在理论上的贡献远远大于应用上的贡献。另一方面，在表现形式上，两人的差异也很大。凯恩斯的思想前瞻而具引导性，甚至是有超前意识，例如《通论》中许多表述的边界并不清晰。有的学者甚至认为，这是凯恩斯有意为之，目的是为了避免同当时流行的观点发生正面冲突，也有可能是由于凯恩斯本人并未彻底想清楚清晰的边界到底在哪里。而卡尔多则不同，他的观点在每一刻的表达都清晰而透彻。因此，本书在介绍卡尔多经济思想时，如有可能，会尽量让卡尔多自己说话，而不是由他人代言。当然，卡尔多有时也会前后矛盾，但是绝不含糊。正如他在晚年对撒切尔夫人政策的批评直截了当，反对英国加入欧共体的观点至死不改，这些同凯恩斯的表述风格就迥然不同。

尽管卡尔多占据经济学的高位，但他对经济思想的贡献依然被同行所低估。卡尔多对游离于现实之外的纯思想性的经济理论一直是不屑一顾或极力批驳的，他批判主流价值理论为均衡经济学，指出无论是由于政治原因还是其他原因，把它作为一个思想工具，在处理经济力量的运行和经济变动的效果方面，都是贫瘠和与现实不相关的。卡尔多进一步说，均衡经济学产生的思维习惯有巨大的吸引力，已经成为把经济学作为科学的一个主要障碍。卡尔多认为，科学研究的理论假设主体是科学的术语定理，这些术语和假设应该源于实证，或能够被验证，或能够被预测，或能够被观察。基于这种理念，卡尔多提出了许多重要的经济学观点和定理，如制造业是经济增长的发动机、卡尔多-凡登定律、卡尔多补偿等。正如熊彼特所言："经济学的内容，实质上是历史长河中的一个独特的过程。如果一个人不掌握历史事实，不具备适当的历史感或所谓历史经验，他就不可能指望理解任何时代(包括当前)的经济现象。"①

---

① 熊彼特. 经济分析史(第一卷)[M]. 商务印书馆，1994：31.

# 第二章 卡尔多对静态和动态市场均衡的分析

## 第一节 卡尔多对静态均衡的理性分析

### 1. 不同类型均衡的理论分析

源自物理学概念的均衡在经济理论分析中一直起着重要作用。从瓦尔拉斯一般均衡、马歇尔局部均衡到现代宏观经济中的随机动态一般均衡，均衡分析已经成为经济分析的一种标准范式。通过把精心选择的要素高度抽象化，进入经济均衡模型，分析解决经济问题，逐步使得均衡理论成为一个似乎具有鲜明科学形式和特征的纯理论。尽管卡尔多承认均衡理论是19世纪末以来经济学理论发展的主要成就之一，但是他对这个分析框架的现实意义始终保持质疑。

卡尔多最早也是从静态均衡开始学习经济学的基本理论，[①] 因为在20世纪初，均衡理论是当时几乎所有经济学人的理论初选。当卡尔多首次接触到这个模型时，他关注均衡存在的条件以及均衡的唯一性和稳定性，并尝试把相关条件、假设及过程等明晰化，他认为这种抽象模型只能在非常严格的条件下运用。卡尔多还认为，"确定性均衡就是能够仅从一些不证自明的假设出发，均衡的性质能够被严格地确定，从某种意义上讲是为了满足逻辑自洽的需要"[②]。

---

① 卡尔多在26岁时发表了他的第一篇经济学学术论文《一个静态均衡确定性的分类注解》。卡尔多的这篇论文体现了卡尔多对均衡理论的理解及思考，他在论文标题中用了注解的表述来表明自己的理解和想法。

② 尼古拉斯·卡尔多. 一个静态均衡确定性的分类注解[J]. 经济研究评论，1934(2)：115.

卡尔多认为对外行而言，经济学越来越技术化和难以理解，而对于真正学习经济学的人而言，没有人会沿着这种方式学习经济学，因为它会逐渐失去与真实经济的相关性。遗憾的是，尽管均衡理论在解决现实问题方面饱受质疑，但随后的近 100 年，这种方法似乎并未过时，依然牢牢占据主流经济学的宝座。卡尔多的批判观点很鲜明，就是这种分析方法在保证这些经济学原则有效性的同时，会逐渐失去对现实世界运行的理解。

卡尔多推崇比较分析的方法，他的观点有点类似于自然科学实验中采用实验组和对照组的方法，把研究对象前后是否受到作用力的不同结果进行比较，这种方法其实同 21 世纪比较流行的经济自然实验的方法异曲同工。卡尔多的观点是："对于任何分析研究而言，必须将已知运行规则的作用力同已经过证明的、没有一致规则的作用力相区分。唯一检测和解释后者对真实世界影响的最理想的方法，就是假设这些东西不存在时事情到底将会是什么样的。"① 而且卡尔多认为，只有采用这种前后差异比较的方法，才有可能逐渐将这些抽象的规则延伸到对真实现实世界的理解和解释。

卡尔多声称，静态理论假设的本质是找到使得均衡确定的必需条件，也就是能够对经济现象做出科学解释并明确描述其真实过程的条件。费雪、熊彼特认为均衡分析还有一个好处，就是"通过与力学相类比来把这些概念工具的意思传达给未受过教育的人们，是个好主意"。② 很明显，卡尔多认为应关注的重点是假设条件，而非均衡分析的过程或结果，但现实情况恰恰相反。

卡尔多对均衡分析的逻辑起点和终点把握得很清楚，他认为一旦均衡的假设被明确规定并被广泛接受，演绎推断就能够进行，后续任何新发现的事件，就成为对其进程有影响的其他要素，都轻易地被归结于不确定性的原因。同时，卡尔多看到了大量经济学人在做研究时常有的缺陷，他指出"人们普遍更容易接受一个框架，然后在框架内修改结论，而不是去修改框架本身"。③

卡尔多对个人效用函数和商品生产函数进行了概括，认为它们至少具有如下 6 个假设前提：封闭经济，完美预见，完全竞争，直接交换，所有独立变量沿着时间轴保持稳定，所有个人期望价格永远保持不变。这些规则已经成为大家熟知的概念和假设。卡尔多认为这些假设是静态理论可接

---

① 尼古拉斯·卡尔多. 静态均衡的决定[J]. 经济研究评论，1934(2)：27.
② 熊彼特. 经济分析史(第三卷)[M]. 商务印书馆，1994：317.
③ 尼古格斯·卡尔多. 静态均衡的决定[J]. 经济研究评论，1934(2)：28.

受的工作框架，当然，还包括法律体系、私有产权制度不变，能够自由订立合同等其他外生因素。

卡尔多认为，当质疑均衡的确定性时，实际上正是对这种框架的充分性提出质疑，他认为均衡不确定的理由会更多。虽然对于均衡不确定的原因已经有很多文献进行了分析，但卡尔多指出，其实最欠缺的是这些分析并未说明所需要的是分析框架的变化。卡尔多试图弥补这种缺陷，并通过对原因分类的方法消除不确定性概念本身引起的混乱。卡尔多将上述列举的假设作为研究不确定性的公认框架，忽略了其他各种复杂因素，例如使用货币、缺乏完美竞争而导致的不确定性等。他认为这些复杂因素不存在，并且通常与静态理论没有直接关系，把静态作为研究的出发点。

对静态分析的充分性，卡尔多从三个方面提出了反对意见：首先是均衡分析的逻辑起点，"在静态分析中，数据系统只能决定均衡条件，而不能决定均衡位置"。① 卡尔多指出，数据系统一旦建立，就可以保证均衡，指向一个均衡价格，但是无法确定一旦建立均衡后便会正常运作的价格体系。从均衡实现过程来说，任何给定情况下都至少存在一种价格体系，该体系一旦建立，便会确保均衡，但卡尔多指出，这并不意味着这组特定的价格体系立即投入运行。卡尔多强调，如果任何一个其他的价格集合建立了，则不仅价格发生了变化，而且这个价格系统本身将是另外一个不同的均衡系统。因此，不可能从给定的数据系统中确定均衡的位置。因为为了达到均衡而采取的每个后续步骤，都将改变均衡的条件，即改变能够实现均衡的价格集合，并因此改变最终位置。卡尔多指出了两个特殊情形：要么均衡价格体系能够瞬时建立，要么实际建立的价格集合不影响均衡条件。只有在建立的价格集合不影响均衡的条件下，最终的均衡位置才能确定。这是因为，最后均衡的位置将独立于前面的发展路径。在这种情况下，最终位置将与路径无关。其实，卡尔多的这个分析过程中隐含一个非常重要的概念——路径依赖，但卡尔多并未深入探究。②

卡尔多另外一种反对意见涉及多重均衡问题。他认为在允许给定的情况下，数据系统本身可能确定均衡的位置不止一个，可能有不止一种能够确保均衡的价格体系。这个反对意见是指均衡条件是否由数据明确确定的问题。如果均衡不确定，各种力量不能对价格变化激励立即做出反应，则

---

① 尼古拉斯·卡尔多. 静态均衡的决定[J]. 经济研究评论, 1934(2)：29.

② 第一个明确提出路径依赖理论的是美国经济学家道格拉斯·诺斯，他用路径依赖理论成功地阐释了经济制度的演进规律，并因此获得了1993年的诺贝尔经济学奖。

经济体系根本不会趋于均衡。卡尔多认为，价格调整的过程本身会改变均衡条件，价格的连续变化只表示恒定或不断扩大的波动范围。卡尔多的这个分析思路是按照科学实验的逻辑思路来进行的，如果某些力量不存在，会出现什么情况？或者某种力量不起作用时，又会是什么情况？根据最终位置是否独立于所遵循的路线，卡尔多将其称为确定均衡或不确定均衡。卡尔多同马歇尔和埃奇沃思一样，使用的是传统不确定的术语。在易货交易条件下，不确定常常意味着不是一个完美市场。① 卡尔多从两个不同维度对均衡进行了分类：根据一个给定的数据集合所对应的是一个或多个均衡价格，把均衡分为唯一均衡或多重均衡；根据均衡位置是能够实际达到还是接近这个均衡位置，把均衡分为稳定均衡和不稳定均衡。② 卡尔多分析均衡的两个维度，第一个维度是基于数据系统是否有唯一的均衡点，也就是均衡的确定性问题；第二个维度是从时间维度来展开，讨论均衡点是否稳定。其实，卡尔多的这个思路涉及动态系统的分析方法。

卡尔多对均衡的分析过程采用了最经济的假设方法，他假设只有两种商品，两种商品之间的交换比率是固定的。尽管在价格系统中只有两种商品，但可以很自然地拓展和延伸至多种商品的均衡。为了说明这些均衡概念的区别，他描述的确定均衡和不确定均衡之间的关系可以用图 2.1 进行说明。纵轴表示价格，横轴表示时间，$t_0$ 表示基期。

卡尔多假设了四种均衡或非均衡状态：$A$ 代表均衡条件，表示在任何其他时点的均衡条件。如果均衡能够立刻建立，它代表将从 $t_0$ 开始的均衡位置。曲线 $B$ 表示确定均衡，是并非立即达到情况下的实际价格走势。曲线 $C$ 表示均衡不确定，但是稳定的均衡。曲线 $D$ 表示不稳定的均衡。③ 这里存在唯一均衡或多重均衡。卡尔多所指的基本曲线是具有内在动力的曲线，它符合古典经济学中的消费和生产原理。派生曲线与基本曲线不同，是指供给曲线和需求曲线，来源于基本效用函数和生产函数，来源于个人最初拥有的产品数量大小和多少。根据希克斯的观点，递增的边际替代率规则适用于效用和生产函数，无差异心理曲线始终凸向原点，生产曲

---

① 卡尔多互换使用不确定性和不稳定性这两个术语，尽管他认为这两个词有差别，而且认为这两个词都没有足够精确地传达出所需的含义。比如，不稳定并不能准确传递供需相等的均衡的意思，但他本人当时又找不到合适的替代词。

② 在卡尔多的论文《一个静态均衡确定性的分类注解》的页脚说明里面，他对"indefinite"概念与"instability"概念不加区分。而在微分方程中，这个"instability"就是指不稳定状态。卡尔多所指的 determinate equilibrium 是确定均衡，他把 definite equilibrium 与 stability equilibrium 都称为稳定均衡，并指出它们有一定差异。

③ 卡尔多沿用马歇尔对均衡的使用，均衡指的是长期完全均衡。

线始终凹向原点。卡尔多指出，前提假设决定了结果，这种函数性质的假设就保证了只有一个均衡点。如果用封闭经济的语言表述，就是在这种情形下，对于克鲁索而言只有一个均衡点，通常来讲，对整个社会而言也只有一个均衡点。在这种情形下的社会，多重均衡可能会永远消除。

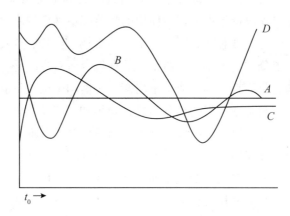

图 2.1　卡尔多描述的不同均衡状态①

卡尔多在均衡分析中指出，资源不变假设有重要作用，如果缺少这一条，就不能达到唯一均衡。如果资源所有者有进一步利用自己资源的任何需求，那么这些资源在他的效用函数中代表商品，同时，这些资源相对其他资源来讲是资源所有者的总需求曲线。供给曲线在超过某一个价格后就向后倾斜，那么向后上升的供给曲线将与需求曲线有不止一个相交点，至少有三个，这样就会有多重均衡存在。从马歇尔的意义上讲，至少有一个点是不稳定的，仅仅代表供给和需求暂时相等，但是并不均衡，同时，其中有不止一个点是均衡的，这些点才是真正均衡的位置，这就是著名的瓦尔拉斯多重均衡。因此，为了实现确定均衡，就需要从资源的角度进行限制性假设，假设所有者不会立即使用自己所拥有的资源，也就是说，假定不仅是现有资源，而且市场供给的资源也应该保持恒定。只有在这种情形下，才能实现确定的均衡。卡尔多指出，如果需求曲线和生产曲线的凸性和凹性各自不同，则非常复杂，有太多的可能。如果不限制这些情形，生产曲线可能是奇形怪状，凹性部分和凸性部分分布的生产曲线将永远包含多重均衡。从这种意义上讲，曲线的切线与无差异心理曲线的切线平行，

---

① 尼古拉斯·卡尔多. 一个静态均衡确定性的分类注解[J]. 经济研究评论，1934（2）：117.

永远不止一个点。卡尔多还分析了均衡是瞬间达到还是逐渐达到两类情况。如果均衡在瞬间达到，通常的一个均衡位置是真正均衡的位置，因为这个均衡点比其他均衡点都要占优。但是，如果这个均衡是逐渐达到的，则可能会出现多重均衡。这种情况下，无论这个产业是否有递增报酬，多重均衡将一定会出现，即有许多边际技术替代率递减的阶段。

在分析均衡实现的过程中，卡尔多比较分析了两类比较有代表性的达成均衡的过程，这就是瓦尔拉斯均衡和埃奇沃思均衡的实现过程。瓦尔拉斯实现均衡的过程是通过叫价的方式。他假设买方和卖方同时在市场遇到，彼此叫价，不断调整和修正他们的要约，但并不进行真正的交易，直到双方的买价和卖价达到均衡价格。而且在这个封闭市场里，当其他所有人的买卖价格同时等于均衡价格时，买卖双方才进行交易。埃奇沃思实现均衡的过程是通过反复重新订立合同的方式。假设买方和卖方都知道能够重新订立合同，所以他们只订立临时合同，直到这个封闭市场中无论是买方还是卖方都不愿意重新订立合同为止。卡尔多认为，这两个假设本质上是一回事，目的都是为了使买卖双方能够在进行任何交换活动之前找到真实的均衡价格。卡尔多还认为，如果市场出清，只可能是两种情形之一：第一种情况，每个人都是价格的接受者，没有人有能力通过自己的交易行为影响市场价格；第二种情形，在存在充分沟通的情形下，对于同一商品，同一时间只有一个价格。这两种情况都被定义为完全竞争市场。但是，卡尔多认为"埃奇沃思的分析有一点模糊，瓦尔拉斯的假设有一点荒谬"。[①]卡尔多批判的主要观点是关于市场出清，他认为真正的完全竞争市场不是通过试的方法让价格建立，价格的形成必须在交换过程之前，而不应是其结果。卡尔多认为，真实的完全竞争市场就是拍卖市场，其他的都是非完全竞争市场。[②]即使价格是逐步建立的，只要均衡位置独立于随后的实际路径，依然可以是确定的均衡。

卡尔多详细分析了封闭市场的运行情形，他以鲁滨孙·克鲁索为例进行说明。假设鲁滨孙·克鲁索的数据系统以及他的体验，在任何一段时间内不受前面任何时间行为的影响。[③]具体来说，有两种情形，一种是前期行为对后者无任何影响，另一种是前期行为对后期的影响不变。如果在每一个时刻开始时，鲁滨孙·克鲁索将面临同样最初的状况，他对过去继承

①　尼古拉斯·卡尔多. 静态均衡的决定[J]. 经济研究评论, 1934(2)：31.

②　按照现代的拍卖观点，有多种不同形式的拍卖。此处卡尔多是指传统的价高者得的拍卖形式。

③　鲁滨孙·克鲁索在经济学研究中经常被当作封闭市场中研究对象比喻的人物。

的唯一遗产是他逐渐积累的经验。可以假设他一开始没有经验。他的初始行为是偶然的或非理性的，但是逐步积累的经验使得他通过不断评估的过程，逐渐改变他的日常状况，直到不再积累新经验使他改变其偏好为止。其实，这一最终位置将与他在一开始可能到达的位置相同。换句话说，通过逐渐经验积累的过程，至少有一个处置系统将被确认，不再改变，这样就达到了确定的均衡。

卡尔多认为，经验的影响会产生奥地利学派所关注的遗传因果方法的问题，因为奥地利学派更关注过程，而非仅仅是结果。遗传因果方法想表明，不应过多关注给定情形下均衡的条件，而应证明在给定情形下，均衡点是如何达到的。具体而言，关注的问题在于均衡价格如何产生，而不是价格系统如何保证均衡。

卡尔多认为在一个封闭社会中，如果满足像鲁滨孙·克鲁索一样的条件，就需要每个人每天的想法都不受前一天事件影响，那么就必须引入马歇尔著名的商品交换中边际效用一定相等的假设。卡尔多指出，没有存货条件本身就足够保证确定均衡。在市场中，随着每个人处置经验的逐步积累，趋向均衡系统不必然带来连续均衡。如果市场从每个时期的开始就保证参与者获知均衡价格，仅有在马歇尔假设条件下，最后一次的交换率独立于第一次交换率时才可能成立。卡尔多认为马歇尔假设导入的必要性需要依靠逐步积累的经验来解释。卡尔多还分析了这一过程："如果假设个人经验积累不仅是他自己个人的数据系统，而且，在给定市场还与他人的品位和想法有关，那么他们将逐渐获得判定市场均衡价格的能力。所以，在任意区间内，总交换率将按照最后的交换率进行交换，并且持续下去，直至所有的交换率完全相等。每个个人长期的关注点将是使他的交换尽可能与均衡价格相同。"[1]

卡尔多强调，对于这个均衡过程确定的分析也有反对意见。其中有一种反对观点是预期的影响，是指每个经济人将在进行交换之前判断均衡价格，这个与最初的假设不一致，个人将被预期价格所影响，而不是被已有价格所影响。如何来解释这个假设？阿林·杨格给出了一个清晰的解释——这是由于不同路径导致同样的结果。这里有一个严格的假设，是指任何一天最后的交换率，被假设为第二天的最初价格。如果遵循马歇尔的分析，最后交换率的方法将偏离均衡价格，如果开始碰巧发现这个价格，它不可能同最初交换率相比有如此大的偏离，也就是说价格在当天必须向

① 尼古拉斯·卡尔多. 静态均衡的决定[J]. 经济研究评论, 1934(2)：35.

均衡价格移动。所以，如果第一天的最后交换率成为第二天最开始的最初交换率，第二天的最后交换率同第一天的最后交换率相比，更接近真实均衡价格，偏离更小。这样连续下去，这种价格偏离将会越来越小，直至最后消失。市场中用最后交换率进行交换，占总交换的比例越来越大。这样在静态均衡假设下，直至供需条件同其他任何一天的条件完全相同。

### 2. 供给和需求的相对弹性：蛛网模型

"静态和动态的关系是相对的，从总体和局部看，往往会得出不同结论。"[①]

卡尔多认为在现实市场中均衡并不容易达到。为了达到均衡，曲线连续移动将影响最后的均衡位置，最后的均衡位置可能只是趋向的位置之一，系统趋向的均衡价格其实是不确定的。但是，卡尔多指出了重要的一点：价格运动最后的这个点将不再从最初的数据状态中产生。如果遵循马歇尔的分析方法，最初价格与真正均衡价格并不相同，最初价格必然发生变化。马歇尔的目的是为了达到最终均衡，他假设了许多条件：价格变化将永远会指向均衡价格，并且将永远指向这个能够带来均衡的最终价格；存在既定的最终资源供给率；每一期有既定发生的需求结构；存在既定的时间区间等。当处理长期一般均衡时，还需继续假定：从这一期到下一期价格的不断调整，假定每期的起始状况相同等。但是，卡尔多认为马歇尔的假设还不够。卡尔多认为这些调整假定隐含着另外一个重要假设：这些供给和需求的名义价格会发生迅速反应。如果价格变化的响应在某一天立刻发生，同样发生在第二天、第三天，就不再需要假定每一天的初始状况相同。在询价阶段，价格变化与数量反应的时滞问题将不会发生。但卡尔多认为，必须检查一旦不断调整这个假设不存在时将会发生怎样的变化。从卡尔多这个分析过程中可以看出，他始终坚持比较分析的处理方法，这种分析方法很奏效。

卡尔多认为在真实世界，供需的调整需要时间。在经济系统中，不同力量以不同调整速度产生作用，就有可能在期望值不变的情况下，连续的现价变化将导致偏离，而不是接近均衡位置。卡尔多把这个问题科学表述为，均衡将是确定还是不确定的，接近还是不接近均衡位置，将取决于系统里各要素调整的速度。卡尔多从动态的角度，把核心要素概况为调整期间和调整速度。如果给定价格变化发生调整所需要的时间，即从价格建立

---

① 约翰·贝茨·克拉克. 财富的分配[M]. 人民日报出版社，2010：234.

到所有要素调整到位之间经过的时间，卡尔多称之为调整期间。单位时间价格的变化，卡尔多称之为调整速度。如果给定调整速度，给定初始价格变化量，给定曲线弹性，需要调整的时间就确定了。卡尔多认为这些要素变化非常复杂。为了便于分析，卡尔多给出一些假定，然后做简单分析。他假定调整速度恒定，即无论初始价格变化数量怎么变化，调整速度是永远不变的，或者调整速度与最初价格变化数量有直接固定的比例关系；他假定调整过程中曲线本身不移动。如果曲线本身不移动，最后的均衡位置就是确定的，也就是均衡位置独立于路径。

卡尔多还考虑了连续和非连续调整的情况。连续调整是指或快或慢的调整时间，主要考虑了生产技术的变化周期，需求或供给的数量可以每天变化。完全不连续的价格调整是指在某一期间的最后，全部数量调整在给定价格变动后立即发生。卡尔多认为不同产品的调整速度并不相同，工业品或工业原材料和农业品的调整速度差异较大。前一种情形，比如橡胶价格可以说每天都发生着变化，卡尔多称之为完全连续调整。后一种情形，如玉米价格的变化，调整速度慢，仅导致农民改变种植面积。新一年丰收的玉米到达市场后，才对价格产生影响，卡尔多称之为不完全连续调整，需求侧和供给侧是一样的不连续。这种需求侧和供给侧的机理差异，为卡尔多后面的经济增长、利润分配等分析奠定了基础。卡尔多重点分析了不连续的调整情形。当调整完全不连续时，均衡的稳定将取决于需求和供给的相对弹性，基于亨利·舒尔茨教授和昂伯托·里奇教授的分析，卡尔多称之为蛛网定理。[1]

卡尔多根据供需弹性的不同分析了均衡的演变过程。图 2.2 分析了一个收敛过程，图 2.3 分析了一个发散过程。但无论是收敛还是发散，其外形都类似于蜘蛛网，故称之为蛛网模型。需求弹性超过供给弹性或是供给弹性超过需求弹性决定了最终是收敛还是发散。如果需求弹性大于供给弹性，蛛网将收敛，均衡是稳定的；如果供给弹性大于需求弹性，蛛网将发散，均衡将是不稳定的；如果供给和需求的弹性相等，将会出现相同幅度的波动。卡尔多得出的结论是，不完全连续调整的稳定均衡取决于供需弹性，在连续调整的情形下，稳定均衡将不取决于弹性，而是取决于需求和供给调整的相对速度。卡尔多使用细分的方法，把调整区间划分成一系列子周

---

[1]　蛛网模型最早由亨利·舒尔茨教授和昂伯托·里奇教授在 1930 年以德文版发表，在 1934 年，卡尔多在英文论文《一个静态均衡确定性的分类注解》中发表。因此，有的学者认为蛛网定律是由卡尔多发明和提出，卡尔多在 1960 年也自称发明了蛛网模型。

期，这些子周期小到足以使该子周期内的定量调整完全不连续。假设需求或供应的任何数量变化的最小时间段都是以天为单位，那么一天就可以被视为完全不连续的时间段。因此，价格必须稳定，或者更确切地说，在一天结束时只能更改一次。然后，就可以构建这样超短周期的供需曲线。这些短期曲线上总是有一个点，对应于此价格下的长期需求或供给，这些曲线的弹性将不取决于长周期曲线的弹性，而是取决于调节速度。于是，卡尔多得出了如下结论：如果需求侧的调整速度比供给侧的调整速度更快，供需曲线的移动将导致均衡，即均衡是稳定的；如果供给侧的调整速度比需求侧的调整速度更快，曲线的移动将导致偏离均衡，均衡是不稳定的。

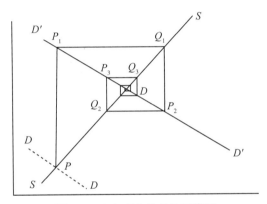

图 2.2　卡尔多收敛的蛛网模型

资料来源：尼古拉斯·卡尔多．一个静态均衡确定性的分类注解［J］. 经济研究评论，1934(2)：128.

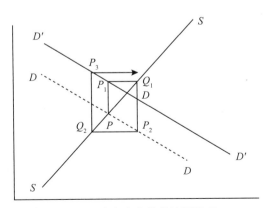

图 2.3　卡尔多发散的蛛网模型

资料来源：尼古拉斯·卡尔多．一个静态均衡确定性的分类注解［J］. 经济研究评论，1934(2)：128.

　　卡尔多早期对均衡的分析，更多是深层的注解，是增值性而非开拓性的研究。卡尔多对于市场均衡的分析围绕是否确定和是否稳定的两个层面展开。在分析过程中，卡尔多就展示出他的活跃思想，他不断质疑，然后不断解释。卡尔多的学术早期就已包含着大量的现实考虑。这种从现实问题出发的思维方式，贯穿他的一生。卡尔多始终认为现实问题应该是经济学的起点，经济学不应该是脱离现实的智力游戏。

## 第二节　卡尔多对需求与供给曲线的机理分析

### 1. 静态均衡假设的逻辑缺陷：厂商均衡不等于产业均衡

　　在均衡分析中，供需是用两条曲线的位置及相互关系来描述。尽管在供需架构分析中，供需似乎处于同等地位，但卡尔多认为供需背后的机理差异很大，并认为供给曲线比需求曲线复杂得多，生产远比消费复杂。所以卡尔多主要着眼于分析供给曲线。同时，卡尔多分析了静态均衡的两个基本假设：完全竞争和每个企业确定的成本函数。卡尔多指出，供给曲线绝非像不证自明的需求曲线那样简单明白。在需求分析中，买方对价格刺激物的反应假设是以一种明确、清晰的方式表述，它可以从确定的需求系统中导出，还可以直接从主观价值理论的基本假设中导出。

　　20世纪30年代，许多经济学家对单个厂商均衡的成立条件非常关注。显而易见，这是马歇尔所谓局部均衡分析方法的必要发展，特别是供给曲线概念的发展：在各个行业中，价格和供给率之间存在确定的函数关系。卡尔多认为，供给和需求并不对称。假设买方以肯定和明确的方式对价格刺激做出反应，这就是需求曲线所暗示的一切。于是可以得出一般性的命题推论：它们有一个确定的需求系统，并按照该系统行事。但是，如果卖方做同样的事情，则是一件更加复杂的事情。卡尔多指出，在一个以合作为基础进行生产的世界中，这意味着存在一种将技术和心理阻力转化为成本计算的机制，以使每个生产单位可以响应任何价格来提供一定数量的商品。因此，这意味着增加成本与资源供给的每个生产数量之间，以及在价格与单个生产单元数量之间，还有在价格和单位成本函数及其衍生物之间存在确定的函数关系，同时满足这么多函数关系并非易事。

　　卡尔多强调，需求曲线与供给曲线的生成机理并不相同。就需求曲线而言，完全竞争的假设是必要的，至少在消费者的需求方面，可以视为基准。它源于以下事实：个人购买时是单独行事，而且一个人对社会收入的贡献较小，因此对他个人消费能力的贡献相对较小。但卡尔多指出，供给方面竞争条件的性质本身需要解释。为了得出一个行业的供给曲线，必须证明与每个价格相对应，该行业中有一定数量的公司，当所有公司处于均衡状态时，每个公司都会生产一定数量的产品。在后马歇尔主义经济学中，供给函数的分析依然是重点，产业被分类为递增、不变和递减的供给规律，以及内部和外部经济之间的区别，这就为每个个体假定了不同的成本函数。单个企业不同的成本函数，以及由这些不同成本函数构成的产业，使得在分析产业供给函数时，更有必要分析单个企业的均衡条件。卡尔多认为，只有找到必需而且确定的单个公司的行为函数，采用这些函数得出某些正式结论，并且在分析这些成本函数之间的相互关系之后，我们才能得出结论，才可能有各种形状的供给曲线。

卡尔多认为厂商均衡和产业均衡并不是一回事。他指出马歇尔关于局部均衡理论的研究有进一步发展的必要，特别是在不同产业中，存在价格和供给之间相同函数关系的假设。马歇尔同样意识到生产函数和生产曲线的复杂性。他认为有必要构建一种机制，借助这种机制描述实际发生供给曲线的反应。卡尔多认为，这就是导致马歇尔提出代表性厂商概念的原因。卡尔多指出，马歇尔的目的不是建立一个具有现实问题分析意义的概念，而是构建一种心理工具、一种智力产品，借助这种工具，至少可以使由供给曲线提出的反应机制变得合理。因此，该代表性厂商只不过是能够满足供给曲线所期望要求的公司。罗伯逊同样认为没有必要将代表性厂商视为整个行业的供应曲线的小型复制品。卡尔多认为，罗伯逊归纳了或许远非马歇尔本人愿意承认的不足。卡尔多指出了马歇尔用代表性厂商分析现实问题时的不足，认为马歇尔没有先分析单个厂商的均衡条件，然后再从中得出一个行业的均衡条件，而是先假定后者，然后创建了一个满足其要求的方法，马歇尔其实回避了现实和理论的矛盾问题。卡尔多的逻辑很清晰，厂商均衡可以自然合理地推出产业均衡，但反过来则不合逻辑。罗伯逊已经证明，马歇尔代表性厂商的概念表面似乎合理，但其实与基本经济理论假设不一致。卡尔多则关注的是这个特殊厂商是否为从大量实际厂商中选择出来，或是否为构想的一个厂商，或仅仅对现存所有厂商的平均，它应该起到了在均衡决定方面其他厂商所不能完成的特殊作用。这里不再需要假设代表性土地、代表性机器、代表性工人等，只需要一个代表性厂商就够了。罗伯逊只批评了马歇尔代表性厂商构想的特定部分，并表明马歇尔尝试的那种捷径是行不通的。卡尔多指出，之前从未有学者对此质疑过，是否确定的成本函数假设能够从静态分析的前提之中导出，成本理论本身是整个供给理论的基础。尽管自从马歇尔时代以来，对公司均衡的分析已进入了更高的改进阶段，但是，卡尔多认为后来理论的构建也存在与马歇尔构建相同的缺陷。它们同样假设单个企业的成本函数满足均衡假设，而不是证明在给定价格系统下，单个厂商是如何使得其成本函数达到与行业确定的均衡一致。

卡尔多对当时庇古厂商均衡的观点也不赞同。卡尔多的目的是为了表明，一旦试图用实际成本分析，那么这种确定成本函数的概念就会遇到无法预料的困难。卡尔多指出，庇古教授定义的厂商均衡是把产业作为一个整体，并且假定是均衡的，有一个正常供给价格就有了单个厂商的一般均衡产出。然而，卡尔多认为，庇古教授并没有说明两点，一是产业均衡是否必然导致厂商均衡，他仅仅是说，产业条件与现存厂商条件是共同的；二是是否存在一个满足产业均衡与厂商均衡的充分条件。卡尔多发现，在经济学的特别分支里，尽管注意力越来越集中到单个厂商的均衡，但是确定的成本假设能否从静态均衡分析一般假设的基础中导出，却从未引起质疑。于是，卡尔多采用一种迂回的方式开始分析，首先是基于马歇尔供给曲线产生基础的两个假设：在完全竞争市场下，单个厂商生产的产品数量与支出的成本之间有明确的函数关系；接着，卡尔多尝试找到这样的成本函数形式，使之与这两个假设相容。

根据经济学原理，在完全竞争下，企业成本曲线在一定产量之后必须向上倾斜，该产量要小到足以在该领域留下足够数量的企业，以保持完全竞争的条件。这个问题首先由古诺提出，随后马歇尔、希克斯都给予了关注。卡尔多认为，对于短期分析，这没有困难。根据定义，在短期中，假定某些要素的供给是固定的，并且由于给出了其他要素的价格，因此每单位成本必须在特定的点之后增加。"供给的不可分割性和固定性是两个完全不同的属性，通常不分开，因为两者都会产生固定成本，即成本不会随产出而变化。但是，在我们对成本的定义上，只有那些供给不固定的不可分割要素报酬才进入成本"①。固定供给的不可分割因素虽然不构成成本的一部分，但不可分割的固定供给要素影响总成本。后一类要素只影响向生产曲线向上倾斜的部分，而不影响生产曲线向下倾斜的部分，这源自非比例收益定律的假设，即技术系数的变化程度小于无穷大。

但是，卡尔多认为，这样的短期曲线不足以达到研究的目的。为此，

①　尼古拉斯·卡尔多．企业均衡［J］．经济杂志，1934（3）：51．

卡尔多认为问题的本质是长期均衡。卡尔多围绕这个方面提出诸多问题，假定公司雇用的所有要素在供给和所有价格上都可以自由变化，成本曲线的形状如何？单位成本会随产量变化吗？如果是，如何变化？针对这些问题，卡尔多从三个方面进行了分析：第一，"如果所有要素完全可分，单位成本必定会下降"①。随着产出增加，厂商克服了越来越多的不可分性，实际使用要素的效率提高了，其原因要么是要素效率更高，要么是要素在较小产出下没有酬劳。卡尔多认为，在既定知识前提下，所有技术经济性的这个点必然达到，在某一点生产成本最小，如果超出此点，成本可能会上升到一定范围，但是此后，它们必须再次下降，直到再次达到与以前相同的最低水平。第二，"或许是由于存在外部不经济。因为厂商不是直接而是间接利用生产要素，如果市场限制了这些要素的供给，就存在外部不经济性。如帕累托的例子，交通堵塞导致运输车辆运输成本上升"②。就研究目的而言，卡尔多认为外部不经济对厂商的理由不充分。因为根据定义，它们对所有厂商的影响都是一样的，这不能解释为什么很多大产业中仍有大量产出小的企业，只能解释整个产业成本上升，而不能解释相对于整个产业成本而言的单个厂商成本增加。第三，"由于不可能同时考虑到所有要素收益递减，如果仅知道要素价格和商品的生产函数，就无法确定生产性组合的技术最优规模"③。卡尔多指出，基于这些认识，只能确定生产要素组合因素的最佳比例，而不能确定这些生产因素的最佳数量。因此，为了确定组合的最佳规模，必须假定生产函数中至少一个要素的供给固定，在这种情况下，基于非比例收益法则，就可以以最低成本生产最佳规模的产品。卡尔多进一步分析了厂商成本和产业成本形成的差异。卡尔多认为，有必要假定企业供给要素固定时，有对该行业的灵活供给，否则该行业将只能由一个公司或固定数量的公司组成。对于一个产业来说，产生收益的要素并不完全是这种情况。

### 2. 企业家精神的核心职能是协调

卡尔多在马歇尔关于企业家精神是风险承担者、监督和协调的基础上，对企业家精神进行了进一步的分析。最终，卡尔多落脚于马歇尔企业家精神三大职能中的最后一个职能，认为协调的职能才是最关键的因素。

---

① 尼古拉斯·卡尔多. 企业均衡[J]. 经济杂志, 1934(3): 51.
② 尼古拉斯·卡尔多. 企业均衡[J]. 经济杂志, 1934(3): 51.
③ 尼古拉斯·卡尔多. 企业均衡[J]. 经济杂志, 1934(3): 52.

卡尔多认为，把企业家职能的术语作为生产要素非常含糊。

马歇尔认为企业家职能至少包括三层意思：风险或不确定性的承担者、监督和协调。监督和协调一般是分不开的，是管理职能。但卡尔多认为，能够把它们区分开才是理解问题的关键。为了保证每个人都能按照要求工作，在协助生产中，监督是必须的。其含义就是检查合同是否事实上被执行。另一方面，协调是管理职能的一部分，决定应该签订什么样的合同：在给定的一系列数据中，哪一个可以进行调整。

生产要素只有相对固定并且可以准确测度才有意义。如果一个要素永远处于变动之中，那么这样的要素无法进入生产函数。① 卡尔多的目标是从三个职能中找出最关键，而且是可以固定的要素。卡尔多认为，第一个风险承担者的职能可以去掉，因为无论何种测定方式都是不确定性的。风险和期望理论不成熟，无法设定不确定性的单位是什么，很难找到单个企业的风险单位。随着股份制公司的兴起，单个企业筹集资金的可能性远远超出了个人拥有资产的限制，这一事实就排除了测度风险的可能性。就监督而言，管理层也不可能拥有这些独有的特征。监督需要一种特殊技能，它是管理相对不可分的要素。卡尔多指出，如果每个人的监督能力都一样，那么一群监督者同一个监督者的效率是一样的。卡尔多认为协调是管理职能的主要部分，它涉及资源的配置。对单个企业而言，你不可能像增加其他生产要素那样，增加可获得协调能力的供给，因为每个单一决策本质就是协调能力，这必须由一个单一的大脑思考。当然，这不意味着协调任务必须落到单一个人身上。卡尔多用了一个形象的例子，即董事会的决策来说明这一点。在一个现代企业组织中，协调可能是由董事会联合做出的。但是，董事会成员仍有可能在所有的重要决策中，把备选方案放在脑海里。卡尔多对协调的认识很深刻，他认为协调的本质部分是协调无法实现劳动分工。因此，超过某一点之后，通过增加董事会成员的方法来增加协调能力的供给是不可能的。卡尔多描绘了董事会的协调过程。董事会成员进行同样的智力劳动，协调只是检查每个人的判断。如果董事会成员具有相同的能力，将不会实质性提高决策的质量。如果成员间的能力显著不同，通过解雇部分成员，只留下最有效率的一个决策者，或许能增加协调能力的供给。在实践中，在某些大企业里，协调活动常由单独的经理部门做出。奈特教授对此进行了区别：重要决策总是由企业家做出，日常工作

---

① 由于数理技术的发展，即使要素成本不固定，如果知道要素成本的分布函数，依然可以进入成本函数。

由管理者解决。卡尔多认为可以通过引入新的技术设备来增加协调的供给。但是，对既定技术知识和既定协调能力的企业而言，能够最大有利于企业的固定要素的数量是有限的。为此，卡尔多得出结论：对单个企业来讲协调能力的供给是固定的。卡尔多基于这些考虑，认为可以将具有给定协调能力单位的生产性组合，与不具有这种独特性的生产性组合区别开来。从长远来看，协调能力是严格依附于企业的一个生产要素，它与该公司一起生存和消亡。因此，它的报酬可以用价格确定。上述分析过程就是卡尔多坚持的科学分析范式。

在现代股份公司中，如何对总经理协调能力付报酬有困难，但"企业剩余索取权对培育企业家精神至关重要"①。卡尔多自己说没能解决这个难题。奈特教授采取了极端的观点，认为控制永远取决于谁是风险的最后承担者，拿薪酬的经理们只为日常工作负责。

公司协调能力的效率，可能随着公司赚取利润的变化而变化。因为协调能力的供给是变化的，企业家报酬不仅仅是维持其给定效率的部分，其他的都将进入成本。卡尔多认同这个观点，协调能力不一定严格依附于产业，个人的协调能力可以永远离开一个产业，转向另外一个产业。同样，某些要素严格依附于产业，但是不依附于企业，如果超出了企业的生产能力，超出了产品与不同单位的协调能力相结合的产量，该企业将无法继续运用这个要素，只能用于产业中的其他企业。卡尔多从协调的视角肯定了企业间协调能力的差异，他认为协调职能是某企业之所以为该企业而不是其他企业的原因，如果企业的协调能力改变了，即使保留了原有的法律身份，这个企业也不再是原来的企业了，所有相关的理论特征也随着协调能力而改变。所以，原来的企业很可能会被作为不同的企业对待。这一点可以看作卡尔多对企业理论的贡献。

卡尔多认为，公司的长期成本曲线是由企业协调能力供给的固定性所决定的。然而，还没有这种长期成本函数和基于它的供给函数表达式，这实际导致了单个企业成本函数的不确定。由于企业的独特性和协调能力函数不确定，它实际上是一种动态函数，卡尔多认为协调最本质的特征不是均衡，而是不均衡。企业需要协调职能的程度取决于要进行调整的频率和幅度。由于协调职能的供给是固定的，它决定了其他要素与之最有利组合的数量。只有企业发现自己的实际状况偏离均衡状况时才需要它。随着对给定数据群的每次连续调整，剩余需要协调任务的数量将减少。直到最后

---

① 杨小凯. 发展经济学超边际与边际分析[M]. 社会科学文献出版社，2003：172.

达到长期完全均衡，也就是马歇尔的静态均衡状态，管理的任务缩减为纯粹的监督，协调能力成为免费商品，单个企业的技术最优规模变得无穷或不确定。没有企业连续趋向确定均衡或理想位置，因为每次逼近都改变了趋向均衡的理想位置。因此，卡尔多得出的结论是，从经济数据中导出单个企业的成本函数根本不可能，也就是说，从一个给定的价格系统和给定的生产函数中，导出成本函数是不可能的。因为该生产函数的性质，或者说协调能力要素在该生产函数中所占的相对位置，并不独立于均衡存在，而是均衡问题本身的一部分。当然，如果协调能力的调整频率和幅度保持相同，换句话说，每单位时间经济数据的变化程度是恒定的，那么个别企业理论上最佳规模保持不变仍然是可能的。但卡尔多指出，即使有可能构造一种静态-动态理论，找到了衡量经济变化的合适方法，构造一种复合变量，将所有变量的变化程度组成不同的数据，并根据某个任意的标准进行加权，对于最佳规模大小，仍将取决于调整的性质，以及在给定时间内可以对每个给定数据进行调整的程度，即实际遵循的路径偏离均衡路径的程度。因此，仅仅引入动态变化并不会比没有变化时更加确定。但是在现实世界中，这可能意味着单个企业的平均规模或多或少将保持不变，因为企业规模扩张的内在趋势，被同时不断变化的数据连续击垮。卡尔多的成本分析实际上否定了马歇尔成本函数的现实应用。

### 3. 静态均衡和完全市场竞争假设不相容

关于均衡相关的假设，卡尔多有三个结论：第一，在给定一系列经济数据的静态假设下，厂商规模有一个持续增长的趋势，所以长期静态均衡和完全市场竞争不相容。即使完全竞争条件在特定的情况下得到满足，只要这个完全竞争存在，这种情形就不可能成为均衡。第二，现存经济体系的组织，在统一管理下，把生产组织分成大量独立单元的分工，本质上就是对动态变化和不完全远见的适应。分工的作用巨大，"人类把注意力集中在单一事物上，比把注意力分散在许多事物上，更能发现达到目标的更简易更便利的方法"①。第三，静态均衡和完全竞争这一对概念，源自相互矛盾的假设。

卡尔多思考，同样结论在完全可分性的市场，也就是没有任何规模经济条件下，是否成立呢？洛桑学派对这个假设做了详尽的描述。在给定情形下，协调能力的需要程度依赖于单个生产单位运营的规模。在没有技术

---

① 亚当·斯密. 国民财富的性质和原因的研究(上卷)[M]. 商务印书馆，2005：10.

优势的规模经济中，经济性可以通过不断降低企业规模来实现，直至降低到协调能力完全不需要为止。当然，不是说最小的单位在经济活动中不需要任何协调能力。卡尔多认为这种情况完全类似于单个厂商进行的单边消费活动，这里不再需要协调能力，完全竞争将作为经济力量自由作用的结果而建立。卡尔多从探究单个企业的成本曲线相对于行业成本上升的原因开始，探究在完全竞争下是否有确定均衡的可能。卡尔多最后得出的结论是：没有这种可能。所以，卡尔多认为必须放弃完全竞争的假设，并根据现实世界中的条件，假设生产在超过某个点之后，单个企业会受自己买卖商品价格的影响。

有部分人认为在不完全竞争下，均衡位置可以由其他原因确定，协调能力可以作为其中的一个固定因素，但卡尔多认为，协调能力不是成本函数中不可分割的因素。尽管不可能在超过某个特定点后，在不损失效率的情况下，增加协调能力的要素，但卡尔多指出，如果减少使用一定协调能力的数量，不会增加对其他要素的回报。在通常情形下，业务经理不可能在不损失效率的前提下，管理的业务超过某个数量。卡尔多认为单位产品的协调能力不会影响成本曲线的向下倾斜部分，而只会影响向上倾斜部分。在不完全竞争的条件下，从确定均衡的角度来看，只有企业成本曲线的向下倾斜部分才是相关的，因为在均衡状态下，企业的平均成本曲线必须下降。在均衡状态下，包括不确定性和协调能力报酬的平均总成本必须下降。在卡尔多的这套术语定义中，平均成本下降不是均衡的条件，因为成本曲线中上升的那些部分是不确定的。但是有人有不同意见，认为每件产品所需协调能力的变化会影响罗宾逊夫人定义中的正常利润，即促使新公司进入该行业所需的利润量，从而改变现有企业所面对的需求曲线的位置。其实，"均衡模型的分析严谨性是令人目眩神迷的，但它却掩饰了其在现实经济中的基本局限"①。

卡尔多还回答了更实际的问题：在分析真实经济世界时，什么是影响不确定性的因素？如何估计它们的影响？学者称之为资本主义的不稳定性，熊彼特的术语是动物精神。卡尔多构建了平静期和不平静期两种典型时期的情形来分析。在相对平静时期，也即当偏好和储蓄率稳定的时期，技术创新稀少，人口变化很小，实际的代表性厂商规模扩张。如果整个社会是一个增长系统，资本和人口都在增长，现存企业的数量便没有减少。如果相对静态条件持续了足够长的时间，则现有公司的数目必须下降并迅

---

① 阿列桑德洛·荣卡格利亚. 西方经济思想史[M]. 上海社会科学出版社，2009：275.

速下降，但是在现实情况中能够走多远是值得怀疑的。卡尔多给出的理由是：首先，从整个社会的观点看，协调能力稀缺性下降表示一个真实成本的下降，代表着在给定资源数量的前提下，能够生产更多成堆的效用。提高代表性厂商数量应该以相同的速度增加社会产品，不应该在其他地方减少必需的产品数量。其次，由于某些企业协调能力的变化，有定期修改自己成本曲线的想法，这些企业规模增长向其他公司提出新的协调任务的压力，即使没有强迫其他企业减量，至少也将促其增长。仅出于这个原因，即使在纯静态条件下，也不能期望膨胀过程是平稳连续的。在不平静时期，当数据系统的更改变得更加频繁和深远时，则是相反情况。长远而言，平静期的扩张主要是通过长期供给量的变化实现的，因为只要工厂、机械等给定，扩张的趋势就被有效锁定了，这限制了其他生产要素与之结合的数量，收缩的趋势是通过提高成本或边际成本影响短期产出。由于上述原因，卡尔多认为，不确定导致的波动会存在一定的范围，但这些波动被现实世界中其他原因引起更剧烈的波动完全覆盖。同时，卡尔多认为不能高估协调职能的作用。与不稳定的货币系统、价格刚性和国际贸易条件的不确定性相比，由协调能力要素的变化而引起的不稳定性必然显得微不足道。显然，卡尔多的观点非常鲜明，协调能力对成本的影响不能被低估，更不能被高估。

## 第三节　卡尔多对不完全市场与产能过剩的分析

### 1. 不完全市场的假设前提

20世纪30年代的不完全竞争理论是经济学理论发展的重大成就，突破了完全竞争假设，与经济现实更加接近。从理论上讲它是令人震惊的，因为如果承认它就等于排除了传统经济学定律应用的可能性。例如，在供给增加之后，价格可能随之上升。卡尔多指出"如果发现该理论的主要论点是正确的，那么就为对完全竞争力量自由发挥作用进行干预提供了理由，而传统的经济理论常以此理由对干涉予以驳斥"①。在不完全市场理论中，市场面对一批竞争企业，资源进入产业是自由的，同时由于某种原因，不是完全竞争，这样一种像是完全竞争的市场条件，将驱动每个企业

① 尼古拉斯·卡尔多. 市场不完全和过剩产能[J]. 经济学刊，1935(2)：65.

都没有最佳地利用资源，导致实际利用资源的生产力的下降。从某种意义上讲，它颠覆了有关递增回报和垄断的观点。成本下降不仅将导致垄断，而且垄断将每个企业自动推向平均成本下降的位置。卡尔多认为这是一种非常巧妙的方法，几乎可以说是革命性的学说：自由竞争并不是以传统和可敬的角色出现，因为自由竞争似乎能自由进入任何行业，淘汰不合格者，而卡尔多认为，它实际上可能创造更多剩余产能。不完全竞争力量为古代商人关于竞争浪费的学说提供了一个极好的理论背景，但卡尔多认为，大量经济学家似乎完全忽略了这一点。

张伯伦教授和罗宾逊夫人首先提出了不完全竞争理论。尽管卡尔多同罗宾逊夫人有着良好的个人关系，但是卡尔多经过仔细检视发现，罗宾逊夫人版本类似于张伯伦的理论，并无太多创新。因为罗宾逊夫人在她的成本曲线中包括了这样的利润，它们不会被新生产者进入所抵消。在这种情况下，她认为需求曲线将与成本曲线相切，公司小于最优规模仅是同义反复，这不意味着过剩产能或其他之类的东西。卡尔多对张伯伦教授的理论关注更多。卡尔多把张伯伦教授理论归为四个基本假设。第一，"每个厂商的产品有稍许不同的差异"①。假设有大量独立生产者，每个生产者仅销售一种产品，其余生产者的产品稍有不同。卡尔多所说稍有不同的意思是，尽管对不同生产者的产品价格敏感，但是这种敏感度从来没有强到迫使所有生产者以相同价格出售的程度。其具体含义是，相对于他的竞争者，如果厂商降低他产品的价格，将吸引部分但不是所有的顾客。反过来，如果他涨价，将丧失部分顾客，而不是全部顾客，这是一个符合实际的假设。第二，"消费者偏好在不同产品之间是严格均匀分布的"②。因为有许多厂商，单一厂商对价格或产品的任何调整，同样程度地影响到他的竞争对手，这种影响程度可以忽略不计，也不会导致他对自己市场位置的任何调整。因此，在给定其他产品价格的情况下，一个需求曲线可以根据每个产品单独画出。第三，"无厂商市场垄断"③。假设没有厂商对其生产的产品产生机构垄断。这样大体上，新厂商可以自由进入这个领域，对这些厂商来讲，进入是自由和无障碍的。第四，"生产的规模效应"④。假定所有生产者的长期成本曲线都下降，假设有一定产出的规模经济。张伯伦的成本曲线是 U 形的。就长期曲线而言，要求成本应在一定范围内下降。

---

① 尼古拉斯·卡尔多.市场不完全和过剩产能[J].经济学刊，1935(2)：66.
② 尼古拉斯·卡尔多.市场不完全和过剩产能[J].经济学刊，1935(2)：66.
③ 尼古拉斯·卡尔多.市场不完全和过剩产能[J].经济学刊，1935(2)：66.
④ 尼古拉斯·卡尔多.市场不完全和过剩产能[J].经济学刊，1935(2)：66.

给定两条曲线，每个生产者都将尝试产生使自己利润最大化，即将边际收益与边际成本相等，MR＝MC，这是新古典生产理论的核心。但是，由于边际收益低于价格，因此除非平均成本在一定程度上高于边际成本，否则，价格将高于平均成本。而最初的假设不是这样的，该行业的企业家将获得垄断利润，将把此类资源吸引到该行业。新公司将进入，生产新的替代品，减少对所有现有生产者产品的需求，并且这一过程将继续进行，直到利润降低至正常水平为止，消除了实际收入与企业家自有资源的重置成本之间的差额。在最终均衡的位置，不仅边际成本等于边际收益，而且平均成本将等于边际收益，平均成本也将等于价格，即MR＝MC＝AC＝P。

卡尔多认为，新竞争者进入的影响将与成本曲线无关。与其他学者观点不同，卡尔多认为，新进入者的影响不一定会降低现有产品的价格，它甚至可以抬高价格。但"企业家不再赚取的利润不会以较低的价格形式传递给消费者，而是主要吸收到较低的生产效率中"①。生产商作为一个整体，可以通过预期新竞争者进入而降低价格来防止这种情况的发生。任何一个新生产者的出现，只会非常轻微地影响单个现有生产者的需求，而类似地，单个现有生产者的价格下降，只会轻微影响潜在生产者可以预期的利润，因此，没有生产者考虑这些对自己的价格政策的间接影响。卡尔多指出，鉴于这些假设，该理论是无懈可击的。因此，任何批评都必须针对所选假设的有用性和一致性。

卡尔多认为第一个假设涉及对各种生产者的产品需求相互关联的假设，这与罗宾逊夫人的不完全竞争的产业概念基本相同。在大多数情况下，不同生产者销售相同的产品并非彼此完全替代。如果完全替代，最小的价格差异将消除对高价生产者产品的所有需求，而不完全竞争市场不是这样的。卡尔多分析，不完全市场存在的原因主要有三个方面："产品自身有少许的差异，如在汽车销售、无线设备等领域，缺乏标准化；厂商分布于不同的地理位置，同时相应消费者也分布在不同的区域；最后，买方本身可能存在某种消费惯性，即使他们对不同卖方的产品无动于衷，他们要么需要一段时间考虑，要么有一定程度的价格差异，才能下定决心从其他卖方那里进行购买。"②卡尔多指出，无论是什么原因，从分析的角度来看效果都是相同的：需求的交叉弹性是有限的正值。当市场不完美是由于纯粹的购买者惯性，而不是其他原因造成时，尽管实际上它是一个重要因

---

① 尼古拉斯·卡尔多. 市场不完全和过剩产能[J]. 经济学刊，1935(2)：66.

② 尼古拉斯·卡尔多. 市场不完全和过剩产能[J]. 经济学刊，1935(2)：69.

素，却很少被孤立地认为是市场不完善的原因。通常，它与其他两个原因之一或两者结合。在这些情况下，与任何特定产品相比，不同生产者的产品将永远不会具有相同程度的可替代性。任何一位特定的生产者将永远面对与他更近的竞争对手，以及其他更遥远的竞争对手。它应该能够根据价格对自身需求的影响，从自己的角度将竞争对手进行排序。在市场不完全仅仅是由于生产者地理位置不同而引起的情况下，这一点表现很明显。在产品差异化的情况下也是如此，卡尔多用了一个实例说明地理位置的影响：在英国伦敦高级男子服装缝制店集中区的高级裁缝，只受高级服装街上裁缝的影响，他们将很少受到伦敦东部贫民区服装价格波动的影响。

卡尔多还区分了伪垄断者与真垄断者，它们的区别在于产品需求交叉弹性的大小，因此不能一并归类，但是可以把它们放在一个序列之上，类似于光谱。每个产品在这个谱序列上占据一个位置，这样建立的产品序列中的产品是紧挨着的，消费者彼此的替代弹性是巨大的。每个产品所面对的只是同它最近产品的竞争，每个产品需求只对产品本身价格敏感，对离它距离越远的产品越不敏感。然后，单个厂商的产品变化可以沿着产品序列移动。并且，考虑到所有其他生产者的位置，每个生产者都倾向于在其预期利润最大的位置进行生产。新进入者还必须在该序列上占据一席之地，因此必将使替代者的链条变得更紧。

卡尔多对不完全市场分析采用了一个很简单的空间竞争的假设，但是很符合现实。卡尔多把最简单的不完全市场类型想象成消费者分布在某个区域，假设所有消费者位于一条马路上，如一种带状马路，他们均匀分布，具有相同的购买欲望。卖方的产品对于他们完全没有差异，或者这个差异只在运输成本上，可以被平等地假设为买方或卖方成本。在这种假设下，卖方趋向位于沿着马路等距离的点上，所有卖方都可以被认为是假垄断，因为没有两个厂商在同一点销售。从卖方观点看，任何其他产品价格变化对他的影响是非常小的。假设其他产品价格是给定的，距离他越远，影响越小。首先，"即使厂商数量很多，产品之间替代链条很紧，它也不能被假设为单个厂商的行为对大量其他竞争厂商的影响呈均衡分布，同时也不能假设单个厂商的行为对其他厂商的行为可以忽略不计"①。单个厂商的真实需求曲线是不确定的，取决于其他厂商可能采取的任何行为反应。其次，不能认为新进入者或预期进入者的新产品，与所有现有产品保

---

① 尼古拉斯·卡尔多. 市场不完全和过剩产能[J]. 经济学刊，1935(2)：73.

持相同或相似的关系。必须将新产品放置在两个现有产品之间，它将最大程度打入其最邻近的市场。因此，如果生产者有远见，不仅会考虑自己的行为对现有竞争者的影响，还会考虑对潜在竞争者的影响。他将根据假想的需求曲线行事，可以用不同价格销售相应的数量，前提是他的竞争对手的产品、价格和数量已经根据他的价格进行了调整。如果生产商知道如果他今天收取高价，那么竞争对手会在明天出现，其竞争者将使他永远处于劣势；如果他希望只收取低利润的价格，则同时可以希望永久确保该利润。也就是说，他将采取一定行为，保证自己的需求曲线比事实上现存的需求曲线更具弹性，这种远见可以防止自己被逼到产能过剩的状态。而且，即使存在规模经济，即使所有生产者都没有考虑到其自身政策的间接影响，潜在竞争也不会使个体需求和成本曲线相切。如果完全没有规模经济，产品差异化本身将永远不会阻止建立完全竞争。

### 2. 机构垄断：除成本以外的垄断

卡尔多对于机构垄断也有精彩的分析。机构垄断的含义很广泛。机构垄断包括专利、版权、商标甚至商标名称，它们可以由法律、所有权或仅由公众意愿授予。如果公众喜欢从销售商张三那里购买商品，如果卖方的质量或性价比很好，那么张三的名字就成为产品质量的一部分，销售商张三就拥有其产品的机构垄断地位，拥有别人无法拥有的东西。同样，如果企业家拥有的资源，比某些其他企业家所掌握的资源相对更适合某些品种的生产，那么他拥有对该资源的独占控制权，这也意味着存在某种机构垄断。对于不同生产商而言，由于生产不同品种的相对成本必须相同，因此对于每个单一品种而言，其成本曲线也必须相同。

卡尔多还对绝对垄断和部分垄断做出过辨析。绝对垄断和部分垄断有时很难区分，绝对垄断是指无论其他厂家投入的成本如何，都无法生产，产品具有唯一性。部分垄断是其他厂家可以生产，但是成本要高一些或高得多，产品不具唯一性。由于所有产品或多或少都是彼此近似的替代品，因此这种区分在分析上变得不重要，即生产者 B 能否生产出与 A 差不多的近似替代品，或者生产者 B 是否能够生产成本高于 A 的相同产品的替代品。因此，任何使一个生产者的成本低于另一生产者的成本都意味着存在机构垄断。无论是由于一位企业家拥有独特的资源，还是仅仅由于购买者的惯性强加了新生产者特殊的进入成本，这种制度上的垄断永远不会完全消失。卡尔多指出，它们的存在绝不是必不可少的，甚至可能直接导致了很大一部分市场不完善。如果假定消费者的差异化规模是给定的，那么在其存在的范围内，机构垄断可以防止过剩产能的发生。例如，当不同产品的可替代性程度由运输成本的水平严格确定时，在这种情况下，一个生产者所获得的利润不能被另一个生产者所抵消。但是，许多类型的机构垄断本身增加了市场不完善的程度，并在一定程度上有利于产生过剩产能。比如，买方惯性具有双重效应，对单个产品来讲，降低了需求弹性，对潜在进入者来讲，增加了成本。如果这两种效应可以相互抵消，净效应会指向某一个方向。

卡尔多认为，假设规模经济存在会阻止竞争趋于完全竞争市场，那么自由竞争可能导致产能过剩的程度将取决于生产者短视或远见的程度。卡尔多认为潜在竞争到什么程度决定于价格和产品政策，这是一个商业心理问题，而不是经济问题。如果不考虑规模效应的差异，它将趋向于防止过剩产能产生。但是，这个不确定效应随着规模差异的增加而增加。市场状况在多大程度上类似于张伯伦教授术语表达的链式关系，即各种需求交叉弹性在数量级上不同的程度？卡尔多认为，只有在特殊情况下，当它们都处于相同的数量级时，才有必要遵循张伯伦教授的结论，需求曲线将与成本曲线相切。因此，对需求曲线将与成本曲线相切提出的许多反对意见，并不影响这个基本假设。新进入者的竞争效应和随后利润水平降低，可以采取增加成本而不是降价的形式实现。

事实上，张伯伦教授还有另一个更抽象的假设，即每个生产者只生产一种产品。实际上，如果按照严格市场标准来定义产品，可以认为大多数生产者会生产一系列不同的产品，可以克服这种不可分性效应，从而构成不完全市场必要条件。如果以最优规模生产一种产品的需求不足，那么生产商仍可以充分利用其工厂，生产两种或多种产品，而不是建立一个小批量次优规模的工厂，或把现有工厂只部分开工，这样就克服了不可分性。因此，剩余产量也不会出现。外部竞争效应将使得企业生产更多系列的产品，而不是整体减少产出规模。卡尔多认为，这不是一个非常严格精确的推理，即使企业家调整生产线、改变产出数量，也不意味着能够避免由于竞争而造成这种成本增加的结果。这种情况是否会出现，取决于联合产出产品的成本函数性质。只有联合生产比单独生产便宜，才能共同生产商品。这种范围经济的分析需要界定边界，而争议最大的应该是范围经济的边界到底在哪里。无论每种商品的生产量是多少，或者生产这些商品所用的资源量是多少，一定存在范围经济。但某些其他商品的联合生产，可能仅仅是因为对其中任何一种商品的需求不够大，而无法大规模生产，只有联合生产才能实现规模经济。① 可以通过利用更大的工厂来生产几种商品，保留某些经济规模。对于此类商品的联合生产只有超过一定产量才有利可图，一旦它们中的任何一个产品的需求足够大，单独生产能确保规模经济时，联合生产就将变得无利可图。之所以如此，是因为负责这些规模生产的不可分割的要素，如建筑物、机械等永远无法完全专业化，同时生产多件商品或多或少更有效率。然而，卡尔多认为由于在大多数情况下，不可分割的因素也不是完全非专业化的，分散生产总是要付出一定的代价。在给定资源数量下，要求同时分开生产商品的数量越多，任何产品实际的生产率将越低。事实是，联合生产的大部分商品就是这种情况，一个行业的发展总是伴随着专业化，减少单个企业生产的商品数量。

卡尔多认为，在所有情况下都存在规模经济，并且在一定范围内存在市场不完全。从卡尔多的分析可以看出，在特定的工业领域，增加企业的数量、增加竞争会导致技术效率下降，而不是价格下降或总产出增加，这个观点与熊彼特的观点高度一致。而在企业可以改变不同产品生产数量的情况下，即使没有新公司的涌入，这种情况也可能发生。卡尔多指出，这两种情况都被认为是某些生产者的短视行为，他们根据当前状况采取行动，而不是追究其自身产品政策的进一步后果。这种短视的普遍性可以得到充分解释，部分原因是生产者对这些进一步后果的无知，部分是由于其实际和潜在竞争者远见程度的不确定性。

卡尔多给出解决厂家短视问题的方案是，如果以国民所得的货币价值作为标准，可以在某些领域较大程度地执行强制标准，或用卡特尔、限制进入等类似手段，使厂商完全认识到规模经济的作用。然而，采取这些措施的支持者远未意识到这些。除了垄断的不良的分配效应，公众宁愿被提供大量不同种类的商品。当然，也不能说过剩产能的产生本身就是消费者选择的结果，因为它只能通过创造更大的商品多样性来实现，公众更倾向于多样化而不是便宜。只有生产者面对实际消费者，对以较低价格出售较小种类的商品，以及以较高价格出售较大种类的商品做出选择时，才可以允许这种推理。实际上，永远无法在这些替代方案之间进行选择：要么提供这种商品，要么提供那种商品，从来不同时提供两种。卡尔多认为，应避免期望消费者如此有远见，以集中精力购买一些品种，以期将来降低价格的假设，或按照这个思想进行抽象。卡尔多指出，如果按照完全竞争的逻辑，基于现实的推演，最后结果是存在产能过剩，而不是资源最优配置。

---

① 卡尔多在分析过剩产能的过程中，并未严格区分范围经济和规模经济。

## 第四节　卡尔多经济学中的福利命题

"现代资产阶级方面的经济学体系，是由英国的创新学派的主要代表人之一庇古建立起来的。"①

福利经济学的命题中，最为大众所熟知的是帕累托效率，其基本含义是一个人可以在不使其他人处境变差的前提下，使得自己的处境变得更好。② 帕累托效率更多与理论状态接近，而与现实实际更接近的应该是卡尔多改进，或称为卡尔多-希克斯效率。卡尔多补偿原则是假象的补偿原理。希克斯的补偿原理是长期自然的补偿原则。③ 福利必然涉及效用，效用的人际比较问题是福利经济学的基石。早在 1938 年 12 月的《经济学杂志》上，罗宾斯教授回答了效用状态的人际比较问题。卡尔多认为，效用比较的目的是为了检验与福利经济学相关的问题。在之前关于这个问题的讨论中，这种人际效用的比较科学性决定了是否能够把经济学当作科学来讨论任何问题。

哈罗德的观点很清晰，如果所有个人可以被同等对待，某些人的损失如何同总收益进行比较？如果严格坚持不同个人效用的不可比性，福利学派将无立足之地，这个观点得到罗宾斯教授的认可。罗宾斯提议要做的就是清楚地表明，通过自由贸易增加社会财富的说法本身就包含一个任意因素。如果假定经济主体具有同等的满意程度，则该主张应有效，那么社会财富可以说是增加了。在英国的实务中，废除《谷物法》后，废除关税的结果仅表明，消费者获益，土地所有者受损。然而，卡尔多并不认同罗宾斯的观点，他认为，在关于自由贸易的经典论点中，根本没有涉及任何这种任意因素。废除《谷物法》的后果可以归纳如下："它导致了玉米价格下降，也就是同样货币收入事实上将有更高实际收入；它导致了收入分配移动，某些人货币收入比之前要低一些，如地主的货币收入，其他人收入将高一些，如其他生产者的收入；既然总货币收入可以被假设为不变，如果地主收入下降了，其他人收入必然相应地增加了。"④卡尔多认为这是收入

---

① 张培刚. 微观经济学的产生和发展[M]. 湖南人民出版社，1999：296.

② 不准确但是更通俗更容易理解的表述是：在不减少他人福利的基础上，自己的福利增加。简言之，利己而不损人。

③ 1939 年由约翰·希克斯提出，以比较不同的公共政策和经济状态。

④ 尼古拉斯·卡尔多. 经济学的福利命题[J]. 经济杂志，1934(3)：84.

分配重要变化的结果。由于收入分配的这种相应变化，某些个人的满意度可能会损失，有必要将某些人的收益与其他人的收益进行比较。政府总有办法确保以前的收入分配保持不变，比如，通过补偿地主的所有收入损失，对收入增加的人额外征税，为这种补偿提供资金。

卡尔多换了一种思路，提出一种观点，回避这种效用的比较。如果某项政策导致物质生产率的提高，从而导致实际总收入的提高，那么经济学家的政策主张在任何时候都不会受到个人满意度可比性问题的影响。因为在这些情况下，可以使每个人的状况都比以前更好，或者可以使某些人的状况得到改善，而又不会使其他人的状况变得更糟。对经济学家而言，这个结论无需证明，卡尔多认为实际上永远也无法证明，由于采取某些措施使得社会中无人福利变差。卡尔多认为，在自由贸易中，实际上是否应给予地主补偿是一个政治问题，经济学家几乎无法发表意见。重要的事实是，就主张自由贸易的论点而言，地主的命运完全是无足轻重的：因为即使将地主的损失全部归还，自由贸易的利益也不会被破坏。这个论点为庇古教授福利经济学中的分析过程提供了理由，庇古教授把福利经济学分为两个部分：第一部分与生产有关，第二部分与分配有关。第一部分，也是最重要的部分，包括与增加总产出有关的增加社会福利的主张；所有关于刺激就业有关的问题，社会净产品均等化问题，价格与边际成本的均等化问题等都属于这一类别。经济学家在此方面有把握，只要经济学的基本假设是合理的，他开出处方的科学地位就毋庸置疑。在第二部分的分配理论中，经济学家应该完全不关心处方，而是实施不同政治目标中不同方式的相对优势。部分学者认为，"一个社会的福利状况是由物品的分配情况决定的，而不光是由社会所消费的物品价值决定的"①。卡尔多认为，从经济的角度来决定哪种特定的收入分配模式可以最大化社会福利完全是不可能的。在存在某种程度的不平等，而不是完全平等的制度下，不能排除每个人变得更加幸福的可能性。卡尔多并不是在比较不同人满意度之间的差异，而是在考虑提高个人收入获得的满意度的问题。当社会存在完全平等的制度时，卡尔多的这种情景必定会被排除在外。如果没有完全平等，经济学家怎么能准确地决定多少不平等是可取的，即多大程度可以确保最大的总体满意度呢？卡尔多认为这才是经济学家应该作出贡献的地方。可以看出，帕累托改进理论上很清晰，而卡尔多改进与现实更接近。

---

① 罗杰·E. 巴克豪斯·西方经济学史[M]. 海南出版社，2017：255.

## 第五节　卡尔多对企业均衡理论、市场运行机理和福利理论的贡献

卡尔多对均衡理论、市场运行的理解和福利理论的贡献主要集中在他的早期学术时期。20 世纪 30 年代，卡尔多主要的研究思路是沿着学习、质疑、批驳的路线进行。卡尔多当过记者和新闻撰稿人，有不同国家的生活阅历，在伦敦政治经济学院跟随经济学著名学者学习，有了规范而系统的经济学教育经历，以及在伦敦政治经济学院当讲师时的进一步反思，这些都使得卡尔多的思想极其丰富和活跃。均衡理论是卡尔多最早学习的经济学理论之一，因此，他关于均衡、社会福利等方面的理论贡献，相对集中于古典经济理论的核心问题。所有这些贡献大多是在卡尔多在 20 世纪 30 年代担任伦敦政治经济学院的年轻讲师时作出的，当时他的兴趣几乎完全是理论上的。卡尔多关于均衡的理论分析是教科书般的论述，集中体现在论文《一个静态均衡确定性的分类注解》中，这是卡尔多公开发表的首篇学术论文，在 1934 年出版。当时，卡尔多是奥地利新古典主义学派的追随者，他关于均衡的观点首先在著名的罗宾斯-哈耶克伦敦政治经济学院的学术研讨会上阐述。它旨在阐明均衡决定性所必需的静态理论假设，并通过存在性、唯一性和稳定性三个维度对不确定性的各种原因进行分类。卡尔多的主要理论贡献是对稳定性条件的讨论。卡尔多声称他首次创造了蛛网定理，用以描述当调整连续时往返于均衡的振荡运动。卡尔多关于均衡的论述，是从斯拉法的命题开始：如果公司的规模相对于行业规模有增长趋势，那么长期静态均衡与完全竞争之间不相容。卡尔多寻求一种对于公司来说是固定的，但对行业来说是灵活的生产要素，这将为竞争性公司产生向上倾斜的供应曲线提供理论依据。马歇尔专注于企业家精神，在企业家风险承担、监督和协调三个功能中，卡尔多认为只有最后一个才是企业家精神最本质的属性。但是，在长期的静态均衡中，协调的任务变成了纯粹的监督任务：作为固定要素的协调将消失，成为一种免费的商品。卡尔多通过消除完全竞争的假设，解决了完全竞争与长期均衡之间的矛盾。

卡尔多表明，如果规模收益不变，自由进入某个行业才会导致完全竞争。如果规模收益递增，自由进入，增加生产者的数量，将增加单位产出的成本，并最终阻止新公司的进入。从某种意义上说，企业生产和销售的

产出将少于最优产出，最终将导致产能过剩。以前的研究从未承认自由竞争会提高成本和价格，这是卡尔多独特的发现，而且这个发现直到今天依然有很大的借鉴意义。现今中国仍有大量学者不遗余力地宣扬完全自由竞争的积极作用，过分夸大了自由竞争无所不能的效果，却忽视了它的适用前提和假设。卡尔多认为如果在均衡点上，生产率提高和成本下降，那么新古典价值和分配理论就会出现严重问题。卡尔多的这个观点得到了希克斯的支持。希克斯在 1939 年的《价值与资本》中承认，如果抛弃增加边际成本的假设，构建经济法则的基础就被剥夺了，这会导致经济理论的崩溃。卡尔多还表明，如果存在规模经济，即使处于均衡状态，也可能存在纯利润，因为新进入者的最小规模可能减少对每家公司产品的需求，使所有公司蒙受损失，从而阻止进入，这将防止需求曲线和平均成本曲线相切。只有平均成本不变，才能进行完全竞争。卡尔多认为，当一切都完全可分时，就没有规模经济，必须完全依靠市场力量自由发挥作用。卡尔多对市场缺陷和产能过剩的分析没有对福利产生任何影响，这只是说在不完全竞争下，成本最小化和社会福利最大化之间可能存在冲突，因为没有进入壁垒的生产者将生产更多的产品，如果有进入壁垒，产品将更加标准化，但价格更低。

卡尔多对福利经济学中的福利命题和效用人际比较作出了开创性的贡献，尽管对这个方面的论述并不很多，但卡尔多开创了新的福利经济学。卡尔多反对帕累托学说的虚无主义。如果个人之间的效用无法比较，那么某些人受到有利影响，而另一些人受到不利影响，经济变化就不会被表述为好或坏。为了打破僵局，卡尔多建议进行补偿测试。如果受益者可以潜在地补偿损失者，并且状况仍然更好，那么从实际生产力必须提高的意义上讲，政策改变一定更好。收益分配是一个单独的问题，这是卡尔多认识到的，没有明确权重分配的社会福利函数，就没有客观的答案。可以看出，卡尔多对新福利经济学的边际贡献非常之大。

# 第三章　卡尔多对凯恩斯经济理论的贡献

## 第一节　投机与经济稳定

### 1. 投机和存货投资

卡尔多的观点常常与众不同，具有在传统观点中找到逻辑缺陷的能力。从他对投机、存货等部分关键经济学概念的辨析可以看出这一点。① 传统观点认为，投机会造成经济波动，但卡尔多认为，投机对于经济有积极的作用，特别是对经济的稳定有正面影响，而不仅仅是大众理解的负面影响。卡尔多重点论述了投机效应和经济稳定的关系。② 卡尔多在总结《通论》的基础上，提出了一个利率结构的原创理论。

卡尔多把商人日常的买卖行为，根据其目的分为两类。一类是投机行为，另一类是普通的交易行为。他把投机定义为"为购买或出售商品，以期日后再出售或再购买的行为。投机的唯一动机是期望相对于现价的变动，而不是通过使用，进行任何形式的转换，或在不同市场之间转移而产生收益"。③ 因此，尽管商人和其他交易商确实进行了可能被称为投机性交易的买卖，但他们的日常普通交易却不属于这一类。可以看出，投机性购买和销售与其他类型的购买和销售的不同之处在于，预期市场价格将发生变化是唯一的动机。投机是通过库存的变动来实现的，库存成为了投机行为的载体。卡尔多所指的投机库存是指，在其他条件相同的情况下，预

---

① 在中国，投机的概念似乎带有一定贬义。在西方的经济理论和实践中，投机是个中性词汇。

② 投机对经济稳定的影响，集中体现在卡尔多1939年发表的论文《投机和经济稳定》之中，这篇论文是卡尔多最满意的一篇论文。

③ 尼古拉斯·卡尔多. 投机和经济稳定[J]. 经济研究评论，1939(10)：48.

期该东西的价格保持不变，实际持有的数量与预期变化持有数量之间的差额；它们可以为正或为负。关于库存，不同经济学家的观点并不一致，马克思认为"亚当·斯密有种荒唐的见解，他以为库存品的形成，是资本主义的特有现象。反之，比较晚近的经济学者，如像拉勒之流，却又主张库存品随资本主义的发展而减少，及至西斯蒙第，更以库存品为资本主义生产的缺点之一"。①

根据投机水平的高低，卡尔多把投机者分为三类：低水平投机者、平均投机者和高水平投机者。卡尔多分析了投机发生的机理：假设投机者是平均远见者，只要暂时出现供过于求，价格缓慢下跌，他们就会作为买方介入。每当供应暂时短缺之时，他们就会作为卖方介入，从而使得价格缓慢上涨。通过这样的操作，至少稳定了价格波动的范围。投机还以某种方式起作用，导致商品从效用较低的用途转移到效用较高的用途。如果所有人都可以预见未来的供需状况，那么可以没有投机者。在一个有完美远见的世界中，没有人能获得投机收益，投机者将不复存在。在一个无完美远见的世界中，部分投机者的存在使其行为系统比平均远见者拥有更高远见。因此，投机者获利非常像企业家获利，他们把商品从不重要的用途转移到较重要的用途，赚取类似于批发商或零售商的利润。卡尔多假设投机需求或供给量仅占总需求或供给量的一小部分，投机活动虽然可以影响价格变化的幅度，但在任何时候都不能改变价格的方向。卡尔多以此假设作为继续讨论下去的基本条件，投机者为了获得成功，必须拥有比平均水平更高的远见卓识。

卡尔多认为古典理论对投机的解释是错误的。他认为古典投机理论有几点不足：一是传统的投机理论仅将投机的经济作用视为由于需求或供应条件变化而引起的价格波动事件；卡尔多认为，投机同时具有价格稳定功能。二是传统理论认为投机活动可能导致价格波动范围变宽而不是变窄，并有可能把商品从更重要用途转移到次要用途。这意味着投机者的远见低于平均远见者，按照这个逻辑，这种投机活动将受损，而不是获利，这样的投机者将被迅速淘汰。显然，只有预见能力优于平均水平的投机者才能永久停留在市场中。三是忽略了投机活动对总体经济活动水平的影响，将注意力集中在对价格波动的影响上。卡尔多对古典投机理论进行了补充：在某些特定的货币管理假设下，可以证明投机活动对价格稳定产生积极的影响，它将对整体经济活动产生实际稳定的影响。卡尔多观点很清晰，投

---

① 马克思. 资本论[M]. 郭大力，王亚南，译. 上海三联书店，2006：89.

机具有波动和稳定两个方面的影响，而不仅仅是造成波动。投机对价格稳定和就业都有影响，对价格稳定及就业稳定影响的问题，不应被视为同一问题的一部分，而应作为单独的问题来对待。

卡尔多认为，储蓄导致投资是由于投机在稳定作用方面的影响，投机将抑制利率的波动。极端地讲，如果在长期债券市场的投机影响作用是无限的，那么当商品市场不均衡时，产出都将做出调整。凯恩斯本人接受卡尔多的这个观点，它是乘数分析的基础。如果投机性交易在总交易中所占的比例很大，那么对于个人投机者而言，专注于预测其他投机者的心理，而不是非投机性要素的趋势，可能会变得更加有利可图。但在这种情况下，整体长期的投机收益是净损失，而不是净盈利。存在大量失败的投机者将足以永久地维持一小撮成功的投机者；只要保证永远有这种流动的投机者，就能够保证成功投机者的存在。为此，卡尔多主要是从投机的先决条件、投机对价格稳定的影响和投机对收入稳定的影响三个方面进行分析。

## 2. 投机的先决条件

投机必须有具体的投机对象，而并非所有物品都适宜作为投机对象。为了保证投机具有现实的基础，卡尔多首先分析了这个先决条件。卡尔多认为，并非所有经济商品都可以作为投机的标的物。虽然理论上似乎任何范围内的商品都是投机品，然而事实上，投机行为标的物范围是有一定限制的。在通常情况下，能够把特定资产作为投机标的物，必须满足特定的市场条件和成本条件：存在完美或半完美市场，否则缺乏流动性；有较低的持有成本，如果持有成本很高或市场不完善，除非偶尔出现剧烈的价格变化，投机者的滑点就会很大，那么投机就变得太昂贵了，以至于无法进行下去。

如果以商品期货中的标的物为例，就非常容易理解，第一个属性就类似于商品期货实物交割所具有的标准属性。如标准化程度很高，有大量和稳定的交易量，属性应该简单。在有投机机构交易的世界中，对这些标准商品合约持有者，买卖双方极少看到他们购买的商品本身，买方和卖方只对标准等级和交易地点合同进行买卖。

卡尔多认为从收益的角度来看，重要的是区分两类商品：在生产中使用的商品和用于生产的商品。后者可以因库存商品产生收益，因为生产者可以在他想要的时候随时使用，节约了成本，避免了频繁订货以及等待发货的麻烦。但是重要的区别在于，对于后一种商品，库存数量受到严格限制，它们的边际收益率会随着库存量超过需求量的增加而急剧下降，并且可能会随着库存量低于需求量的减少而急剧上升。当存在多余库存时，边际收益为零。还有一类商品，卡尔多称之为固定资本品，它的收益随着库存增加而下降的速度要慢得多，并且通常总是正数。因此，我们将投机性库存定义为超出正常需求的库存，即仅在价格上涨的预期中持有，而在其他场合不会持有的那部分库存。当投机性存货为正数时，持有周转货物的成本可能为正；当投机性存货为负时，持有周转货物的成本可能为负。对于固定资本品，无论投机性存货是正数还是负数，其持有成本通常都是负数。

按照标准化的要求，许多很有价值的商品被排除在外。如机器，其持有成本为负数，并且相对于投机存货的规模而言是不变的，同持有成本易变的原材料相比，似乎应该是更好的投机对象。之所以不是，是因为不能满足完善市场所必需的高度标准化的条件，因此买价和卖价之间的差距很大。另外一个原因是，所有二手机器都在某种程度上非标准化。在这样的资本品上很难建立出一个完全市场。

卡尔多认为符合以上条件的，在真实的世界仅有两类资产。第一类是某些原材料，能够在有组织的产品市场中进行交换。现代的商品期货交易所对交易商品的要求，就是这类商品需求的典型代表。第二类是标准化对未来财产所有权的求索权，如债券和股份。它是部分特定的金融产品，比第一类更适合用于作为投机标的物。

卡尔多对投机理论的贡献体现在他对投机过程中预期的分析。卡尔多分析了预期确定和预期不确定两种情形。如果预期是确定的，那么投机活动将使得远期价格与当前价格之差等于利息成本和持有成本之和。卡尔多认为实质上投机是短期投入，因此与计算利息成本相关的利率始终为短期利率；如果预期不确定，则预期价格与当前价格之间的差额还必须涵盖一定的风险溢价。预期与均值的差异越大，或投入的规模越大，则风险溢价越大。考虑到不确定性的程度，卡尔多认为边际风险溢价是投机性存货规模的增加函数。[①]

为了分析方便，将相关变量用符号表示，相关变量说明见表 3.1。

---

① 卡尔多 1939 年在英国"远期市场理论的说明"研讨会上的内容。

表 3.1　　　　　　　　　卡尔多关于投机分析的相关变量及说明

| 变量名称 | 变量符号 | 指标说明 |
| --- | --- | --- |
| 边际利息成本 | $i$ | 指用短期利率计算的利息成本。此处用的是水平值，不是比率值 |
| 边际风险溢价 | $r$ | 不确定因素对价格的影响，个人风险溢价。这是一个主观术语 |
| 边际收益 | $q$ | 商品的边际收益 |
| 边际持有成本 | $c$ | 储存成本+霍特里所指基于折旧而必然逝去的那部分成本 |
| 当前价格 | CP | 某一指定时点的价格 |
| 预期价格 | EP | 一个主观意愿的价格，单个个人投机期望的均值 |
| 期货价格 | FP | 在未来某一时点到期的商品价格 |

卡尔多对投机作用机理的分析，集中表现在下面的(1)式和(2)式两个等式中。期货价格同现价之间的关系为：

$$FP - CP \equiv i + c - q \qquad (1)$$

(1)式是一个恒等式。如果这个恒等式不满足，将出现无风险套利行为，无风险套利的最终结果就是重新回到等式。这是一个客观的等式，不包含主观概率判断的部分。预期价格同现价之间的关系为：

$$EP - CP = i + c - q + r \qquad (2)$$

(1)式减去(2)式可得到(3)式，即期货价格减去预期价格就是边际风险溢价：

$$FP - EP = r \qquad (3)$$

尽管卡尔多对马歇尔的代表性厂商的假设极力反对，认为这个代表性厂商离现实太远，但他同样也采用了类似的假设。卡尔多认为从理论上讲，使用代表性期望完全合理，不影响实质结果。但是，卡尔多在类似于马歇尔的代表性期望上，向前走了一步，他把代表性期望分为同质性的代表性期望和异质性的代表性期望，分别进行分析。从后面的分析中可以发现，卡尔多在许多地方采用了类似的增值性分析方法，一方面，这种分析方法把既定的理论完全推进了一步，但是另外一方面，如果按照这种非突破和非颠覆性的处理方式，其学术开创性难免大打折扣。卡尔多认为从远期市场理论的观点来看，纯粹使用代表性期望似乎不合理。对于确定的期货价格，特别是期货价格和期望价格的关系而言，每个人的期望同离散个人平均值所代表的期望并不相同。所以，卡尔多将分析过程分为两个阶段：第一阶段，假设所有个人在任何时候都具有相同期望的同质性代表性期望阶段；第二阶段，处理个人期望差异的异质代表性期望阶段。

参与远期市场主要有三个目的：对冲、投机和套利。[1] 卡尔多指出对冲者和投机者都可以是期货的买方或卖方。投机者承担风险，套保者规避风险；套利是当期货价格和现价之间的关系确保无风险获利时，就会出现同时买入现货和卖出期货，并持有存货直到交割之日的情况。套利与对冲操作的不同之处仅在于，对冲者进入远期市场，是为了减少因远期市场投入而产生的风险，而对套利者而言，如果远期市场不能使他以有利的条件获利，他将不会承担风险。因此，只要期货市场存在，不仅对冲他持有的存货，任何一种普通商品存货的持有者都可能成为套利者。卡尔多指出相对于现货价格，套利设定了期货价格的可能上限。除了期望之外，对溢价没有任何限制。期货价格可能会低于当前价格，但是贴水是有限制的，[2]因为期货价格不能超过当前价格加上套利的成本。只要期货价格和现货价格之间的关系诱使普通存货持有者这样做，普通存货持有者就会自动成为套利者。卡尔多围绕这三个等式，主要是围绕前两个等式，分析和探究了这些变量之间的发生机理，从而得出了一系列结论：套利防止了期货价格高于 $EP - r$，投机防止了价格低于 $EP - r$；当收益率是便利收益率时，边际收益率与存货规模的大小成反比；如果相对于营业额而言，库存足够大，则 $q$ 下降为零。

卡尔多分析了当组成市场的不同个人的期望不一致时，市场投机者分为两类：多头和空头。卡尔多认为，多头和空头博弈体现了两方的力量，并且它们各自采用不同的逻辑思路。多头投机者的需求价格为 $EP - r$，空头投机者的供给价格为 $EP + r$。如果预期价格不是多头或空头的期望，而是整个市场的某种平均期望，则成交价格是多头和空头之间交易的结果，既不是 $EP + r$，也不是 $EP - r$，而是位于两者之间。不能说期货价格与这个平均预期价格相对应，只有不同投机者的边际风险溢价相等时，这个结论才是正确的。在多头占主导地位的市场中，期货价格往往会超过预期价格，当空头占主导地位时，就反过来。卖方的对冲和套利会强化看跌情绪，买方的对冲将强化看涨情绪。在现实世界中，期货价格的确定还将取

---

[1]　在当时的资本市场，卡尔多的观点是正确的，但是从现在资本市场的品种看，则不仅仅包括远期市场。

[2]　在某一特定地点和特定时间内，某一特定商品的期货价格高于现货价格称为期货升水；期货价格低于现货价格称为期货贴水。

决于意见分歧，差异程度越大，多头和空头的划分越平均。卡尔多指出，在离散的市场中，这种差异很重要。当投机者在同套保者的交易中占主导地位时，不能说期货价格将高于或低于预期价格，而只是说它将反映预期价格。

卡尔多分析了投机存货的弹性，把它定义为由于预期价格与当前价格之比百分比的变化而导致投机存货数量的百分比变化。显然，这种弹性取决于与投机性存货变化有关的 $i$、$c$ 和 $r$ 的变化，即取决于与投机相关的边际利息成本、边际持有成本和边际风险溢价的弹性。在这三个因素中，边际风险溢价通常在上升，并且不同市场之间的弹性可能存在很大差异。根据历史经验，特定市场中的投机者越多，价格就越稳定，则这种弹性可能越高。卡尔多认为证券与实物库存有一定的差异。对于证券而言，边际持有成本可以假定为恒定，而对于原材料和初级产品，其边际持有成本将急剧上升。因此，长期证券的投机性股票弹性要比原材料的弹性高得多。投机存货的弹性越高，当前价格对预期价格的依赖性就越大。在这种弹性无限的极限情况下，可以说当前价格完全由预期价格决定。因此，非投机性需求或供给条件的变化完全不会对当前价格产生直接影响，因为投机性库存将立即进行调整，以使价格保持不变。当前价格的任何变化都必然是价格预期变化的结果。在相反的限制情况下，当投机存货的弹性为零时，预期价格变化对当前价格没有影响，后者完全由非投机因素决定。卡尔多所有的这些分析和得出的结论都是围绕前两个投机方程来进行的。

可以看出，在投机的先决条件问题上，卡尔多的贡献集中于两个方面：一是卡尔多遵循了他自己设立的原则，以上的变量来自现实经济生活的提炼，不是脱离现实的智力构想。所以，变量的现实基础确定，变量恒等式符合其内在逻辑。二是两个等式和恒等式的建立，特别是第二个等式的建立，强调了预期作用的影响，而这时一个主观的变量，就为后面的分析提供了广阔的空间。当这两个恒等式建立之后，其中的原理分析就水到渠成了。

### 3. 投机和价格稳定

卡尔多对于投机对价格的稳定作用，是基于商品和金融产品具有较大差异的特点分别分析的。投机是导致价格稳定还是不稳定并没有一致观点，许多观点甚至截然相反。古典经济学一直把投机当作价格不稳的来源，而卡尔多并不认同这个观点，他认为投机有两个方面的效应——价格不稳定效应和价格稳定效应，到底是哪一个起作用，取决于不同条件。卡尔多认为，在任何情况下，投机都具有缩小现价相对于预期价格的现价波动范围的作用。因此，如果预期价格给定，投机必然会产生稳定价格的影响，现价的上涨将导致投机性存货的下跌，反之亦然。

如果投机活动造成价格不稳，卡尔多认为可能有两个原因：现价变化导致预期价格的变化比现价变化的比例大；或预期价格有自发性变化的情况，是自发投机，并非对非投机要素变动的调整。卡尔多分析，或许是投机者夸大了可能预见到数据系统即将发生变化的重要性，因此，其价格波动要比没有投机情况下的价格波动更大。这个分析原则，也与卡尔多始终坚持的自然实验的原则相一致，即比较实验组合对照组之间的差异。卡尔多指出，联交所的日常变动除了根据当天的政治新闻，价格发生较大变化外，很难以其他任何理由来解释，只能以基于投机者试图预测其他投机者的心理来解释。如果一个人卖出，这是因为他认为另一个人也会这样做，如果投机者联合并形成垄断，那么这些价格变动根本不可能发生。卡尔多认为影响期望价格稳定的有诸多因素，但是其中关键变量有三个：价格稳定系数、投机存货弹性和预期弹性，变量说明见表 3.2。

表 3.2　　　　卡尔多关于投机价格稳定分析的相关变量及说明

| 变量名称 | 变量符号 | 指标说明 |
| --- | --- | --- |
| 价格稳定系数 | $\sigma$ | 投机是造成价格稳定还是不稳定的测度指标 |
| 投机存货弹性 | $e$ | 存货对现价变化敏感程度的测度 |
| 预期弹性 | $\eta$ | 期望对现价的反应程度的测度，可以采用希克斯教授预期弹性的概念来衡量 |

第一个变量是依存变量，后两个变量是独立变量。卡尔多构建了方程：$\sigma = -e(\eta - 1)$。期望弹性和投机性存货的弹性共同决定了投机对价格稳定的影响程度：由于外部原因而导致价格变动被投机消除的程度。由于 $e$ 不能为负，因此当 $\eta$ 大于或小于 1 时，表达式为负或正。如果期望弹性为正，小于单位弹性，投机具有稳定的影响。正如希克斯教授所说，期望的单位弹性处于稳定与不稳定的边界上。卡尔多认为，期望弹性因时间长短和价格变化的原因不同而不同。弹性在一天中的大小取决于该天价格变化的幅度，根据未来时间长短的不同，期望值指的是不久的将来或更遥远的将来，这种弹性可能同时变大和变小。卡尔多的观点是，较远未来期望的弹性比近期期望的弹性小，价格较大变化的期望比价格较小变化的期望

更有弹性。此外，这两个因素不是彼此独立的。对于更远未来的期望，会越来越多地受到投机者关于正常价格想法的影响，这个正常价格是由不同市场中的不同因素共同决定的，它可能在大多数情况下起作用，当前价格与正常价格的偏差越大，投机者期望在价格恢复正常之前经过的时间就必须越长。因此，超出某个点，期望就变得不敏感，期望弹性变为零，甚至可能变为负数。

投机活动是会产生稳定价格的影响还是相反？卡尔多认为最可能的答案是两者都不是，或者两者同时存在，由不同市场和不同条件决定，具有异质性特点。卡尔多认为对于工业原材料、农产品、股票债券等不同的市场，投机所起到的是稳定还是不稳定影响有其各自特点。在每个市场中，都有一定的价格波动范围，投机活动会在一个不稳定的方向上起作用，而在该范围之外，则具有稳定作用。市场不同，这种价格波动的临界范围不同。

工业原材料市场的价格波动比其他大多数市场都更为剧烈，主要原因是此类原材料库存收益的突然变化，加上投机库存的低弹性。交易商对此类商品的库存需求往往是预期营业额固定的比例，预期营业额相对的稍微减少足以使它们的边际收益率降至零。假设以前的价格等于正常的供应价格，而远期价格比当前价格低了正常贴水的数，那么价格必须降得足够多，才能使贴水变成升水，足以支付利息加持有费用之和。在相反的情况下，由于营业额增加，存货跌至正常比例以下，由于存货收益率的快速上升，价格可能会同样急剧上升。

就农作物而言，卡尔多更多是从地理的角度分析。卡尔多认为由于天气原因，供给曲线易于频繁和不可预测地发生移动，并且弹性小得多，无法提前一年预测收成，也很难说出何时价格恢复正常。因此，在这种情况下，投机对价格稳定性的影响值得怀疑。有记录的农产品价格波动范围比工业原料价格的波动幅度小，其中的原因是，农产品的需求比工业原材料的需求稳定得多，库存量规模的波动主要是由供给方的变化引起的。对农产品而言，相同百分比的库存变化比工业原材料库存产生更大的价格波动，不是因为投机性库存的弹性较小，而是因为预期的弹性较大。

卡尔多认为，金融产品远期价格影响投机和价格稳定的关系则要复杂一些。稳定的价格并不容易获得，卡尔多认为，预期价格起着关键作用。由于投机性存货弹性非常大，当前价格在很大程度上由预期价格决定。如果当前价格稳定，那一定是因为预期价格对当前价格的短期变化不敏感。卡尔多认为比较困难的如何确定预期价格，他认为最简单的解释是，预期价格由过去价格的某些平均值决定。计入该平均值的过去时间段越长，则预期价格对当前价格的变动敏感性越低，这是许多经济学家截至今天在做计量分析时依然采用的做法。然而，卡尔多认为这个假设是从其本身解释的，并不是非常令人满意。首先，罗宾森教授指出，长期利率的问题似乎悬而未决。如果当前价格由预期价格决定，而预期价格由过去的平均价格决定，那么过去平均价格如何决定呢？利率如何稳定在一个特定水平，而不是某个其他水平？无法向前继续推断。其次，为什么长期债券的期望如此缺乏弹性？许多工业股票的价格与当前收益的波动相当接近的事实，并不能说明这是证券市场的一般特征。但卡尔多认为，如果考虑到当前长期利率与预期未来短期利率之间的关系，则可以解决这些困难。长期贷款市场意味着短期贷款的一系列远期市场。如果存在不确定性，任何东西的远期价格都必须低于预期价格，这意味着在同一时期，任何特定久期的当前贷款利率必须高于预期的未来短期利率。卡尔多指出，这就解释了为什么20年以上货币的债券收益如此稳定。因为它取决于未来20年短期利率的预期平均值，因此我们不必假设期望对短期利率的弹性较小，以便使该平均值保持稳定。这个解释也回答了一个关于期望理论利率结构的反对意见，即当前利率和预期利率悬而未决的问题。因为，虽然当前的长期利率取决于预期的短期利率，但当前的短期利率既不取决于预期的短期利率，也不取决于预期的长期利率。卡尔多打破了人们的固定思维，他指出短期利率完全不依赖于期望，而仅依赖于当前出于交易目的，对现金余额的需求和供给。而且，现金供给相对于短期利率的弹性，通常比相对于现金需求的弹性大得多，因此，当前的短期利率可以简单地视为一个基准，由央行货币政策确定。

卡尔多认为当前长期利率由预期未来长期或短期利率决定。这是一回事，因为预期长期利率也依赖于平均短期利率。这样，如果当前短期利低于期望均值，长期预期利率将超过当前长期利率，反之亦然。卡尔多认为，当前短期现值不依赖于预期短期利率，因为短期票据使用期限非常之短，以至于期望无法对它产生影响。在非常短的期间里，短期利率市场大多是非投机的，期望弹性通常接近单位弹性。卡尔多认为，同样，长期利率不能对短期利率做出反应，除非是由于现金需求变化的直接影响。假设长期利率变化引起投机者卖出投资，以持有现金替代持有长期债券，这也只影响短期利率。作为短期持有现金一部分的闲置资金，它不以交易为目的，可以储蓄的形式持有，它能够提供现金一样的优势，附加的还有收益的回报。当利率很低，储蓄存款方式的投资没有价值了，就可能产生现金对储蓄的替代。但是正是在这种情况下，现金和储蓄存款之间的替代弹性可能很高，以至于它不能对短期利率有任何可感知的影响。所以，当前短期利率不能决定长期利率和预期长期利率之间的关系时，反过来也是不对的。卡尔多的短期利率市场均衡的本质如图 3.1 所示。

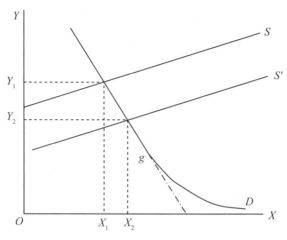

图 3.1　卡尔多短期利率与货币供需图

资料来源：根据卡尔多相关文献资料整理。

横轴 OX 为现金数量，纵轴 OY 为短期利率，D 和 S 分别代表货币需求和货币供给，S' 代表货币供给的增加，假设收入水平固定。需求曲线是根据给定的货币交易数量假设画出，需求曲线是缺乏弹性的，因为货币的边际收益随着存货周转率比例的增加，递减得相当快。因为持有短期资产而不是货币永远与某些风险相联系，所以在某一点 g 之下的实线部分，需求曲线变得富有弹性。同时，如果短期利率低于对这些的必要补偿，个人将不投资于短期利率市场。所以，有某一个最小值，低于这个最小值，短期利率将不会再下降，尽管这个利率可能非常低。当短期利率非常低，它由与最安全短期资产持有的风险溢价决定；否则，由货币供给价格决定，即由中央银行的货币政策决定。卡尔多的观点是短期利率变动最好是由供给价格移动造成的。在现代银行系统里，货币供给弹性部分由中央银行公开市场操作决定，部分由商业银行决定，部分是自动地从活期存款到定期储蓄存款的转移，减少了现有存款货币的数量，反之亦然。

卡尔多认为，这与凯恩斯关于长期利率由流动性偏好决定的理论结果大致相同，即在短期内，利率不是由储蓄和投资决定的。卡尔多的观点是，只是达到这一目标的途径不相同。长期利率对储蓄的供需等外部影响不敏感，并不是由于货币附有任何流动性报酬。可能会有人反对，认为它只是被边际风险溢价的概念所取代，而凯恩斯理论中持有短期资产的流动性报酬是持有长期债券资产边际风险溢价的负数。在这种情况下，肯定不会用这种风险溢价来解释长期利率的特殊行为。而且，卡尔多认为，长期利率永远不等于风险溢价或流动性溢价。如果假设主观期望相当确定，则这种风险溢价完全不存在。由于没有不确定性，当边际风险溢价为零时，债券市场中投机性存货的弹性将是无限的。因为在这种情况下，确定投机性存货弹性的其他因素，如利息成本和持有成本，也是无穷的。卡尔多指出，债券的当前价格将完全由预期价格决定。如果假设未来预期利率给定，则长期利率将唯一确定。因此，凯恩斯流动性偏好函数不是由于未来利率的不确定性，而是由于预期利率的非弹性，导致短期资金需求对长期利率富有弹性，期望的不确定性在反方向起作用。当不确定性高的时候，不仅边际风险溢价的金额很高，而且边际风险溢价曲线的弹性也较低，投机者不愿扩大投入或减少投入。长期利率并不真正面对流动资金的需求曲线，而是面对投机者长期资产的供给曲线。所以，短期价格主要受投机影响。当然说外部因素对价格没有影响也是不对的，只能说大部分由投机力量所决定。这些力量无法在短期内影响价格，在长期内也将大大削弱其决定价格的影响力。

卡尔多根据不同的市场，认为投机对价格的稳定效应并不相同，它在工业原材料、农产品、股票、债券市场的作用各不相同，特别是其中的发生机制与所在市场密切相关。而且，卡尔多采用了一种与凯恩斯不同的利率决定机制。因此，笼统地说，投机对价格是稳定还是不稳定的效应并不能直接得出结论。

### 4. 投机和收入稳定

投机与收入的关系，古典经济学家似乎并不关心。但卡尔多认为投机与收入稳定有关联，他指出投机活动通过持有投机存货的规模变化来影响经济活动水平。如果有投机活动，外部供需条件的任何变化都将改变存货存量。

卡尔多把存货和现金流动性结合起来考虑，这就使得投机与收入水平挂起钩来。任何商品投机性存货的增加都意味着对该商品投资的增加，是向市场释放现金。但也有例外，库存量的减少意味着吸收了现金，同时减少其他商品持有来弥补这一增加，否则它就意味着整个投资系统水平发生了变化。假设有几种投机性商品市场，一个市场中投机性库存的增加，可能会导致其他市场中投机性库存的相应减少，如果货币当局提高短期利率，它们可能会导致整个系统中的存量减少。因此，如果不对货币政策做出一些假设，就不可能对投机性存量变化的影响进行概括。卡尔多分析了当货币当局保持短期利率不变时，以及如果采用不同的货币政策，可以在多大程度上抵消投机造成的不稳定。

首先需要区分收入品和资本品，卡尔多认为它们之间的区分通常接近于在消费品和资本品之间的区分。区别的依据，不是根据货物的性质或目的地，而是花在它们身上钱的自发变化是否引起总支出额同时发生变化。因为所有个人收入都是以某种方式支出的，如果收入水平给定，在任何事物上和任何金额的变化都相互关联，一个增加，另一个必然减少。用资本账户购买商品则并非如此，因为花在商品上金额的变化可能表示借款总额的变化。就收入品而言，投机库存对价格产生稳定效应的同时，必然对经济活动水平产生不稳定的影响，而无论这个变化是否由于供需条件变动而引起。在没有投机的情况下，收入的变化不会发生。投机稳定价格的影响越大，在供求发生一定变化后，收入变化的程度就越大。卡尔多的结论是，就收入品而言，需求的增加或供给的减少都将导致收入的减少，反之亦然，其影响幅度取决于稳定价格的程度。

也有学者提出反对意见，认为投机活动对收入的这种影响纯粹是暂时的。因为，尽管外部供需之间的差异持续存在，投机库存必须连续增加或减少，需要视情况而定，并且这一过程不可能永远持续下去。没有一个市场具有持续吸收现金或无限期释放现金的资源。投机存货弹性以及价格稳定影响程度迟早变为零。卡尔多承认的确如此，但他同时指出，它并不必然说明投机的稳定价格或收入增加或收入减少的效应纯粹是暂时的。在某些情况下，收入变化本身提供了一种机制，可以逐步消除供求之间的差异。对于需求收入弹性大于零的商品，收入增加将导致需求扩大，反之亦然。而且，如果投机活动的价格稳定影响为正，那么供大于求必然导致收入增加，求大于供，必然导致收入的减少，在两种情况下供需之间的差异，往往会因收入变化而引起需求的变化得到调整。卡尔多指出，这不过是以一般的形式提出的乘数学说。严格来说，后者假设价格稳定影响的程度是无限的，可以将价格视为恒定的。在那种情况下，由给定供给增加所创造的收入增加，最终将是最初供给增加价值的许多倍，是用于该商品边际收入所占比例的倒数。卡尔多指出，之所以如此，是因为只要供大于求能够持续，库存就会积累起来，企业家收入会继续增加。当收入以上述比率增加时，供需之间的差异，由于需求的调整就会消失，库存积累也将停止。因此，卡尔多认为，乘数学说可以重述如下：任何事物的供需总是趋于相等，在正常情况下，这种相等通过商品价格的调整来保证。但是，如果特定商品的价格变动伴随着所持库存量的变化，则可以通过调整收入水平来或多或少地确保相等。只有投机的稳定影响无限，而需求收入弹性大于零，才能完全通过收入变化来进行调整。

卡尔多认为在现实世界里，重要收入品的价格可以通过投机活动得以稳定。按照定义，在资本市场上买卖的东西不是资本品，而是收入品。给定收入中储蓄率的变化，必然意味着在其他收入品上支出金额发生相反的变化。而且，由于在长期投资市场，边际收入占储蓄的比例和债券投机存货弹性都很大，储蓄倾向或投资需求计划将根据收入水平变化，而不是根据长期利率进行调整。卡尔多指出，这个结论只有在封闭系统才正确，如果不是封闭系统，不可能完全正确。对于单个国家，如果其价格符合金本位标准，或者通过外汇平衡基金的运作使外汇价格稳定下来，则外汇价格和进口商品以相同的方式运行，与通过投机活动稳定商品价格的方式大致相同。卡尔多认为，除了储蓄-投资乘数外，还有外贸乘数，后者的运作必然削弱前者的价格稳定力量，反之亦然。

当凯恩斯先生说"投资市场能够由于现金短期而拥堵。但是它永远不会因为储蓄短期而拥堵"，[①] 卡尔多认为这个表述并不太准确。这个命题只有在假定价格稳定影响程度无限的前提下才成立，长期投资市场是唯一受到这种投机影响的市场。卡尔多认为就凯恩斯的利率理论和乘数理论而言，凯恩斯的通论具有特殊情况的性质。严格来说，只有在长期债券的情况下价格稳定影响指标 $\sigma$ 为无限，而其他所有情况下为零时才成立。

就资本品而言，卡尔多认为如果库存变化是由于需求变化造成，则投机库存变化也将对经济活动产生稳定的影响；如果是由于供给变化造成，则产生不稳定的影响。卡尔多指出，这种差异是由于以下事实：对资本货物需求的变化，通常与其他商品需求的反向变化不相关。当 $\sigma$ 为零时，即在没有投机的情况下，资本品需求的增加会导致收入水平的增加。只要 $\sigma$ 为正，需求增加与库存减少相关，收入增加将小于在其他情况下的增加。如果价格稳定，资本品中的投机活动就会抑制乘数，从而抑制收入波动范围。但是卡尔多指出，在外汇交易中，需求可能会自发产生变化，这些变化本身会导致收入变化。

卡尔多的结论是：任何商品的投机活动都会造成持有存货数量无补偿

---

① 尼古拉斯·卡尔多. 投机和经济稳定[J]. 经济研究评论，1939(10)：148.

的变化，从而导致总体经济活动水平发生变化。如果投机活动造成价格不稳定，价格上涨与投机库存增加有关，需求增加或供给减少将导致经济活动水平上升，反之亦然。如果投机的影响是价格稳定，价格上涨与投机库存减少有关，需求增加或供应减少将导致经济活动下降、需求下降或供给增加。如果有一种以上关于价格稳定类型的投机，并且如果这些商品的需求收入弹性为正，则任何一个市场中投机库存的变化，都将导致其他市场持有投机库存量的补偿性变化，从而使活动水平的变化小于其他情况。在不同市场中，价格稳定影响的程度越强，这种补偿作用就越强。卡尔多指出，与其说是投机性存在，不如说是不同市场之间的投机性较大差异存在。

## 第二节　商业周期模型和凯恩斯理论的争议与发展

### 1. 商业周期模型结合凸性供给的解读

卡尔多对商业周期模型的分析方法采用了奥地利学派常用的事前和事后分析方式。卡尔多关于商业周期的思想的起点，是凯恩斯储蓄等于投资的基本观点。卡尔多没有提出任何新的贸易周期理论，他的理论本质上类似于哈罗德和卡莱斯基提出的所有那些解释贸易周期的理论，这些理论是乘数和投资需求函数共同作用的结果。卡尔多结合奥地利学派的思想，提出储蓄和投资并非始终和必然相等。事前投资是各种存货设计的增量值，即存货净增加值加上固定设备总产出的值，不同于与未经设计的库存累积值的事后投资。事前储蓄是如果人们正确地预测自己的收入，打算储蓄的实际金额。因此，事前储蓄和事后储蓄只能在赚取的收入金额意外发生变化的地方有所不同。

卡尔多认为净投资增加是经济活跃的前提，他比较了四个变量：事前投资、事前储蓄、事后投资和事后储蓄。四个变量并不必然相等，不相等意味着不均衡。卡尔多用这个不相等部分来解读商业周期。卡尔多把相应的投资和储蓄之间关系，区分为不同的情形："如果事前投资超过事前储蓄，要么事后储蓄将少于事前投资，要么事后储蓄将超过事前储蓄。这两种差异都会导致经济活动水平的提高。如果事前投资低于事前储蓄，则事后投资将超过事前投资，或者事后储蓄将未达到事前储蓄，而这两种差异都会导致经济活动收缩。"①事前储蓄与事前投资之间的差异必然引起经济活动水平的变化，这种变化一直持续到差异被消除为止。事前储蓄和事前投资的规模本身就是经济活动水平的函数，并且两者都与经济活动水平正相关。如果用 $x$ 表示经济活动水平，用就业率衡量，卡尔多首先从线性假设开始，事前储蓄和事前投资的 $S$ 和 $I$ 将是 $x$ 的单值函数，并且 $\dfrac{dS}{dx}$ 和 $\dfrac{dI}{dx}$ 都是正值。第一个是表示乘数原理，边际消费倾向小于 1，第二个假设表示资本品的需求将随着生产水平的提高而增加。如果把 $S(x)$ 和 $I(x)$ 函数视为线性函数，有两种可能性：当 $\dfrac{dI}{dx}$ 超过 $\dfrac{dS}{dx}$ 时，如图 3.2 所示，这里只有一个不稳定均衡，当在均衡点 $D_2$ 之上，$I > S$，这样经济活动就扩张，低于这个点，如在 $D_1$ 点，$S < I$，经济活动就收缩。如果 $S$ 和 $I$ 函数符合上述描述，那么经济系统将总是趋向于要么朝着充分就业的过度通胀状态，要么朝着零就业的经济完全崩溃状态，在这两种之间没有停止下来的中间状态。卡尔多指出，历史经验并未支持这种假设。

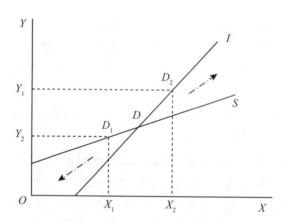

图 3.2　不稳定的投资、储蓄和产出线性图

资料来源：根据卡尔多相关文献资料整理。

于是卡尔多假设了另外一种情况，当 $\dfrac{dS}{dx}$ 超过 $\dfrac{dI}{dx}$ 时，只有一个单一稳定状态，如图 3.3 所示。卡尔多认为，这是凯恩斯就业理论所隐含的假设。如果经济系统具有这种性质，那么无论是在投资方面还是在储蓄方面

① 尼古拉斯·卡尔多. 一个商业周期模型[J]. 经济杂志，1940(3)：43.

产生的任何干扰，都将重新建立具有稳定经济活动水平的新均衡。

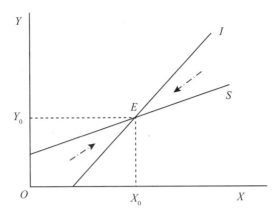

图 3.3　单一稳定的投资、储蓄和产出线性图

资料来源：根据卡尔多相关文献资料整理。

但卡尔多认为，线性函数只是假设世界的产物，在现实世界中，有充分理由认为 $I(x)$ 和 $S(x)$ 可能都不是线性函数，卡尔多认为是非线性函数的可能性更大，他给出了理由：相对于其正常投资水平，无论经济活动水平 $x$ 的高低，投资函数的 $\dfrac{\mathrm{d}I}{\mathrm{d}x}$ 都可能很小。对于低水平的经济活动水平，当有大量剩余产能时，经济活动的增加不会吸引企业家进行额外的建设，利润增加不会刺激投资。同时，投资水平将不会为零，因为总有一些投资是为了长期发展而进行的，因此，$x$ 不依赖于当前的活动。但是对于异常高水平的经济活动水平来说，建筑成本的上升、成本和借贷难度的增加，将阻止企业家在他们已经承担了巨大投入的同时更快地扩张。因此，给定一些适合于正常经济活动水平的 $\dfrac{\mathrm{d}I}{\mathrm{d}x}$ 的正常值，$I(x)$ 函数将偏离线性函数。对于储蓄功能，情况则恰恰相反：同正常水平相比，无论经济活动水平 $x$ 的高低，$\dfrac{\mathrm{d}S}{\mathrm{d}x}$ 相对较大。当收入异常低时，储蓄会急剧减少，如果收入低于一定水平，它们将为负数。当收入异常高时，人们可能会把收入中更大比例的部分来储蓄。当整个活动处于低水平时，越来越多的工人收入以失业救济金的形式，从资本金中支付。当整个经济活动处于高水平时，相对于工资的价格将趋于上涨，收入分配将转向有利于利润，因此总储蓄倾向将增加。因此，$\dfrac{\mathrm{d}S}{\mathrm{d}x}$ 也将偏离其正常水平。卡尔多认为，如果假定储蓄和投资

这两个函数符合这些标准,即使两个函数中只有一个按上述方式运行,而另一个函数是线性的,分析仍然有效。由于非线性储蓄和投资函数的作用,卡尔多认为,如果给定关于储蓄和投资函数行为的这些假设,并进一步假设 $\dfrac{\mathrm{d}I}{\mathrm{d}x}$ 的正常值大于 $\dfrac{\mathrm{d}S}{\mathrm{d}x}$ 的正常值,将出现多重均衡,如图 3.4 所示。图中的 $A$ 和 $B$ 均为稳定点,对于低于 $A$ 或 $B$ 的点,$I > S$,经济活性趋于扩大;反之,$S > I$,因此经济活动趋于收缩。点 $C$ 在两个方向上都是不稳定的位置。$C$ 点的意义很简单,就是如果活动刚好高于 $C$,就会有一个扩展过程,该过程将在 $B$ 处停止。如果恰好低于 $C$,则将出现收缩过程,直到在 $A$ 处达到平衡。

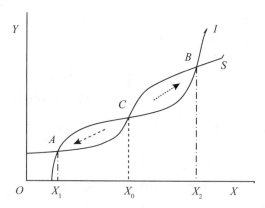

图 3.4    卡尔多非线性储蓄和投资函数的商业周期图

资料来源:根据卡尔多相关文献资料整理。

卡尔多于是得出结论,经济系统可以在高活跃度或一定的低活跃度上达到稳定。在一定的萧条水平和一定的繁荣水平下,它会抵抗向任何一个方向进一步变化。卡尔多认为解释贸易周期的关键在于以下事实:这两个位置中任意一点仅在短期保持稳定。随着经济活动在这两个点中的任何一个方向上持续进行,逐渐积累的力量迟早会导致该特定点不稳定。卡尔多对这个力量的本质进行了解释。他认为 $S(x)$ 和 $I(x)$ 都是短期函数,这里隐含着假设:假定给定特定的实际收入水平,存在固定的设备总量。当这些因素随时间变化时,$S$ 和 $I$ 曲线将移动。$S$ 和 $I$ 的位置移动下的均衡就有多种不同情况,会出现不同的多重均衡。通过这些均衡状态的机理分析,卡尔多给出了他的经济政策建议:在相对较早的阶段,通过公共投资与萧条作斗争,比在低谷的底部采取行动,取得成功的机会要大得多。如果提早采取行动，问题仅仅是防止相对于储蓄函数的投资函数的逐渐下降，一旦到了后期，就无法阻止从 $B$ 均衡向 $A$ 均衡的转换，那么问题就变成了需要充分提高投资需求计划的阶段。在萧条初期，实现这一目标所需的公共投资额显然要比后期要小得多。因此，在萧条最严重时，克服它的困难才是最大的。反周期性的公共投资平息波动的机会似乎很小。如果该政策成功地防止了向下的积累运动，那么它也将成功地保持较高的私人投资水平。因此，导致经济低迷的力量将继续积累，从而使对持续公共投资的需求进一步增加。如果政府当局根据过去的经验考虑了一项几年的投资计划，并认为它可以桥接这个繁荣周期和下一个繁荣周期，则它更可能是将萧条发生推迟几年，而不是完全阻止其发生。卡尔多认为，如果贸易周期确实受上面分析力量的支配，那么必须按照不同的思路来构建不同的内部稳定政策。

卡尔多指出了商业周期模型结论的适用范围，它应该严格地限定在封闭经济体系中才有效。当受到国外周期性冲击时，这个分析无效。出口需求的周期性变动是外生变化。卡尔多认为，这种类型政策在比如瑞典等小的国家，相对于在如美国等大的国家更容易成功。大国自身会产生经济周期力量并可以传导到其他国家，而小国经济则不用考虑这些问题。其实，卡尔多在论述商业周期模型时，有一个重大的发现，就是大国经济和小国经济的差异，它们有不同的商业周期机理，可惜的是，卡尔多依然只是搭成了框架，而没有填入更多内容。

### 2. 对凯恩斯的配置、就业和需求的解读

凯恩斯的《通论》是 20 世纪最重要的经济学著作之一，是现代宏观经济学开山之作。自从它问世以来，关于著作本身及其基本思想和方案的争论很激烈，而且卡尔多认为西方任何主流经济学家都不会认为凯恩斯提出的问题会最终得到解决。自由市场和政府干预的争议，直至今天依然没有结束。凯恩斯的《通论》与之前所有开创性的经济学书籍形成鲜明对比，例如 1776 年亚当·斯密的《国富论》、1948 年李嘉图的《政治经济学原理》、1890 年马歇尔的《经济学原理》，这些书的主要原则，都不像凯恩斯那样引起激烈争论。一个可能的例外就是 1867 年至 1894 年卡尔·马克思出版的《资本论》，但马克思是革命者，目的是摧毁资本主义，而《通论》则是另外一种革命，凯恩斯的目的是为了挽救资本主义。但无论如何，对于凯恩斯真实本意的理解差异很大。有的人说凯恩斯没有说什么新东西，有的人则花费了毕生时间来证明凯恩斯是完全错误的。

　　卡尔多认为这些人都是错误的，他提出了自己见解。卡尔多认为，首先，也许最重要的一点是，凯恩斯的基本要旨与之前经济领域从业者的基本思想背道而驰。之前的经济思想是生产总是受到人力和物力资源匮乏的限制。只能通过经济地使用稀缺资源，无论是土地，劳动力还是资本的节约，来改善人类福利，这意味着确保对现有资源进行最佳分配。这也就意味着经济必然会受资源禀赋的限制，是资源匮乏或不足限制了需求的满足。由于现有国家的资源禀赋是外生决定的，因此，只有在自由企业制度下、政府的最小干预和监管下，市场力量的自由发挥才能使国家的福利最大化。凯恩斯的主张恰恰相反，他的观点是，在正常情况下，生产通常受到有效需求的限制，有效需求决定了多少潜在的资源可以被利用。因此，在正常情况下，只有通过财政和货币政策相结合，有目的地发展经济，来确保更大的社会福利，这些政策可以确保充分就业，同时避免通货膨胀。

　　为了解释如何做到这一点，凯恩斯提出了在经济运行中，由消费倾向、资本边际生产率、利息率三个有限的主要战略性变量相互作用的模型，① 该模型用于解释在给定情况下，如何确定总产出水平及其变动情况，这催生了经济学的一个新分支，即宏观经济学，其特点与之前流行的经济学理论不同，它对群体行为做出了经验假设。不是通过实验，而是通过观察，宏观经济学可以对经济政策导入，外部变化如新发明和自发预期改变等，总量经济如何反应做出数量预测。凯恩斯的书出版后不久就得到广泛回应的主要原因是，它使经济学回归现实，回到了其最初的目的，即成为制定有关理性经济政策的工具。卡尔多指出，尽管当时新古典经济学最初是一致反对，但凯恩斯的新观念在年轻一代专业经济学家中得到迅速传播，第二次世界大战的爆发也极大地减少了对新概念的抵抗。所以，1941 年凯恩斯作为财政大臣的顾问，设法给新原理赋予了一定形式，即适当数量的财政赤字，这是仅仅在凯恩斯经济模型中才具有的术语。从那时起直到 20 世纪 70 年代末，年度预算多少意味着避免通货膨胀压力，同时又确保了适当的经济增长。而且，在战争结束之前，当时英国联合政府给出了庄严承诺，维持高水平稳定的就业是政府的主要义务和责任之一。大约在 1970 年，在撒切尔夫人执政时，高水平就业的义务正式被放弃。在 1973 年后，就业目标在实践中被放弃，一个原因就是凯恩斯需求管理导致了共同市场中成员间的互不相容。美国也发生了同样的思想变化，1946 年的《就业法》中体现了新的经济管理原则。凯恩斯的原则还体现在

---

① 高鸿业. 就业、利息和货币通论导读[M]. 中国人民大学出版社，2018：113-115.

1946 年的新法国宪法、《联合国宪章》和《罗马条约》等其他国家和国家间协议之中。卡尔多指出，如果没有凯恩斯的《通论》出现，这一切都不会发生，因为经济学家或政治家不会把维持充分就业作为可行的政策目标。

从战后直到 1973 年，西方国家实际上经历了前所未有的经济扩张时期，大多数国家充分就业，甚至是过分就业，意味着对劳动需求需要通过允许相当多地从劳动过剩欠发达国家引入移民才能满足。可能是来自国外的殖民地或前殖民地，也可能是来自欧洲的欠发达国家。经济繁荣是采取凯恩斯主义政策的结果，还是自由放任而导致，卡尔多认为这是一个复杂的问题，没有简单的答案，而且不同国家也有差异。例如法国，由于接受凯恩斯主义思想，导致法国的国家投资计划以一系列五年计划的形式进行，这些计划是以国有企业与私人企业合作的方式进行的，结果法国成为欧洲增长最快的国家。英国的结果差强人意，卡尔多认为主要原因是英国在国内的投资太少，而在国外的投资太多，而且英国对国家介入商业事务有着强烈的先天抵抗。英国在 1948—1973 年这 25 年的增长率，比英国历史上任何可比长度的早期时期都要高，尽管那段时期的最后几年有相当多的移民，但失业率一直保持较低水平，远低于贝弗里奇设定的 3% 失业率的目标。马尔萨斯尝试证明所有这些很少归功于凯恩斯财政管理，而是归功于与国民收入相联系私人投资的增加，填平了有效需求在战前的差距。然而，正如卡尔多所指出的，政府财政政策的主要影响是保障需求连续增长而引致投资增长。

在 20 世纪 70 年代，西方发达国家的高速经济增长的幸福时代结束了，商品价格和工资迅速上涨，西方工业国家陷入从未遇到过的停滞和通胀双重问题。因此，凯恩斯一直认为对国家充分就业政策至关重要的国际条件不再成立，战后的世界终于出现了大家都担心的信用收缩累积过程。经济衰退袭击了许多国家，人们普遍认为，凯恩斯主义的经济政策工具无法应对这种情况。同时，主要反凯恩斯主义的经济学派，即新货币主义，在许多国家中迅速有了大量的追随者，反对凯恩斯观点的人在迅速增加。反对的主要原因是追求凯恩斯政策所带来社会权力结构的变化。卡尔多认为，在采用凯恩斯主义的需求管理方法之前就应该可以预见到这一点。古典理论对就业的理解显然不同于凯恩斯的观点。古典就业理论认为，在私有经济中，失业不仅是偶然的缺陷，相反，它同时也是经济系统基本机制的一部分，并具有确定的功能。以公开或变相形式存在失业的第一个功能是，它保持了企业主对工人的权威，企业主通常可以说，"如果你不想要这份工作，还有许多其他人等着这份工作"，① 如果这个人说"如果你不想雇用我，会有很多其他人愿意雇我"时，情况将彻底改变，② 但卡尔多把这个原则与卡尔·马克思相联系。马克思认为资本主义基金具有失业劳动后备军的功能，而马克思本人又把这个观点归功于亚当·斯密，亚当·斯密在《国富论》中写到，通常情况下，永远都有一个工作岗位相对于求职者的稀缺。很少会出现人手不足的情况，不会出现企业主为了得到劳动力，不得不相互提价竞买劳动，而应是劳动力自然地数倍于就业岗位。有一个恒定的就业稀缺，劳动力不得不相互竞争来得到工作岗位。私有经济中，失业不仅仅有保持产业纪律的作用，还有一个间接作用是维持名义货币的价值。在完全就业时，自由地就工资讨价还价将对名义工资有一个恒定向上的推力，这个现象现将持续进行下去，在和平时期，工资和价格螺旋上升可能变成长期现象。另一个要点是，凯恩斯理论的主要命题是需求在决定总产出中的关键作用，以及非自愿失业的就业不足均衡的可能性。卡尔多认为，同马歇尔的观点相比，凯恩斯对未来更有预见性。卡尔多认为凯恩斯具有某种程度的天赋，他认为这是一个基本真理，那些具有特殊天赋、有很强的经济直觉的人，其结论和隐含推定通常比其解释和明确陈述更正确。也就是说，他们的直觉将先于其分析和术语。凯恩斯抓住一切机会强调了他的方法的新颖性，以及拒绝了古典经济学家的基本假设。凯恩斯的意思是，每个观点他都是接受并按照从亚当·斯密到马歇尔的观点来理解主流经济学而得出的。卡尔多认为凯恩斯一直希望采用最激进的新颖观点，包括有效需求原理、流动性偏好理论、对货币数量论的修订，以及封闭经济的构想等。这使凯恩斯无法分析一个更基本的问题，如为什么某些国家的失业率比其他国家高得多。卡尔多给出了自己的解释。

卡尔多指出，凯恩斯理论的核心是有效需求原理，最好将其作为萨伊定律的发展来加以分析，而不是完全拒绝萨伊定律的思想。像李嘉图或密尔或后来的瓦尔拉斯一样，他以这样一个命题为出发点，即最终所有的经济活动，都取决于不同代理人之间商品和服务的交换，因为供需仅仅是同一事物的不同方面。因此，如果把所有单个个人一起考虑，当两个经济主体各自生产不同商品，两人用各自商品进行交换，一人的供给是另一人的需求。售出商品的货币价值等于从另外一个人购买的价值。所以，从价值的角度看，商品销售总价值完全等于商品购买总价值。或如密尔所说：我

① 尼古拉斯·卡尔多. 五十年后的凯恩斯经济学[M]. 剑桥大学出版社，1983：194.
② 尼古拉斯·卡尔多. 五十年后的凯恩斯经济学[M]. 剑桥大学出版社，1983：194.

们突然使该国的生产能力增加一倍，就可以使每个市场的商品供应量增加一倍，但我们应该以同样的方式使购买力增加一倍。因此，供给创造了它自己的需求，这就是萨伊供给创造需求的精神。

但是，卡尔多认为，易货贸易和货币经济有着本质的区别。在简单的易货经济中，商品交换商品，每个商品以一个共同的单位计价，每个参加者每批商品的最初价值不多不少等同于这批商品的最后价值。在以货币作为交换媒介时，这个等价不再成立，因为有可能卖家持有一些货币，但在同一天没有用于购买等价的商品。即使只是从这一个交易日到下一个交易日，农民将一捆农产品带入市场，最终可能会得到按价值计算的一小撮商品和一些未花费的钱，即储蓄。相反，一些市场交易的参与者可能会使用前几天交易中剩余的钱来购买商品，补充他们当前交易的购买。因此，可储存耐用货币的存在破坏了总需求与总供给之间的必要等价关系。在特定的市场日，一个可以大于或小于另一个。新古典经济学家争论说，货币存在必然导致货币市场。然而，凯恩斯的观点是，在所有不同产出水平，仅存在可贷资金市场将不足以重建供需的整体相等。

卡尔多指出，早期版本的合作经济与现代社会的企业家经济有所区别。前面分析的所有这些都适用于凯恩斯在早期的版本中所说的合作经济，在这种经济中，不同的生产者通过与其他生产者交换自己的产品来至少满足一些需求。这与企业家经济区分开来，后者与马克思所说的资本主义相对应。后者不同于前者，它是通过雇佣劳动以大规模的单位进行生产，企业家根据不同产出水平期望的销售收入决定生产多少，雇用多少人。换句话说，企业家产生的费用变成了接受者手中的要素收入，是生产产品购买力的主要来源。在这种程度上，可以说，供给创造了自己的需求，但两者并不必然彼此相等。由供给产生的需求可能不足以满足企业家的期望，卡尔多认为可能有两个主要原因。首先，因为收入的接受者可能没有将全部收入用于购买商品；其次，即使他们在同一天用尽了全部的钱，企业家也只能成功地收回成本，而他自己却没有任何报酬。为了使企业家继续经营，销售收入必须超过生产中产生的成本，换句话说，企业必须赚钱，但利润又不能被视为预先确定的要素收入的一部分。利润反映了整个生产运作的结果，可以为正或为负。就像凯恩斯所说的那样，企业家需要大利润的大产出。但是，如果是这样，则此类利润构成了最低供给-价格的一部分，该价格可以小于或大于已实现的销售收入。如果实现的销售收入不足，则将迫使企业家减少供给，但这又通过减少要素收入而减少了需求，从而导致供给进一步减少等。

　　卡尔多认为，凯恩斯有效需求概念的独创性，体现在将需求分为内生成分和外生成分两个组成部分。内生成分是自动产生的，其原因与李嘉图、密尔或萨伊所说的原因大致相同。区别仅在于货币经济中，总需求可以不是总供给的函数，两者并不相等。为了使两者相等，需要添加外生需求的成分。外生成分有很多，投资只是其中之一。如果内生需求是总产出的单调函数，并给定总产出与它所产生的内生需求之间的关系，则只有一个产出水平均衡状态。凯恩斯称内生需求为消费倾向，外生需求量等于产出值与内生需求值之差。如果产出与内生需求之间的关系给定了，外生需求的价值将决定总的产出和就业机会。外生需求增加都会导致产出的增加，而且是前者的几倍，它是通过多次的传导过程导致内生需求相应地增加，类似于乘数原理的作用。其中，第二次增加多少将取决于诸多因素，如额外的产出在工资和利润之间的分配、随着产量增加的生产率变化等。卡尔多指出，外生需求在收入创造过程中发挥了关键作用还鲜为人知。给定如消费函数等基本行为关系，除非同时增加外在需求，否则由于技术进步等劳动或资本等资源的增长，将无助于实际产出的增长。卡尔多指出，在许多情况下，相同的因素可能同时作用于两者，当然并不必然如此，没有任何假设认为一个因素的增长率将与另一个因素的增长率紧密相关。凯恩斯认为，资本主义经济不是自我调整的经济，潜在产出增长将自动引起相应实际产出的增长。只有在外在需求同时增长到所需程度的情况下才会如此，这并非理所当然，因此，在增长的经济中维持充分就业就需要有针对性的需求管理政策，这是凯恩斯打算传达的主要信息，也是经济学家最难以接受的信息，至少是所有那些将瓦尔拉斯经济模型视为市场经济运作有效范式的人，这些群体比实际研究瓦尔拉斯的人组成的群体要广得多。瓦尔拉斯一般均衡模型以完全竞争和规模收益不变的一般规则为前提，双假设确保了所有的市场出清，即给定所有其他商品的生产，充分利用了所有资源，并使每种商品的产量达到可实现的最大值。卡尔多指出，如果没有这个双假设，除非所有企业同步扩大，否则卖方之间竞争本身不能确保资源的充分利用。任何一个单独行动的企业都可能会发现，自己产品的市场是有限的，即使其边际成本大大低于现价，也将避免扩大生产。在这种情况下，只有外生需求的增加推动经济向前发展时，才能避免非自愿失业。

　　卡尔多同样解读了有效需求是如何引出流动性偏好理论的，卡尔多指出，凯恩斯不是瓦尔拉斯的学生。但是针对这一问题，马歇尔足以提出这样的问题：为什么所有市场不能强制使用全部资源？马歇尔自己的理论认为，如果消费代表着对商品的直接需求，储蓄则代表着对商品的间接需求。如果给定了一个有效供需相等的资本市场，储蓄控制资本支出可贷资金的全部供给，这等于否定了外来需求的整个概念。后者的前提是，储蓄的供求是通过收入和就业的变化，而不是通过资本市场上储蓄价格的变化即利率来实现的。为了解释为什么贷款市场不是像其他市场一样市场出清，凯恩斯导入了利率的流动性偏好理论。

古典经济学认为，由于利率下降的刚性，不存在非自愿失业，这是凯恩斯主义经济学依赖于流动性陷阱观点的起源，可以通过适当的利率政策，有效地抵消这种流动性陷阱。它是战后新古典综合的基础，根据该理论，由价格机制自动引导生产者和消费者达到的一般均衡概念仍然有效。它的前提是，货币政策即利率政策的目的，是使储蓄市场像其他所有市场一样出清市场。但是，凯恩斯的就业不足均衡的主要属性不能归因于流动性陷阱。总的来说，生产是受需求限制的，所以必须以一种状态为前提，在这种状态下，各种行业中单个公司的生产受到的限制是缺乏订单，而不是生产能力的限制。正如许多学者指出的那样，凯恩斯式失业与古典式或马克思式失业不同，其前提是存在未充分利用的产能和非自愿劳动。另一方面，过剩产能的存在，意味着单个生产者面临对其产品的需求是有限需求，而不是无限弹性的需求曲线。正如凯恩斯的《通论》所指出，资本主义经济中实际竞争与完全竞争的假设不符。卡尔多认为，通常都是这个情况，在这个领域内，原创性思想是由经济学家完成的，如哈佛大学的阿林·杨格和剑桥的肖夫，肖夫从未发表过关于他在教学过程中发展起来的系统论述。相反，他把这个任务留给他的学生——《垄断竞争理论》的作者张伯伦和《不完全竞争经济学》的作者约翰·罗宾逊，两人的两本著作是或早或晚各自独立撰写的，但几乎是同时出版的。然而，正是因为不完全竞争和垄断是很难融合于传统理论的，这些学说被逐渐忽视和遗忘，主流经济学是由萨缪尔森、德布鲁、阿罗、哈恩领衔的一般经济均衡理论。

卡尔多在 1935 年初发表的一篇论文中指出，不完全竞争需要假设长期成本曲线下降，或规模报酬递增，直到达到一个与市场规模有关的最小产出水平。鉴于这一事实，当以较高价格出售较小产量所获得的任何收益，被小产量的高单位成本大量抵消时，潜在新生产者的竞争就会停止，厂商产品的需求曲线与成本曲线相切。另一方面，如果长期成本曲线是水平的，即无论产量多少，在整个范围内规模收益不变，新生产者或新的替代产品的流入过程不会停止，直到当价格等于平均成本和边际成本时，典型的生产者就会变得很小，足以使需求的弹性变得无限大。因此，规模报酬不变，即是所有要素无限可分的结果，足以创造完全竞争。卡尔多指出，这是以完全竞争为出发点的。因为他们假定一切都可以完全细分，因而规模经济完全不存在，完全竞争必须完全依靠自己的经济力量来建立。只要不存在所有类型的机构垄断和不可分性，产品差异化的程度和进一步的产品变化都将不足以阻止这一结果。卡尔多认为，在这种情况下，经济力量的自由发挥必然也会建立并维持充分就业状态。其实，欠就业均衡在凯恩斯之前早就有人提出，韦茨曼先生严格证明规模报酬不变是非自愿失业不存在的一个充分条件。一个没有工作岗位的工人不能转为自我雇佣，这个假设最初是由维克塞尔提出的，因为个人不能同有组织的大规模企业生产竞争。卡尔多指出，有效需求宏观经济学的自然归宿是垄断竞争的微观经济。

卡尔多指出，围绕凯恩斯就业不足均衡概念合理性的大多数辩论都是错误的。这是由于完全就业均衡的概念是人为创造的结果，是人为地假设所有行业和整个产出范围内规模报酬不变的结果，这意味着一切都存在无限可细分性。一旦放弃了完全竞争的人为假设，在每个市场中具有市场出清价格的瓦尔拉斯均衡就变成了海市蜃楼，而不是以任何方式逼近描述现实世界中的条件。因此，在卡尔多看来，关于凯恩斯主义与瓦尔拉斯一般均衡调和的大多数文献都是非均衡经济学。卡尔多强调这两种理论无法调和，因为一种理论涉及纯粹完全竞争的构想世界等，而另一种则试图概括现实世界。卡尔多指出，凯恩斯本人完全不知道这种对比。他在马歇尔时代就接受了关于微观经济学的新古典理论，假设单个商品的价格由边际成本决定。实际工资反映了劳动的边际生产率，而边际生产率随着就业的增加而下降。正如他在《通论》中所相信的那样，实际工资与就业之间存在反比例关系。凯恩斯在《通论》中没有提到不完全竞争及其后果。这促使《通论》的法国译者让·德·拉格纳泰说，凯恩斯接受马歇尔微观经济学，他的反对者有可能援引《通论》的权威，去支持与基础教学相反的观点。

凯恩斯在 1939 年发表了一篇重要文章，在回应了塔尔希斯、邓禄普和卡莱斯基的批评，文中撤回了他先前关于实际工资和就业的观点，并说他在《通论》中的主张是基于马歇尔与 1886 年之前的繁荣时期和萧条时期有关的经验发现，而不仅仅是基于新古典的价值理论。从那时起，凯恩斯开始调查实际工资的周期性变化，他发现这种关系是反向的。高就业时期实际工资高于萧条时期的实际工资，他将这归因于现代准竞争系统中不完全竞争规律实际运作的结果，其特征是个体生产者通常在降低平均成本的前提下运营。尽管卡尔多称凯恩斯 1939 年的这篇文章是纠正《通论》错误陈述的一次值得称赞的尝试，但卡尔多大胆地认为，凯恩斯仍然充分意识到了递增回报和不完全竞争对他一般就业理论的重要性。如果他这样做的话，就可以避免许多关于凯恩斯主义理论本质的战后争论。

### 3. 开放经济下有效需求的分析

卡尔多认为，或许是为了回避将讨论的问题泛化，也是为了使讨论的议题聚焦，凯恩斯采用了封闭经济的传统假设。尽管凯恩斯完全意识到外贸在英国失业问题中的作用，但在《通论》中，凯恩斯希望专注于失业的国内问题。封闭经济体的属性分析原则上可以应用于一个国家或一个地区。凯恩斯承认并强调说，他的分析讨论的是现在工业国家，例如英国，食品和原材料依赖进口，同时依靠制成品出口的货币来支付。但是，与所有古典经济学家一样，凯恩斯相信可以将每个国家的劳动力供给视为给定，即没有劳动力的国际流动，没有对资源内部流动性的限制。凯恩斯也不考虑劳动力的结构问题，如在某些行业存在劳动瓶颈，而在另一些行业则缺乏就业机会。

卡尔多讨论了凯恩斯在外部需求与失业两者之间模棱两可的描述。凯恩斯认为，没有迹象表明外贸是有效需求失败的原因，即使是由于汇率波动或其他原因，进出口贸易仍处于平衡状态。凯恩斯在《重商主义》中撤回了对自由贸易问题的早期极端观点，根据这一观点，如果保护措施只有一件事无法解决，那就是解决失业问题。卡尔多指出，关于贸易保护有一些争议没有简单的答案。但是，治愈失业的主张，涉及最粗暴形式的贸易保护主义谬论。凯恩斯承认，对于一个投资机会不足的国家来说，为了将生产提高到充分就业水平，外国投资可以作为国内投资有用的辅助手段。但凯恩斯同时指出，这种观点也存在一些问题，因为外国投资通过提高利率，使得国内投资缺乏吸引力，一个国家的出口顺差也就是另一个国家的进口顺差。尽管哈罗德的外国贸易乘数在《通论》中未被提及，出口仍可以视为需求的外生要素，它们同国内投机的乘数效应几乎相同。卡尔多指出，在计算乘数时的重要区别在于，必须考虑边际进口倾向，而不是边际储蓄倾向。如果 $I$ 为进口，$E$ 为出口，$m$ 为边际进口倾向，$s$ 为边际储蓄倾向，假设这两个倾向的关系与需求的两个外生要素具有相同的值，即 $\dfrac{I}{s}$ 与 $\dfrac{E}{m}$ 相同。如果忽略了储蓄或进口中的任何自治因素，乘数的作用既将导致国内投资与国内储蓄相等，又将导致经常项目余额为零，即进出口相

等。如果两个比率不相等，当 $\dfrac{E}{m} > \dfrac{I}{s}$ 时，则该过程将导致经常账户余额

为正，并且国内投资相对国内储蓄不足；当 $\dfrac{E}{m} < \dfrac{I}{s}$ 时，则相反。后一种

情况可能比前一种情况对就业约束更大，因为处理长期经常账户剩余问题，要比找到一个政策工具解决长期赤字问题更容易。卡尔多认为，还有一个问题凯恩斯没有考虑到，商业投资只是部分外生因素，还有一部分是源自保持产能与销售同步增长的需求。希克斯等学者认为，应该将两者结合在一起，用超级乘数的概念来衡量外生需求增加的真实效果。而卡尔多认为，是出口而不是出口顺差是就业和繁荣的重要因素。在不断增长的世界经济中，来自特定国家或地区的出口可能是关键的决定因素，它不仅决定了就业水平，而且还决定了第二和第三产业在较长时期内的就业和生产率增长。在大多数国家中，农业和传统服务业中都有潜在的劳动储备，从某种意义上来说，总体产出水平是短期内可达到的最大水平。卡尔多指出，这在很短的时间内可能是对的，因为劳动力流动需要时间，尽管在工业需求旺盛的时期它大大加快了速度。由于工业生产率的增长与产出的增长高度相关，有效的劳动力供给本身就超过了实际数量的增长，内部流动可以得到国际流动的补充。战后的经验表明，只要是增长迅速的区域，国际移民的政治壁垒几乎就会自动消除。在世界范围内，隐形失业规模如此之大，因此可以肯定地假设，在任何特定的工业增长区域，潜在劳动力的供给无限。这就意味着，在给定的一个经济体中，是否有最终劳动力的供给，关键在于劳动力的价格。卡尔多指出，移民首要关注的不是挣多挣少，而是在移民地区是否可以找到工作。由于收益递增是制造业的显著特征，他们的经营更多是大批量生产，不断增加生产流程和专业化。反过来，它的成功取决于思想和经验的轻松交流，以及不断出现的新的市场机会，这就是阿林·杨格在著名论文中强调的特征。[①] 由于这些原因，卡尔多断言，工业化总是与城市化联系在一起。工业发展趋向于在某些增长点或成功地区使得两极分化，而成功地区则成为来自周围或较远地区的大量移民的中心。这种极化过程被缪尔达尔称为循环累积因果关系，这在很大程度上造成了世界上贫富地区之间日益扩大的鸿沟，以及不同工业国家之间增长率的差异。成功国家增加了其在世界市场中的份额，因为它们在引入创新等方面相对更成功，这给那些市场份额因此减少的国家带来了越来

---

① 阿林·杨格. 递增回报和经济进步[J]. 经济学期刊，1928(38)：157.

越大的障碍。通过分析过程可以看出，卡尔多发现了工业化和城市化的紧密联系，但是像之前的做法一样，卡尔多只搭建了一个框架，就转身离开。

卡尔多认为，从开放的视角看，对需求的重视不仅决定了短期就业水平，而且决定了特定地区的长期发展。但是，与新古典理论的假设框架恰恰相反，随着环境的改变，新的变革机会不断涌现，这使得未来变得越来越难以预测。由于强大的反馈机制，历史中的每个事件只能根据系统发展过程的实际情况来解释。卡尔多认为需要依靠包括投资在内的更多外部的刺激来维持经济的增长和繁荣，尽管这种刺激可能会产生资产闲置、刺激无效等弊端。卡尔多高度肯定了凯恩斯在 1929 年提倡的那种投资计划，它无疑使得英国经济有了很大改善，但卡尔多暗示凯恩斯这种紧靠国内投资的刺激还不够，认为这并不能促进以英国出口为导向的增长，而且卡尔多认为出口导向更为重要，他的观点是，仅靠出口增长就可以确保英国长期繁荣。卡尔多指出，为维持需求强度，需要超出一般的财政和货币政策手段，需要有意识地鼓励高出口潜力和高技术潜力的产业，需要对私人和公共投资方向进行积极的指导政策。卡尔多对日本的行政指导大加赞赏，也对法国战后五年计划的行为、促进出口的政策高度肯定。卡尔多认为英国当局没有做到这一点，他将其归结为：自由放任主义哲学在英国统治了100 年或更长时间，使得英国把国家指导视为令人讨厌和低效的事情。

## 第三节　卡尔多对凯恩斯经济学的贡献

卡尔多是在剑桥大学以外，最早皈依凯恩斯主义思想的人之一。在他的一生中，他始终忠于《通论》的基本思想，但不排除对《通论》局部某些假设的批评，其目的是不断修正和补充凯恩斯不完善的领域，并试图将凯恩斯主义的思维方式扩展到多个专业方向。尽管卡尔多在某些局部予以否定，对某些前提予以扩展，但始终坚持凯恩斯的基本原则和思想，这点是毋庸置疑的。他发表了许多论文来支持凯恩斯的观点和想法，以及帮助完成凯恩斯主义革命。当《通论》出版后，庇古立刻发表论文为古典经济辩护，坚持名义工资水平同总失业水平是直接反向关系的观点。卡尔多坚持认为削减名义工资不是一个好方法。卡尔多指出由于物价下跌对货币供应实际价值的影响，利率下降必然是隐含的，后来的学者称之为凯恩斯效应。庇古承认，除非引起了利率的下降，名义工资削减不必然引起就业增加，确切地说只有通过利率，名义工资对就业量才会起作用。凯恩斯和卡尔多都坚持认为有一个比削减名义工资更简单的、较少引起不稳定的方法来降低利率。卡尔多在 1937 年发表论文《庇古论失业与名义工资》，使得庇古认识到降低名义工资会增加失业率而与利率下降无关是错误的，卡尔多在与庇古的争论中维护了凯恩斯的观点。

卡尔多关于投机和经济稳定关系的论述，是卡尔多自己最满意的理论贡献之一。在总结了《通论》的基础上，卡尔多提出了一个利率结构的原创理论。卡尔多解释了为什么古典经济的假设是错的，储蓄将导致投资是因投机有稳定作用，它将抑制利率的波动。极端地讲，如果在长期债券市场的投机影响是无限的，在商品市场，当出现不均衡时所有产出都将做出调整。凯恩斯似乎接受这个观点，它是乘数分析的基础。关于利率的决定问题，丹尼斯·罗伯逊指责凯恩斯把长期债券的利率当作自主发生作用，没有理论基础。卡尔多提出了一个自下而上的利率理论，认为长期利率由货币政策决定，把它锚定在货币政策上。利率结构由不同期限资产的风险溢价决定。约翰·希克斯爵士对此高度评价，在他与卡尔多的私人信件中，赞扬卡尔多的投机对经济稳定的理论，认为卡尔多的理论达到了凯恩斯革命的顶点，并认为卡尔多应该为此获得更多的荣誉。

卡尔多强烈批评哈耶克和奥地利学派货币政策对生产周期长短影响的商业周期理论。卡尔多提出了投资和储蓄是非线性函数并且相互作用的观点，20 世纪 30 年代，卡尔多在伦敦政治经济学院讲授商业周期理论，他认识到丁伯根、弗里希和卡莱斯基基于线性加速的理论不能解释高低均衡间的波动。卡尔多是第一个提出在低产出水平有一个过剩产能，在高产出水平有一个实物约束，投资可能是产出的一个非线性函数的观点。卡尔多展示了由于不同力量的作用导致曲线的上下移动，函数能够产生经济震荡的多重均衡。模型的诱人之处在于它能够产生没有传统商业周期模型所需要的时滞、冲击和特定等参数要求的，可以自我维持的循环。随后有许多学者沿着这个道路前行，其中著名的有古德温等学者。卡尔多对凯恩斯的就业和货币理论研究并不是很多。沿着凯恩斯封闭经济的假设、有效需求对产出影响的思路，卡尔多把它扩展到了开放经济，这里卡尔多是基于哈罗德外贸乘数原理的推广。卡尔多采用了凯恩斯经济模型的一些基本假设和限制，特别是采用了马歇尔的假设：短期劳动回报递减，货币供给作为外生变量处理，假设为封闭经济等。放松边际成本递增的假设意味着就业和实际工资是正向关系，放松货币供给外生假设能够对货币数量方程进行预测和解释，放松封闭经济的假设能够带来重要的影响。在开放经济中，进出口平衡是决定经济活动水平的重要因素，而不是在封闭经济中的储蓄和投资。卡尔多在凯恩斯有效需求理论和哈罗德外贸乘数理论之间架起了一座桥梁，把哈罗德的乘数继续延伸到国内产出决定，把凯恩斯的有效需求理论从封闭经济延伸到开放经济背景之中。

# 第四章　卡尔多的收入分配与经济增长理论观点

## 第一节　卡尔多的分配理论

卡尔多的分配理论继承和发扬了李嘉图的劳动价值论。分配理论同价值理论、厂商理论等是微观经济学的主要研究内容之一，它主要研究各种资源在哪些要素之间分配，以及收入如何分配的问题。李嘉图认为，分配份额规则是政治经济学的主要议题。卡尔多试图鸟瞰自李嘉图以来不同理论的不同观点，并沿着这个方向继续前行，因为大量的经济学家已经不再关注这个话题。卡尔多把分配理论总结为四个主要流派：第一个是李嘉图的古典分配理论，第二个是马克思主义的分配理论，第三个是基于新古典或边际主义的分配理论，第四个是凯恩斯主义的分配理论。前三个是被广泛接受的分配理论，第四个则充分体现了卡尔多的理解，是卡尔多意图对凯恩斯主义理论的发扬。卡尔多证明了凯恩斯主义思想工具完全能够用于解决分配问题，而不仅仅是研究总产出水平的问题，"卡尔多分配理论的特点，是不以边际生产力为依据而建立的一个凯恩斯式的宏观分配理论"。[1]

卡尔多继承了斯拉法式的分析方式，逻辑清晰，极具条理。卡尔多将过去杰出学者的思想进行浓缩和总结，找出其中最关键的主线，简洁而明晰。卡尔多认为，按照不同的标准有不同的分类。根据新古典理论的划分，它们可以分为边际主义、非边际主义、半边际主义理论；基于均衡分类，可分为瓦尔拉斯和非瓦尔拉斯理论；按照市场完全的程度划分，可以分为完全竞争和非完全竞争理论。然而，卡尔多认为边际主义者并不必然

---

① 胡寄. 西方经济学论史 [M]. 立信会计图书用品社, 1991: 408.

持有边际生产率原则。卡尔多所希望的是证明所有这些理论也有共同的东西，可以归于一把大伞之下评价。

比较典型的分配理论是李嘉图的三分法：在社会不同阶段，所有生产将在三个方面进行分配，即地租、利润和工资，这三种收入在本质上是不同的。不同资本主义经济体中，如美国、英国等国家，国民收入中的工资份额具有历史稳定性和相似性，在李嘉图时代这被认为是资本主义的稳定特征，但随后的实证研究否认了李嘉图相对份额有效性的假设。事实上，在19世纪到20世纪40年代，尽管生产技术上及劳动资本积累和人均实际收入上都发生了变化，但是发达资本主义经济中的工资份额却相对稳定，且它是由什么力量决定的并无理想的理论来解释，引起了许多经济学家的兴趣。

（1）卡尔多对李嘉图分配理论的分析。

李嘉图认为分配理论是理解整个经济系统运行机制的关键，他在给马尔萨斯的信中写道："你认为，政治经济学是对财富的性质和来源的研究——我认为，它研究各个阶级如何瓜分它们共同创造的社会产品的规律。我更加坚信：前者是研究经济走势的，而只有后者才是经济科学的真正目的。"① 分配理论是控制税收、贸易保护等影响经济发展速度因素的关键，他希望通过规范分配份额的法则建立一个宏观经济模型。从这个角度看，可以说李嘉图理论和凯恩斯理论是相似的，熊彼特称李嘉图与凯恩斯为精神上的孪生兄弟。卡尔多则认为马克思主义理论是一个披着不同外衣的李嘉图理论的简版。另一方面，随着边际理论和新古典经济学的出现，分配问题被当作定价过程中的一个方面。按照卡尔多的观点，边际理论和新古典经济学并没有什么特别的理论意义，也没有产生一个严格选择因变量和自变量、显示系统反应机制之类的宏观经济模型。

卡尔多对李嘉图理论则高度评价，认为它是马克思理论和新古典理论的先驱，这个观点同样得到了熊彼特的认同。② 根据李嘉图理论两个不同的原理，卡尔多分别称之为边际原理和剩余原理来分析分配。"边际原理是为了解释租金的份额，剩余原理是解释在工资和利润之间剩余的划分"。③ 为了解释李嘉图的模型，卡尔多把经济划分为两大部门——农业和工业部门，沿着李嘉图的假设和思路来分析是什么力量影响和决定收入

---

① 凯恩斯·就业、利息和货币通论[M]. 商务印书馆，2006：8.

② 熊彼特. 经济分析史(第二卷)[M]. 商务印书馆，1994：338.

③ 尼古拉斯·卡尔多. 分配的选择理论[J]. 经济研究评论，1955(6)：71.

在农业和工业中的分配。在农业中的分配可以用一个简单的图示(见图
4.1)来表示,OY 表示玉米,代表所有农产品数量,其本质是农业产出,
OX 表示雇佣农业劳动的劳动量,即劳动投入。在给定知识状态和自然环
境下,曲线 P-AP 代表单位劳动的产量,曲线 P-MP 代表劳动的边际产出。
假设边际回报递减,两个曲线的存在表示平均产出和边际产出随着劳动的
投入而逐渐下降。为了便于分析,假定产出由劳动唯一决定;对任何既定
劳动力 OM,总产出的大小是四边形 OCDM 的面积,租金是边际土地劳动
产出和平均土地劳动产出间的差额 ABCD 的面积,或者是平均生产率和边
际生产率的差额,依赖于 P-AP 曲线的弹性,即回报递减的程度。

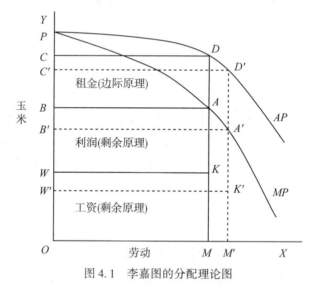

图 4.1　李嘉图的分配理论图

资料来源:根据卡尔多相关文献整理。

　　"李嘉图明确地把工业利润看成剩余价值最初的一般形式。李嘉图以
分配问题作为其理论体系的中心。"[1]李嘉图的劳动边际产出不等于工资,
而是等于工资和利润的总和,用古典术语表述就是产出减去租金。工资完
全独立于边际生产率,是由劳动供给和需求价格决定的(见图 4.2),如果
用玉米来衡量,假定产出不变,李嘉图的假设意味着给定的供给价格
OW,劳动供给曲线完全无弹性。劳动需求不是由 P-MP 曲线决定,而是
由工资率为 OW 雇用多少劳动力时的资本积累决定。所以,劳动的均衡位
置不是由 P-MP 曲线和劳动供给曲线的交叉点表示,而是用玉米代表工资

────────────

①　陈岱孙. 从古典经济学派到马克思[M]. 上海人民出版社,1981:118.

基金的劳动总需求决定。当资本积累增加时劳动力将增加，所以通过资本积累，总的工资基金将倾向于水平向右移动，即推动垂直线 KM 向右，用 OWKM 的面积表示，而不是垂直向上，即推动水平线 WK 向上移。对任意给定的劳动供给 M，利润 ABKW 是源自于边际劳动产出与工资率差额的一个剩余。

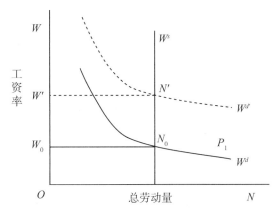

图 4.2　李嘉图的劳动量供需理论图

资料来源：根据卡尔多相关文献整理。

如果处于均衡状态，资本投资的名义利润率必须与工业和农业的名义利润率相等，否则资本将从一个产业向另一个产业转移。同时，由于农业是特殊产业，农业名义利润率是用玉米利润率表示，因为假定无论是农业中的投入还是产出都是由相同商品玉米组成的。一方面，制造企业投入和产出都是异质性商品。在给定技术水平下，投入是以玉米为代表的固定单位劳动成本，产出则是以制造品为代表的固定产出。所以，要使得两个部门的名义利润率相等，只能是在两个部门之间，通过工业品变得越来越贵或农产品越来越便宜来实现。因此，工业制造的名义利润率依赖于农业中生产玉米的利润率。另一方面，在给定技术水平和封闭经济条件下，玉米耕作面积完全是边际资本积累的反映。

为了使得所有假设逻辑内在保持一致，有必要假设以玉米为单位的工资固定，而且全部都支出在玉米上，否则工业和农业价格的任何变化都将改变真实工资，所有的剩余规模和资本利润率通常不再是由玉米利润派生出来，后者反映的是劳动产品和边际土地上劳动成本之间的关系。假设农产品是工资商品，工业品是非工资商品，全部玉米产出能够被当作年度工资基金，就是 OCDM。OWKM 是农业上的产出，WCDK 是其他经济产出。

出于对农业的保护，$OWKM$ 增加，其他增长率就要下降。类似地，不是源自对土地而是从利润中支付的税收最终必须下降，这样就降低了积累率。除非技术进步使得 $P\text{-}AP$ 和 $P\text{-}MP$ 曲线向右足够地移动，延缓全部边际报酬递减规律的作用。税收和农业保护倾向于加速这个趋势，最终达到令人沮丧和稳定的积累停止状态，只是因为利润增长是如此慢，不能充分弥补生产中的麻烦和风险。

（2）卡尔多对马克思分配理论的分析。

卡尔多认为马克思分配理论本质上是对李嘉图剩余理论的改编。"李嘉图已经看到了工资和利润、劳动和资本之间的对立。"①马克思持同样的观点。但两人也存在一定差异，主要的差异在于：一是马克思不关注边际收益递减规律，马克思不相信它，所以在分析时对租金和利润没做区分。二是马克思认为劳动的供给价格，即再生产成本的价格是固定的，劳动剩余不是以玉米为单位，而是通常意义上的商品。马克思"把交换价值和价值明确划分开"②，这显然不同于李嘉图的劳动价值观。

卡尔多认为在另外两个方面李嘉图和马克思之间有重大区别。第一个是对与替代水平密切相关的工资解释不同。在马克思理论中，任何时候它都是通过劳动供给倾向于超过劳动需求来保证。劳动供给是现有工资雇佣工人的数量。马克思认为处于失业边缘劳动储备队伍的存在，防止了工资高于最低水平的上升，最低工资是保障劳动能履行正常工作的必需收入。马克思认为，由于每个劳动力都会面临两个部门之间生产率的差异，更多的劳动力是通过非资本主义或手工业来释放而不是靠资本部门来吸收的。只要资本主义企业增长的同时成本收缩，劳动供给增长将超过劳动需求的增长。由于资本主义企业的积累，劳动需求终将超过劳动供给。在这个阶段劳动变得稀缺，工资增加，利润将被抹去，资本主义将面临危机。在任何给定的资本积累状态，通过调整资本的有机构成，危机本身减缓了资本积累，降低了对劳动的需求，工人的储备大军又将被再创造出来，这就是马克思认为资本主义必然产生危机的根源。卡尔多认为第二个重要区别是资本主义积累的动机不同。对李嘉图而言这很容易解释，李嘉图从资本收益的角度分析，认为是高利润的引诱。只要利润超过最低必需补偿和使用资本中遇到的风险和麻烦，资本将自愿积累。马克思是从资本家之间竞争的角度分析，他的解释是，资本主义企业积累不是选择问题而是一种必

---

① 蒋自强，等. 经济思想通史(第 2 卷)[M]. 浙江大学出版社，2003：115.
② 何炼成. 价值学说史[M]. 商务印书馆，2006：242.

须。由于企业运作规模越大的商业越有效，为了在竞争中不落后，每个资本家被迫通过利润的再投资来增加他的商业规模。只有到了资本主义后期，生产增长集中于更加成功的企业手中，它们就没有了竞争必要性，这时就是垄断资本主义阶段。

卡尔多认为，总的来讲，马克思接受了李嘉图和古典经济学家都持有的随着资本不断积累利润率下降的观点，但解释的原因却不相同。古典经济学家坚定地归因于收益递减法则，马克思却抛弃了这个法则，认为它没有坚实基础，而"绝大多数英国经济学家都把边际效用递减规律视为不言自明的公理"。① 马克思的解释是，随着资本主义不断发展，固定资本对流动资本的比例不断增加，或用马克思的术语，是不变资本对可变资本比例的不断增加。但是，也有学者反对，认为利润率下降法则实际上不能归因于资本有机构成增加。

卡尔多对马克思的企业最终导致垄断预言持肯定态度，但他对工人阶级生活条件持续恶化的预言持否定态度，历史事实证明卡尔多的判断是正确的。马克思预言，如果资本主义这样发展下去，生产将集中在大企业手中。关于生产会逐渐集中的论断，历史证明马克思判断是准确的，但马克思另外一个重要观点，在竞争和垄断资本主义阶段，工人阶层生活条件将持续恶化，无产阶级将处于水深火热之中，已经被证明与事实相矛盾。

（3）卡尔多对新古典理论的分析。

卡尔多指出，"马克思的理论来源于李嘉图的剩余法则，马歇尔的新古典价值理论和分配理论来源于李嘉图的另外一个法则——边际法则，它用来解释租金"。② 这就解释了为什么马克思和马歇尔都称李嘉图为他们的先驱。卡尔多认为李嘉图和新古典的差距在于：第一，李嘉图采用了替代法则或者有限替代法则，仅用于劳动对土地的替代。马歇尔的新古典理论里把这个原则正式化和一般化，他假设任何相关的因素都可以类似地使用它。第二，李嘉图采用这个法则时是为了说明固定要素将赚取一个剩余，它由要素平均产出和边际产出之差决定。卡尔多指出新古典理论集中于相反方面，在竞争条件下，任何可变要素供给获得的报酬将与边际产出相对应。

卡尔多认为，新古典理论将投入要素进行泛化处理有许多好处，不仅可以考虑客观投入要素，而且可以把主观投入要素纳入进来，可以建立一

---

① 莱昂内尔·罗宾斯. 经济科学的性质和意义[M]. 商务印书馆，2005：111.
② 尼古拉斯·卡尔多. 分配的选择理论[J]. 经济研究评论，1955(6)：79.

个更具包容性的分析框架。既然这个原则可以适用于任何要素，那么对企业家要素也成立。如果把所有变量一起考虑，生产函数必须满足一阶和齐次性假设。维克塞尔指出，如果生产要素被适当地定义，这个假设只不过是同义反复。然而，卡尔多不赞同维克塞尔的观点，他认为对要素适当定义涉及消去中间产品及最初要素和最终要素的转换。只有基于这样的定义，人们才能假设可分性和系数的可变性。所以，如果这样定义要素，则规模报酬回报不变假设绝不是一个同义反复。卡尔多指出，可以把完全竞争、没有外部经济性和不经济性理论等其他广泛性条件当作一个限制性的假设。

卡尔多认为这种分析方法的困难不在于增加更多要素，最大的困难在于资本的测度问题。土地可以通过每年亩产来测度，劳动可以人工时来测度，资本则没有合适的单位来测度。卡尔多指出，马歇尔没有深入这种细节内容，并认为马歇尔对此认识模糊，卡尔多认为边际生产率应该是边际净生产率。这里的净，是指把所有其他相关要素的费用减去，但是马歇尔回避提出一般分配理论的目标。卡尔多认为，马歇尔分配理论本质上是一定意义上的短期理论，它把利润作为各种不同资本品所赚取的准租金，它的供给被当作当前对过去给定的继承。但马歇尔本人并不认同这一点，准租金法则吸收了李嘉图把土地作为生产要素的观点，把资本看成生产要素，如此一来，不同的资本被当作不同种类的土地，这样作为生产要素资本的测度问题将不会产生。因为严格来讲，没有中间产品库存的变化同生产组合水平的变化相联系，正是从这个角度看，卡尔多认为马歇尔有意识地或是潜意识地提供了大部分的后马歇尔剑桥理论模型。

卡尔多认为想真正尝试解决一般分配问题就必须考虑维克塞尔的理论，他集成了奥地利学派对资本的分析方法，提供了瓦尔拉斯均衡理论的总方案。在一般均衡理论中把资本当作一个两维的量：时间产品和劳动产品。这个分类也不是没有问题，维克塞尔本人后来也承认，这个尝试也遇到麻烦：一是就某些资本平均而言，期间测量是不可能的；二是把不同要素的投资期与单一要素结合的测量也是不可能的。事实上，对20世纪70年代的经济学家而言，把产出中工资份额和利润份额作为由资本和劳动边际替代率决定的整个方法，以及由此的产生推论——相对份额恒定，很难被大部分人接受。卡尔多认为，只要认识到资本和劳动间的边际替代率不同于劳动与土地之间的边际替代率，这种分析方法的不足就显而易见，它只能由已知的利润率和工资率来确定。新古典经济理论声称，资本市场的利率由如下条件决定：低利率情况下，不充分就业时就可获得劳动，资本将投资于劳动节约的地方；高利率情况下，资本将被投资于提供更多就业岗位的地方，而不是填补可获得的劳动。这个理论完全不同于以前所有的相关理论，因为资本积累不是采用资本深化的形式，而是与技术进步、劳动力增长同步。卡尔多指出，其实接受这个理论很困难，工资和利润率是各得其所，否则就是过分深化或是很少深化，资本与产出的比率要么过大，要么过小。

卡尔多分析了垄断情形下的分配理论。在新古典理论框架下，垄断利润一直被视为收入的一种特殊形式，现代不完全竞争理论依然强调垄断利润不应是一个孤立的特征。一般而言，利润包含了垄断收入的成分，它是超过在完全竞争下应获得边际利润的实际利润部分。在马歇尔短期理论假设下，完全竞争市场边际利润由边际成本超过主要平均成本确定，附加的垄断要素是价格超过边际成本的部分。当所有资本设备给定时，前者衍生于劳动生产率曲线的弹性，后者衍生于单个厂商的需求弹性。不完全竞争市场理论的创新之处就是，垄断利润的增加并不意味着资本利润率要比完全竞争时有相应的增加。即使垄断利润超过竞争水平，资本利润率也会通过过剩产能接近竞争的正常水平。卡莱斯基在此基础上构建了一个简化的分配理论，证明了产出中的利润份额由需求弹性单独决定。卡尔多认为，不同厂商价格不能被假设为彼此相互独立。卡莱斯基后来对其理论进行了改进，他抛弃了垄断程度和需求弹性之间的联系，卡尔多认为卡莱斯基满足于纯粹同义反复方法，简单地把价格与主要成本之比定义为垄断程度。卡尔多指出，这是不同程度地把所有理论都归类为新古典的恶习。卡尔多认为，本质上，工资和利润间收入分配的命题依赖于市场结构，或依赖于竞争的强弱，它不是一个同义反复。卡尔多的观点是，现实的某些东西不能用逻辑精确构建，如边际生产率理论中，资本利润率的高低是由防止资本产出比太大或太小的需要决定；垄断程度理论可以总结为：利润率应该是多少就是多少，因为竞争理论防止它们高于它们应得到的，但不足以低于它们应得的。卡尔多认为，不幸的是这两种说法都不足以说明问题。对于全成本理论，卡尔多持否定态度，不认同全成本理论的一套说法。

（4）卡尔多对凯恩斯理论分配问题的解释。

卡尔多花了很长时间构建自己的收入分配理论，中间经历了许多挫折，但是坚持了下来，最后该理论成为卡尔多经济理论贡献中的亮点。他借鉴和结合了凯恩斯《通论》的基石之一的乘数原理。卡尔多认为凯恩斯理论从未对分配问题感兴趣。凯恩斯的《论货币》是为了解决价格决定问题,《通论》是为了解决就业和产出问题。卡尔多认为,如果能够提出证据证明凯恩斯的思想发展到某些阶段,接近于构建某个分配理论,则人们可以把凯恩斯的这个特别分配理论,称作凯恩斯分配理论。卡尔多曾思考,为什么一个经济系统在欠就业下能保持均衡,而稀缺经济学的古典属性是不能的,一个理论的使用似乎排斥另外其他理论的使用。卡尔多判断,凯恩斯的乘数技术可以有两个目的,如果一个被认为是短期理论,另外的就是长期理论。卡尔多认为,凯恩斯的乘数理论可以为分配理论,从短期和长期两个角度说明。为了便于讨论卡尔多的收入分配理论,先把相关主要变量进行说明(见表4.1)。

表4.1　　卡尔多关于凯恩斯分配理论分析的相关变量及说明

| 变量名称 | 变量符号 | 说　　明 |
|---|---|---|
| 收入 | $Y$ | 总产量或总收入 |
| 利润 | $P$ | 利润是指企业家的利润 |
| 工资 | $W$ | 工资仅指体力劳动者的收入 |
| 利润边际储蓄倾向 | $s_p$ | 是一个比率。等于利润中的储蓄与利润之比 |
| 利润边际储蓄额 | $S_P$ | 是一个水平量。利润中的总储蓄量,等于 $s_p \times P$ |
| 工资边际储蓄倾向 | $s_w$ | 是一个比率。等于工资中的储蓄与工资之比 |
| 工资边际储蓄额 | $S_W$ | 是一个水平量。工资中的总储蓄量,等于 $s_w \times W$ |
| 投资 | $I$ | 投资额 |
| 总储蓄 | $S$ | 等于利润和工资中的储蓄之和 |

首先,卡尔多从完全就业状态的假设开始,这样总收入就给定了。收入划分为两大类,$W$ 和 $P$。这两者之间重要差异在于消费或储蓄的边际倾向,历史和经验都证明,雇佣劳动者边际储蓄比资本家要小。卡尔多假设有三个收入恒等式:

$$Y \equiv W + P; \; I \equiv S; \; S = S_W + S_P$$

以上变量相关逻辑结构见图4.3。

通过上述函数关系,可以得到投资函数:

$$I = s_p P + s_w W = s_p P + s_w (Y - P) = (s_p - s_w) P + s_w Y$$

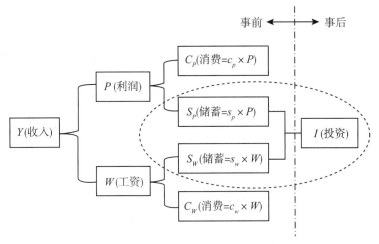

图 4.3 卡尔多对凯恩斯分配理论分析图

资料来源：根据卡尔多分配理论等相关文献整理。

投资占收入的份额是：

$$\frac{I}{Y} = (s_p - s_w)\frac{P}{Y} + s_w \qquad (1)$$

利润占收入的份额是：

$$\frac{P}{Y} = \frac{1}{s_p - s_w}\frac{I}{Y} - \frac{s_w}{s_p - s_w} \qquad (2)$$

如果仅仅从数学等式来静态地看式（1）和式（2），无法区分 $I/Y$ 和 $P/Y$，谁为因，谁为果。在公式（1）中利润收入比 $P/Y$ 为投资收入比 $I/Y$ 的因，而在公式（2）中投资收入比 $I/Y$ 又成为利润收入比 $P/Y$ 的因。为了妥善处理这个方面的问题，卡尔多引入了奥地利学派事前和事后的处理方式，巧妙地解决了这个问题，把当期投资当作下期利润的来源。杨小凯非常认同这个观点，"所谓事前生产函数，是指人们在做出决策前的生产函数，而事后生产函数则是人们选择了市场结构且经济已稳定在这种结构时才能看到的生产函数"。[①] 卡尔多指出，如果给定了工资和资本家的储蓄倾向，利润占收入的份额就仅由投资占收入的份额确定。卡尔多认为，模型的解释价值依赖于凯恩斯的投资可以当作独立变量对待，是基于两个储蓄倾向 $s_w$ 和 $s_p$ 不变的假设，而不是基于投资占产出的份额外生的假设。如果把这个同完全就业假设结合在一起，就意味着名义工资下的价格水平由需求决定：投资增长，总需求增长，将提高价格和利润率，减少实际消

① 杨小凯. 经济学——新兴古典学新古典框架［M］. 社会科学文献出版社，2003：161.

费；投资下降，总需求降低，导致价格水平回落，真实消费弥补性增长，系统处于完全就业状态。

卡尔多把利润和工资储蓄倾向的关系分为三种情形：$s_p > s_w$、$s_p < s_w$ 和 $s_w = 0$。第一种情形，利润储蓄倾向需要超过工资的储蓄倾向，是与现实最相符合的情形，系统将稳定。如果 $s_p > s_w$，价格上升将产生累积，系统的稳定性将依赖于储蓄边际倾向之差的倒数 $\dfrac{1}{s_p - s_w}$，卡尔多把这个值定义为收入分配敏感系数，它意味着收入中利润份额将随着产出中投资份额的改变而改变。第二种情形是 $s_p < s_w$ 的情况，这是一个理论上的极端情况，意味着资本家的储蓄率小于工人阶级的储蓄率，工人阶级的经济状况好于资本家的经济状况，在现实中几乎不会发生。第三种情形，在极端假设情况下，假设工人的工资全部都消费，没有储蓄，当 $s_w = 0$ 时，利润等于投资和资本家储蓄倾向的倒数之积：

$$P = \frac{1}{s_p} I \tag{3}$$

卡尔多指出，这就是凯恩斯假设的关键，由等式(3)可以得出结论：企业家边际消费倾向上升则利润增加。企业家消费倾向上升，即储蓄倾向 $s_p$ 下降，就相当于同比例地提高了他们的总利润。在卡莱斯基的利润理论中，将这个表述为资本家挣得他们花费的，工人花费他们所挣得的。卡尔多指出，在一定意义上，这个模型与李嘉图或马克思认为工资是剩余，利润由投资倾向和资本家消费倾向决定的观点完全相反。在李嘉图的模型中，所有税收的最终归宿都是利润，而所有税收、收入和利润以及商品的最终归宿都是工资。卡尔多认为，如果 $I/Y$ 和 $s_p$ 一直保持不变，工资份额也将保持不变，即随着人均产出增加，真实工资将年复一年自动增加。但是，如果 $s_w$ 是正的，总利润将下降 $s_w \dfrac{1}{s_p}$，即超过工人储蓄量 $S_w$。由于工人储蓄间接下降，利润对投资水平变动的敏感性将更大，总利润将比投资量有更大幅度上升。

卡尔多的关键假设是投资产出比是一个独立变量，他把凯恩斯的理论同哈罗德理论进行了比较分析。哈罗德增长理论的第一个方程为：$\dfrac{I}{Y} = Gv$。其中 $G$ 为产能增长率，资本产出比为 $v$，哈罗德方程用来描述投资-产出之比。这里的 $G$ 是哈罗德的自然增长率，是一个连续充分就业时的值，必须等于充分就业天花板增长率的状态，也就是最大潜在增长率，等于技术进步率和工人人口增长率之和。凯恩斯采用了许多经济学常用的方法和假设，把研究限定于短期和封闭经济。后来的凯恩斯主义学者在不断地进行完善，其中最有影响之一的是罗伊·哈罗德，他用资本积累作为解释凯恩斯商业周期的主要原因。哈罗德的第二个方程为：$\frac{I}{Y} = s$。哈罗德区分了三种不同的增长率：实际增长率、自然增长率和有保证的增长率。自然增长率是受人口增长和技术进步约束的最大增长率；有保证的增长率引入了企业家的主观期望，企业家满意投资决策的产出增长率是有保证的增长率。现实中这三种增长率不容易区分，而且很难相等。卡尔多指出有保证的增长率和自然增长率并非彼此相互独立。卡尔多论证了不同的分配模型，李嘉图-马克思分配模型、凯恩斯和卡莱斯基模型是有相互联系的。

　　卡尔多分配模型有一个核心观点值得肯定，他认为分配在经济增长中起到重要的作用。卡尔多采用的是收入在利润和工资之间的分配，也就是在资本家和工人阶级之间的分配，这就表示卡尔多同马克思一样继承了李嘉图的劳动价值论，以至于有学者误认为卡尔多是一个马克思主义者。而这一点就遭到了资本主义经济学家的猛烈批判，包括詹姆斯·托宾、弗兰克·莫迪尼亚尼、保罗·萨缪尔森等，但这些批判其实没有抓住卡尔多分配模型的实质，而真正弥补卡尔多分配模型不足，并对模型进行修正的，是他的拥护者帕西内蒂，他指出了卡尔多理论内在的逻辑错误：当工人利用储蓄投资来获得利润时，工人也有了利润收入，这样卡尔多所指的资本家和工人阶级的边界就模糊了，二分法便不存在了。帕西内蒂补上了这个漏洞，于是有了新帕西内蒂定理。争论的最后结果是，以萨缪尔森为代表的新古典经济学承认了他们同新剑桥主义分配理论论战的失败，但这并不意味着新古典经济学家们改变了道路，事实上，新古典经济学家们依然在他们自己的道路上飞奔。

## 第二节　卡尔多对资本积累与经济增长关系的研究

### 1. 卡尔多六个典型化事实

　　卡尔多进行经济研究具有一个显著特点，他的经济模型是从经验中归纳出关键变量或抽象概念，然后根据理论因果关系建模进行检验。从科学逻辑的角度看，卡尔多推崇归纳的方法，反对纯粹演绎的分析方法。卡尔多认为，从某种抽象开始的模型并不是一个良好的开端，这种做法排除了经过调查得到主要经济变量行为对模型构建的影响。他认为，如果从抽象模型构建开始，当理论模型与现实相违背，模型往往把它归因于残余变量的影响，或者把这些影响因素归因于模型之外。纯粹演绎法在处理资本积累和经济增长时的确太容易一开始就假设，没有技术进步、给定知识状态、没有不确定性，同时满足于用技术进步和不确定性这两个因素来解释理论预期与已有经验和事实之间的差异。卡尔多认为这种理论分析方法只有极小的现实解释价值。

卡尔多始终坚持理论模型必须源自客观现实经济事实的观点。他指出：理论必须抽象，但抽象不能凭空决定，它必须与经验记载的经济过程特征相一致。所以卡尔多认为理论学家在选择特定的理论方法时，应该从与他研究问题相关事实中的总结开始。既然这些事实是统计学家或经济历史学家的记载，它永远会有许多阻碍和限制，正是因为这个原因，理论学家不可能精确地进行总结。从卡尔多的观点看，模型应当从典型化事实开始，典型化事实应该集中于广泛趋势，忽视个体细节。

1961 年卡尔多突破了新古典理论均衡增长的思想，重新解释了增长的现实，并证明了现代经济中各国依然存在较大收入和全要素生产率差异的合理性。他发现了如下六个典型化事实，将它们作为构建理论模型的出发点："（1）总产量和劳动生产率有一个连续和稳定趋势的增长速度，没有生产力增长下降的趋势。（2）无论选择何种统计测量资本的方法，工人的人均资本量持续增长。（3）至少在发达的资本主义国家，资本利润率有一个稳定的增长速度。（4）长期稳定的资本产出比。（5）收入中的利润份额和产出中的投资份额之间有高度相关性。一个国家中利润和工资在收入中的份额是稳定的，在这个期间的投资系数，即投资在产出中的份额不变。（6）在不同国家中，劳动生产增长率和总产出增长率有一个明显差异。"[①]

如果用数学形式的定义，卡尔多六个典型化事实可以表述为：第 1 个典型化事实是 $Y$ 和 $\frac{Y}{L}$ 稳定增长，即 $Y'$ 和 $(Y/L)'$ 为大于零的常数。第 2 个典型化事实是 $\frac{K}{L}$ 持续增长。第 3 个典型化事实是 $\frac{P}{K}$ 稳定增长，即 $\left(\frac{P}{K}\right)'$ 为大于零的常数。资本利润率高于长期利率。第 4 个典型化事实是

---

①　尼古拉斯·卡尔多. 资本积累和经济增长[M]. 麦克米伦出版社，1961：229.

$\dfrac{K}{Y}$ 长期而言是稳定的，即 $\left(\dfrac{P}{K}\right)' = 0$；如果允许产能利用程度有一定差异，至少没有长期明显的上升或下降趋势。这意味或反映着生产增长率和资本存量增长率基本相等。即如果把经济当作一个整体，长期而言，收入和资本增长率趋势倾向于相同。第 5 个典型化事实是 $\dfrac{P}{Y}$ 与 $\dfrac{I}{Y}$ 高度相关；$\dfrac{P}{Y}$ 和 $\dfrac{W}{Y}$ 长期为常数。投资系数 $\dfrac{I}{Y}$ 为常数。$\dfrac{W}{Y}$ 稳定，意味着真实工资 $\dfrac{W}{Y}$ 与 $Y$ 增长同步。第 6 个典型化事实是，各国的 $Y$ 和 $\dfrac{Y}{L}$ 增长速度有显著差异。[①] 但是，上述相对份额不变和资本产出比为常数的假设对不同增长速度的国家同样适用。[②]

卡尔多断言，边际利润率下降的观点统治着古典学派、新古典学派、奥地利学派以及马克思主义者的利润理论，而现实数据都与这些理论的结论完全相反。卡尔多认为这些事实都不能被貌似合理的新古典理论所解释。根据边际生产率理论，庞巴维克及其跟随者的资本理论观点是，随着资本积累，人们预期利润率连续下降，而不是一个稳定的利润率。在这个视角上，古典和新古典理论尽管理由不同，但结论相同。亚当·斯密、李嘉图、马克思、庞巴维克和维克塞尔已经预测随着经济进步，利润率稳定下降。类似地，根据新古典的方法，人们预期资本积累回报递减，意味着当其他条件不变时，资本产出比稳定上升，资本劳动比上升。可以看出，卡尔多走了一条不同于古典、新古典经济理论分析经济增长的道路。

## 2. 卡尔多资本累积与经济增长的基准模型

卡尔多从另外一个视角来解释资本积累和经济增长的关系，琼·罗宾逊 1955 年在同卡恩的信中，认为这是一个不可能完成的任务，但是最终卡尔多完成了。卡尔多资本累积过程继承了维克塞尔和凯恩斯的思想，但又不同于维克塞尔的累积过程。维克塞尔的累积过程，"是说的货币利率变动引起整个国民经济累积变化的过程。所以他的累积过程理论就是货币

---

① 卡尔多描述的典型化事实，可以分为几类：稳定增长，其导数为一个正的常数；持续增长，是边际值为正；稳定不变，是导数为零；高度相关，是指两个值的相关系数很大；明显差异，是指两个值不相等，其值的差异较大。但是，许多后来的学者，或者是误解了卡尔多的本意，或者是按照自己的目标去描述。

② 基本观点最早见于 1958 年 8 月卡尔多在国际经济协会上的发言，正式发表于 1961 年伦敦麦克米伦出版社出版的《资本理论》中。

利率论"。①

　　关于资本积累和经济增长问题，卡尔多的目的是展示一个至少能部分解释典型化事实的收入分配和资本积累模型。它不同于解决资本积累问题的主流新古典的方式，它与李嘉图和马克思的古典方法更类似，也与冯·诺依曼的一般均衡模型类似，或同柯布·道格拉斯类型生产函数开始的理论类似。它不同于古典模型，因为它采用了凯恩斯理论中收入决定的基本观点，并用自己的方式表示了出来。卡尔多采用了众所周知的哈罗德和多玛模型动态方程作为研究的出发点。

　　卡尔多反对新古典理论，在于对待资本和劳动观点不同，卡尔多是把它们当作互补因素，而不是新古典那样的替代因素。当然，李嘉图完全意识到资本的作用不仅是对劳动的补充，同时也是对劳动的替代，这就有了著名的李嘉图效应。② 随着工资上升，机器相对于劳动的价格会下降，机器趋向于采用更多单位的劳动，生产中劳动的份额增加。但在分配或增长理论中，李嘉图没有给予替代方面任何主要作用，至于他的分配理论，是把单位劳动资本量看作既定，只与每个特定产业有关，不同产业间的劳动分配是由系统结构需求决定的。卡尔多认为，李嘉图解决了工资和利润间的分配问题，它假设两个因素中劳动仅由供给价格决定，利润份额仅由扣除租金后的人均产出和人均工资之间的差异决定。人均工资视为给定，仅由劳动的自然价格决定，且劳动人口保持不变，租金份额的决定完全独立于劳动分工。他假设利润大部分进行储蓄和投资，工资用于消费，收入中利润的份额决定了总生产中投资份额和资本累计率。这个模型与一个无限供给劳动储备的假设相一致。马克思支持这个假设，假设人口增长率由劳动需求增长率控制，这个假设同样被李嘉图所支持。卡尔多还分析了冯·诺依曼一般均衡模型，尽管冯·诺依曼用了非常复杂的分析，但卡尔多认为它实际上是李嘉图和马克思古典方法的变体。李嘉图允许每种商品生产过程，对因自然资源稀缺而导致收益递减中的抽象进行选择。冯·诺依曼有类似假设，劳动能够扩张到无限数量，真实工资由劳动力替代成本决定，利润完全进行储蓄和再投资。这两个假设使得卡尔多能够把分析经济问题构建为一个完全闭环的过程，当期生产过程的产出同时是下一个生产过程的投入。

---

① 何正斌. 经济学 300 年[M]. 湖南科学技术出版社，2007：227.
② 李嘉图效应后来为哈耶克所拓展，成为李嘉图-哈耶克效应。李嘉图认为高工资会使资本家减少雇用工人，而投资于机器。李嘉图-哈耶克效应把工资率和经济生产力联系起来，因为高工资促使企业家投资于机器设备，所以导致更高的生产力。

为了便于说明，现把卡尔多在资本积累和经济增长理论模型中的相关核心变量放在一起，便于比较分析(见表4.2)。

表4.2　　　　卡尔多资本积累和经济增长核心变量及说明

| 变量名称 | 变量符号 | 说　　　　明 |
|---|---|---|
| 收入 | $Y$ | 总产量或总收入 |
| 利润 | $P$ | 是指企业家的利润 |
| 资本 | $K$ | 资本量 |
| 劳动 | $L$ | 劳动量 |
| 投资 | $I$ | 投资额 |
| 工资 | $W$ | 仅指体力劳动者的收入 |
| 利润边际储蓄倾向 | $s_p$ | 是一个比率。等于利润中的储蓄与利润之比 |
| 利润边际储蓄额 | $S_P$ | 是一个水平量。利润中的总储蓄量，等于 $s_p \times P$ |
| 人均工资 | $\omega$ | 工资总额除以劳动人数 |
| 资本产出比 | $v$ | $v = \dfrac{K}{Y}$ |
| 储蓄率 | $s$ | $s = \dfrac{P}{Y}$ |
| 人均产出 | $o$ | $o = \dfrac{Y}{L}$ |
| 劳动增长率 | $l$ | 在有的模型中用 $\pi$ 表示 |
| 劳动效率增长率 | $t$ | 在有的模型中用 $\tau$ 表示 |
| 资本增长率 | $G_K$ | $G_K = \dfrac{\mathrm{d}K}{\mathrm{d}t} \cdot \dfrac{1}{K}$ |
| 产出增长率 | $G_Y$ | $G_Y = \dfrac{\mathrm{d}Y}{\mathrm{d}t} \cdot \dfrac{1}{Y}$ |
| 人口增长率 | $G_n$ | $G_n = \dfrac{1}{L} \cdot \dfrac{\mathrm{d}L}{\mathrm{d}t}$ |

注：大写字母代表存量，如资本存量为 $K$ 等，小写字母代表人均或比值，如 $\omega$ 为人均工资等。

卡尔多认为著名的哈罗德-多玛方程能够用于李嘉图和冯·诺依曼模型及其他模型。虽然它能够从许多方面进行解释，但本质上它是在给定资

本产出比 $v$ 的前提下，用 $G_K = \dfrac{s}{v}$ 体现了把收入中的储蓄份额 $s$ 转移到最终资本增长率 $G_K$ 之中。由于资本产出受技术约束，分母 $v$ 可以假定为常数，因此，资本积累或储蓄率在经济增长中起决定作用。

资本增长率为：

$$G_k = \frac{I}{K} = \frac{I}{Y} \cdot \frac{Y}{K} = \frac{I}{Y} \cdot \frac{1}{v} \tag{1}$$

如果 $P$ 为利润，则资本利润率为：

$$\frac{P}{K} = \frac{P}{Y} \cdot \frac{Y}{K} = \frac{P}{Y} \cdot \frac{1}{v} \tag{2}$$

比较(1)式和(2)式，可以得知，当利润全部用于投资，所有工资用于消费时，资本增长率与利润率相等。卡尔多认为李嘉图和冯·诺依曼所关注的模型到此为止。因为他们没有引入劳动力导入对这个系统增长速度的任何限制，所以就业增长率和收入增长率是完全由资本增长率决定的。即使劳动供给能够最终无限增长，也有一个人口增加或单位时间就业的最大量，它是由社会人的个体或体制因素决定。如果我们把人口增长限制引入方程，卡尔多认为当 $G_K > G_n$ 时，李嘉图-马克思-诺依曼模型显然无效。因为在这种情况下，生产增长率不能由 $G_K$ 单独决定。如果考虑技术进步，$G_n = l + t$，这就是哈罗德公式的自然增长率。

哈罗德意识到均衡增长仅仅是有保障增长率等于自然增长率时的一个构想：$G_K = G_n$，换言之，$\dfrac{s}{v} = l + t$。然而，既然他假设 $s$、$v$、$l$ 和 $t$ 都是完全独立给定的，彼此完全无关，则在他的理论中的这个等式仅仅是幸运意外的结果。而且他认为在任何 $\dfrac{s}{v}$ 同 $l + t$ 的不一致时，必然有失衡的累积力量。所以，即使暂时获得一个移动的均衡增长，也必然是不稳定的。卡尔多指出，一旦认识到这些变量不是相互不变的，它们之间有某些内在关系，这个问题就呈现出完全不同的方面。所以，收入中储蓄的比例 $s$ 绝不是独立于 $l + t$ 的，也不独立于生产力增长率 $t$，而是独立于资本积累率 $\dfrac{s}{v}$。

为此，卡尔多首先设定了基准经济增长模型组，包括 4 个基本模型和 6 个关键假设。为了展示不同要素的作用，卡尔多认为最好的办法是从许多人为的假设开始，然后逐步放宽假定，向现实逼近，最终形成卡尔多自己的资本积累和经济增长模型。

　　卡尔多的4个基准模型中的6个关键假设是："(1)生产过程中规模报酬不变。自然环境对扩张无任何约束。只有两种投入：资本 $K$ 和劳动 $L$，两类收入：利润 $P$ 和工资 $W$。(2)没有技术进步。不同商品产出的生产投入系数函数保持不变。(3)完全竞争。与主要生产成本相关的商品价格在市场出清时稳定。所有就业中，资本赚取相同利润，劳动者具有相同工资。(4)所有利润用于储蓄，所有工资用于消费。产品在设备品和工资品之间进行分配，即产品在投入品和消费品之间分配，它们同收入在利润和工资之间分配一样。(5)资本和劳动在生产中的设备品和工资品之间有严格的互补性。所以，对每个工资品而言只有一种设备品，消费中不同种类的工资品互补。(6)就工资品而言，不变工资有无限的劳动供给。"①除了第(5)条，这些假设同冯·诺依曼模型是等同的；因为在李嘉图理论中除了假设(1)，马克思理论中除了假设(2)、可能包含假设(5)，以及从动态的视角看，它们本质上是相同的。

　　卡尔多模型相关生产要素逻辑关系图如图4.4所示。

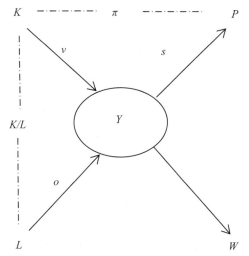

图4.4　卡尔多资本积累与经济增长分析框架示意图

　　注：实线箭头表示投入产出的直接关系；虚线表示有间接关系。

　　资料来源：根据卡尔多资本积累及经济增长相关文献整理。

　　卡尔多假设资本存量增长率 $G_K$ 由经济增长率 $G_Y$ 控制；反过来 $G_K$ 依赖于产出中储蓄的比例 $s$ 和资本产出的比例 $v$。产出中储蓄的比例由工资

　　①　尼古拉斯·卡尔多. 资本积累和经济增长[M]. 麦克米伦出版社，1961：241.

条件决定，它不能低于由替代成本决定的最小量。

$$\omega = \omega_{\min} \tag{3}$$

所以，人均产出超出替代工资的盈余部分单独决定了利润的份额。人均产出 $o$，资本产出比 $v$，以及人均资本都给定技术条件不变；另外，在任意时间点 $t = 0$ 资本总量被当作给定。

卡尔多基于这些假设构建了一组模型，由 6 个模型系统组成，其中 4 个代表假设条件，1 个代表定义恒等式，1 个代表均衡条件。6 个模型中，除了第 5 项外，所有的 $t \geq 0$。6 个模型分别对应的是：人均产出增长率、资本产出比增长率、最低工资率、利润份额比增长率、利润增长率、资本增长率(卡尔多增长模型 I)：

$$O(t) = \overline{O} \tag{4}$$

$$v(t) = \overline{v} \tag{5}$$

$$\omega(t) = \omega_{\min} \tag{6}$$

$$s(t) = \frac{P(t)}{Y(t)} \tag{7}$$

$$P(t) \equiv Y(t) - \omega(t)L(t) \tag{8}$$

$$s(t)Y(t) = \frac{\mathrm{d}K}{\mathrm{d}t} \tag{9}$$

当初始值给定时，方程组足以确定 6 个基础变量 $O(t)$、$v(t)$、$s(t)$、$P(t)$、$Y(t)$ 和 $\omega(t)$。从(5)式和(9)式，有产出增长率：

$$G_Y = \frac{s(t)}{\overline{v}} \quad \text{或} \quad \overline{v}G_Y = s(t)$$

利润份额遵循：

$$\frac{P(t)}{Y(t)} = \left[ 1 - \frac{\omega_{\min}}{\overline{O}} \right]$$

利润份额独立于 $t$。通过(7)式可知，$s(t)$ 也统计独立于 $t$，所以，资本增值率为 $G_K = \frac{s}{\overline{v}}$。假设资本增长率与产出增长率相等 $G_K = G_Y$，则资本增长率或资本利润率 $\frac{P}{K} = G_k$，利润产出比为：$\frac{P}{Y} = G_k\overline{v}$。

以上就是卡尔多增长模型 I 的主要内容，澳大利亚学者约翰·金称之为卡尔多第一增长模型，[①] 但本质上这只是卡尔多增长模型的基础模型。

---

① 约翰·金. 尼古拉斯·卡尔多[M]. 华夏出版社，2010：79-88.

可以通过图 4.1 中的上三角中的几个关键要素构建重要的增长模型，$K$ 和 $Y$、$Y$ 和 $P$ 都是直接产生投入产出关系，而 $K$ 和 $P$ 不直接产生投入产出关系，是间接关系。这样，可以从上三角中下面两条边的关系，构建动态增长方程 $G = \dfrac{s}{v}$。事实上，如果 $s$ 和 $v$ 都不变，都是常数，就是哈罗德增长模型，显然这种情况不是常态，被称为"刀尖上的增长"。如果 $s$ 不变，$v$ 变动，是新古典增长模型。如果 $s$ 变动，$v$ 不变，则是后凯恩斯主义增长模型。

### 3. 充分就业增长条件下的增长模型

卡尔多是一个一个地放宽假定条件，不断扩展，不断对现实逼近，最后形成自己的增长模型。首先，卡尔多放宽了完全就业条件假设，形成了扩展了的经济增长模型，约翰·金称之为卡尔多第二增长模型。卡尔多放松的第 1 个假设是无限劳动供给的假设，即假设有某个最大的由生育率决定的人口增加率 $\lambda$。所以，这个增长率决定经济长期的自然增长率：

$$G_n = \lambda$$

如果进一步假设，当资本积累率 $G_k$ 超过了最大人口增长率 $G_n$ 时，只要有足够未就业的劳动储备，经济就能以 $G_k$ 的比率增长。但是，因为经济增长率 $G_y$ 比 $\lambda$ 高，资本积累 $G_k$ 迟早要超过劳动供给。按照马克思的理论，正是这个情况会导致资本主义经济危机。马克思分析了这一过程：当劳动储备耗尽时，劳动需求将超过劳动供给，有利润资本所需的就业将比可以雇用的劳动力大。资本家之间的竞争将导致工资上升，利润被抹掉，直至最终资本积累充分下降，恢复劳动储备，进而重新恢复利润。卡尔多认为之前的模型没有说明其中的机理，没有说明是什么理由和为什么它将导致危机。同无限劳动供给的假设比，如果有劳动供给的约束，将给经济无限增长带来一个上限。卡尔多分析的思路是：每次工资增长将降低收入中利润的份额，每次利润份额的减少将降低资本积累率和劳动需求的增长率。所以这个情况，一个增长均衡是就业在 $t = 0$ 时，在这个点上，工人人口规模、人口增长率 $\lambda$ 也是给定的。

为此，卡尔多进一步给出了 7 个关系的模型组，其中 4 个是定义假设，1 个是恒等模型，2 个是像以前一样的均衡条件。这个系统的模型同上个系统模型的区别是人口增长约束的区别。用 $L^*(t)$ 代表在时间 $t$ 可获得的最大劳动量，7 个模型（卡尔多增长模型 II）如下：

$$L^*(t) = L^*_{(0)} e^{\lambda t} \tag{10}$$

$$v(t) = \bar{v} \qquad (11)$$

$$O(t) = \overline{O} \qquad (12)$$

$$s(t) = \frac{P(t)}{Y(t)} \qquad (13)$$

对所有的 $t \geqslant 0$，有：

$$P(t) \equiv Y(t) - \omega(t)L(t) \qquad (14)$$

这个假设同卡尔多增长模型 I 不一样，在卡尔多增长模型 I 中，是假设支付最低工资。而在这个模型中，工资不再是一个固定的最小值。

$$s(t)Y(t) = \frac{\mathrm{d}K(t)}{\mathrm{d}t} \qquad (15)$$

$$L^*(t) = L(t) \qquad (16)$$

当给定初始值时，模型足以决定这些基本变量 $O(t)$、$v(t)$、$s(t)$、$P(t)$、$Y(t)$、$\omega(t)$ 和 $L(t)$。

假设：总产出增长率：$G_Y = \lambda$。

从（15）式，$s(t) = \lambda v(t)$ 知，根据（10）式和（11）式，$s(t)$ 独立于 $t$。

如果 $G_K = \dfrac{s}{\bar{v}}$ 成立，则 $G_K = G_Y$。

此模型的资本积累率或资本利润率为：$\dfrac{P}{K} = \lambda$。

利润收入比为：$\dfrac{P}{Y} = \lambda \bar{v}$。

劳动工资 $\omega(t) = (1 - \lambda \bar{v})\overline{O}$，受 $\omega(t) \geqslant \omega_{\min}$ 的约束。

卡尔多增长模型 I 和模型 II 的假设差异如下：

在卡尔多增长模型 I 中的假设是：

无限劳动供给；人均产出 $o = \left(\dfrac{Y}{L}\right)$ 给定，即 $\bar{o}$ 为常数；资本产出比 $v = \left(\dfrac{K}{Y}\right)$ 给定，即人均资本的倒数 $\bar{v}$ 给定，等同于人均资本为常数。

在卡尔多增长模型 II 中的假设是：

劳动供给有限，劳动供给增长率 $\lambda$；资本利润率 $\pi = \left(\dfrac{p}{K}\right)$ 和资本产出比 $\left(\dfrac{K}{Y}\right)$ 由 $\lambda$ 唯一决定；$G_Y$ 由 $\lambda$ 唯一决定。

有一个均衡工资 $\omega$，它将超过最低工资 $\omega_{\min}$。如果超过最低工资，利润份额必然下降，一直到利润份额等于 $\lambda v$ 为止。从这个模型来看，卡尔多增长模型 II 是反李嘉图或马克思的，因为在这里减去最低工资后，没有利润成为残差。但是根据李嘉图和马克思的观点，是减去利润后的工资组成了残差的份额，而利润数量外生给定。

李嘉图一直认为资本积累快于人口增长或是相反情形，工资增长将超过劳动的自然价格或可能低于它，但是李嘉图并未分析其中的原理和机制。卡尔多指出，由于过分或不足资本积累带来的工资上升或下降本身，将通过改变利润份额来改变资本积累率，这样一个机制使得资本积累率与劳动供给增长率保持一致。所以，有一个均衡水平工资同步维持劳动供给和劳动需求的增长。

卡尔多分析了马克思的劳动假设，马克思分析的关键是由于劳动稀缺，资本过分累积会导致危机，没有办法停止工资上升，除非利润被抹去。显然马克思有一个非常显著的潜在假设：劳动供给恒定不变。如果人口在增加，利润不会回落低于使得劳动供给增长率与相应资本积累率相一致的水平。

卡尔多指出，资本主义经济持续投资和积累有一个重要假设前提：利润必须足够高，才能够弥补资本家实现资本生产率时所面对和承受困难和风险的最低需要，这个困难和风险用符号 $\rho$ 表示，卡尔多用了一个通俗的词汇纯利率代表无风险利率 $r$。所以，均衡增长进一步受约束，于是卡尔多放松了第 2 个假设：资本利润率必须大于或等于无风险利率和风险回报，表示为一个带限制条件不等式：

$$\frac{P}{K} \geqslant r + \rho \tag{17}$$

在充分就业模型中，假设资本利润率由 $\lambda$ 单独决定。在这里，它不能低于无风险的利率，加上另外企业家的风险溢价。卡尔多认为，自凯恩斯以来有一个不能再降的纯长期利率的最小值，它不是由持有现金，而是由持有长期债券弥补不流动风险的最小值来决定，卡尔多用了有安全保障金融资产的纯利率来表述，它与长期债券的无风险利率本质上是一回事。卡尔多认为，这个不等式成立的依据是直接商业投资风险远比持有安全保障长期金融资产的风险大得多。卡尔多认为投资流动资产的期望边际回报与货币利率一致，也可能适当高于无风险的短期利率。企业家之所以愿意投资，其根本还是由于技术进步。

### 4. 基于新古典假设的增长模型

卡尔多放松的第 3 个假设是：人均产出 $o(o \equiv Y/L)$ 是一个人均资本

$K/L$ 的函数。如果假设劳动和资本的生产函数都是线性和齐次函数，前者增加的比例比后者增加的比例更小。那么：

$$o \equiv Y/L = f_1(K/L), \; f'_1 > 0, \; f''_1 < 0$$

假设资本家在某一时刻拥有某个数量他能使用的资本，他将合理配置该人均资本使得利润率最大化，最佳人均资本量将比用商品衡量的工资水平高。

$$K/L = f_2(w), \; f'_2 > 0, \; f''_2 < 0$$

上面两个等式也意味着工资率越高，会选择资本产出比越大的方式生产。所以：

$$v = \frac{K}{Y} = f_3(w), \; f'_3 > 0, \; f''_3 < 0$$

进一步假设，如果资本产出比越高，则人均产出就越大：

$$o = f_4(w), \; f'_4 > 0, \; f''_4 < 0$$

所以，当接近完全就业和资本积累率减缓，工资上升时，$v$ 也将上升。反过来，任意的给定产出增长率，将增加产出 $\dfrac{I}{Y}$ 中投资的份额，进而增加利润的份额。也有可能减缓用商品表示的工资增长，但是 $v$ 的增长将增加人均产出，也增加利润的份额，当然这不一定发生。然而，在递减回报的假设下 $f''_1 < 0$，假设没有技术进步，投资率和利润份额的增加，不足以防止增长的 $v$ 和资本增长率的连续下降。所以当资本增长率充分下降到接近劳动增长率时，通过增加人均资本，采用更多劳动储备技术的过程将终结。从那时起，系统将不改变技术和人均资本及过程，而是以一个统一的增长率 $\lambda$ 重新获得均衡增长。

给定 $f$ 函数可选过程的范围，在人均产出 $o$ 和资本产出比 $v$ 之间有一个唯一的关系。同时，在理想资本产出比 $v$ 和理想资本利润率 $\lambda$ 之间同样也有唯一的关系。所以平衡增长的均衡，可以表示如下：

当 $\varphi' < 0$，$\varphi'' > 0$ 时，$v = \phi\left(\dfrac{P}{K}\right)$。

为此，卡尔多提出增长模型 Ⅲ，模型组具有 7 个关系特征，其中 3 个是均衡条件。

$$L^*(t) = L^*_{(0)} e^{\lambda t} \tag{18}$$

$$O(t) = f(v(t)), \; f' > 0, \; f'' < 0 \tag{19}$$

$$s(t) = \alpha \frac{P(t)}{Y(t)} \tag{20}$$

$$P(t) \equiv Y(t) - \omega(t)L(t) \tag{21}$$

$$s(t)Y(t) = \frac{\mathrm{d}K(t)}{\mathrm{d}t} \tag{22}$$

$$L^*(t) = L(t) \tag{23}$$

$$v(t) = \phi\left(\frac{P(t)}{K(t)}\right) \tag{24}$$

当 $\phi' < 0$，$\phi''' > 0$，受不等式的约束：

$$\omega(t) \geqslant \omega_{\min}$$

$$\frac{P}{K} \geqslant r + \rho$$

基于在以上卡尔多增长模型中同样的讨论，服从：

$$G_Y = \lambda$$

所以通过 $v$，$\frac{s(t)}{v(t)}$ 独立于 $t$。因为 $\frac{P(t)}{Y(t)} = \lambda v(t)$，所以，资本利润率为：$\frac{P}{K} = \lambda$，利润收入比为：$\frac{P}{Y} = \lambda\phi(\lambda)$。

同卡尔多增长模型 II 对比发现，使得资本产出率依赖于利润率生产函数的导入不影响均衡增长率，或不影响资本利润率。但是，对任何给定增长率，它影响利润份额，进而影响储蓄系数 $s$，这是因为 $\lambda$ 和 $\phi(\lambda)$ 彼此负相关：$\lambda$ 的值越高，均衡值 $\phi(\lambda)$ 就越低。这意味着，在特殊情况下，当函数 $\phi(\lambda)$ 是一个不变的单位弹性时，投资系数 $\lambda\phi(\lambda)$ 将与任何增长率和资本利润率变化无关。从这个意义上讲，利润和工资份额就由生产函数的系数唯一决定。但是，生产函数 $\phi$ 的不变单位弹性假设绝不隐含着齐次和线性生产函数的假设。如果在相关范围，生产函数的弹性明显小于 1，利润份额将明显依赖于经济增长率，只在很小程度上依赖于技术因素、资本和劳动之间的边际替代率，后者决定了生产函数 $\phi$ 的弹性。

## 5. 利润和工资都有储蓄的经济增长模型

所有古典模型中都隐含假设：收入中利润只储蓄不消费，收入中工资只消费不储蓄。虽然为了理论分析的方便，采用这个假设没有任何问题，但是当利用这个分析结论进行现实分析时，就必须采取谨慎的态度，因为这个假设与现实之间有一定距离。为此，卡尔多考虑到利润是消费支出的源泉，工资可能是储蓄的一个源泉，他放松的第 4 个假设是，利润和消费中都有储蓄和消费。只是储蓄和消费倾向不同，利润中储蓄的部分比工资中储蓄的部分大很多。

从凯恩斯主义的视角判断，在完全就业或接近完全就业条件下，正是储蓄率的差异导致资本主义系统的不稳定。如果这些差异不存在，任何提高价格导致需求增加的机会，将带来资本积累的趋势，价格提高仅仅能够消除失衡。

如果用 $\alpha$ 代表利润中的储蓄倾向，用 $\beta$ 代表工资中的储蓄倾向，则

$$I = \alpha P + \beta W, \quad \text{当} \ 1 > \alpha > \beta \geq 0, \ s \equiv \frac{I}{Y} = (\alpha - \beta)\left(\frac{P}{Y}\right) + \beta, \quad \frac{P}{Y} = \frac{1}{\alpha - \beta}\left(\frac{I}{Y}\right) - \frac{\beta}{\alpha - \beta}。$$

在第一个接近中，如果假设 $\beta W$ 是零，均衡关系将同卡尔多增长模型 III 一样，$s(t) = \alpha \dfrac{P(t)}{Y(t)}$。

这个修正意味着均衡是：

资本利润率为：$\dfrac{P}{K} = \dfrac{\lambda}{\alpha}$。

利润收入比为：$\dfrac{P}{Y} = \dfrac{\lambda}{\alpha} \cdot \phi\left(\dfrac{\lambda}{\alpha}\right)$。

这样资本利润率将超过相应利润中储蓄部分的增长率。类似地，除非当 $\dfrac{P}{K}$ 上升，降低 $v$，收入中利润的份额也将提高，进而降低任何给定增长率时的投资产出率。

## 6. 非完全竞争假设的经济增长模型

卡尔多放松的第 5 个假设是，市场并非完全竞争，而是存在垄断。完全竞争是经济学家常用的假设前提。卡尔多在构建增长模型时，采用的也是同样的方法，在不同的模型构建中，设定了不同的假设，进而产生了不同运行机制。在卡尔多增长模型 I 的情况下，模型系统受资本量的限制，在卡尔多增长模型 II 时它受可获劳动供给的限制。需要强调的是，从凯恩斯的意义上讲，两种情况下的均衡都是完全就业均衡，并不同于我们通常理解的完全就业，仅指劳动就业市场均衡而言。卡尔多通过隐含在模型 I 中的假设，保证了支付工资后仍有剩余，后者决定了积累率。卡尔多增长模型 II 中，投资需求是由新的投资机会累加独立决定的，它产生于给定劳动供给的增长率，通过部分事实可以确保实际工资，利润率被假设为在某点停下来，在这一点上利润中的储蓄正好等于需求的投资率。

实际上，后凯恩斯模型的投资变量是独立变量，储蓄是因变量；但是

在调整的过程中却被假设是通过劳动市场运作力量的古典方式，而非凯恩斯的方式发生。对投资而言，过剩储蓄本身放大了相对劳动供给过剩的劳动需求，这就导致了工资的增长，利润的降低。储蓄降低了对劳动需求的增长率。所以，劳动需求增长率方面的特殊真实工资源自资本积累，与劳动供给的增长保持了一致的步伐，能够独立维持劳动市场均衡。

但卡尔多认为没有必要用这种方式去看均衡机制。卡尔多同样能够用凯恩斯的方式描述均衡过程，它不是通过劳动市场而是通过商品市场的力量。卡尔多认为劳动市场影响的是名义工资的变动，商品市场影响真实工资的变动。在凯恩斯体系中，劳动市场对劳动过剩需求仅能导致名义工资增长而不是实际工资的增长。因为在其他条件不变时，名义工资增长将增加货币需求，进而价格将以同等比例上涨。为了解释真实工资的变动，需要转向商品市场，审视商品需求和供给的均衡。储蓄和投资均衡是凯恩斯理论最重要的特征，它通过商品市场的力量得到保证。当投资超过储蓄时，商品需求将超过供给，要么导致供给扩张，要么导致相对成本的价格上升。在两种情况下，商品需求增加将导致储蓄增长。因为在第一种情况，在任何给定价格对成本的关系时，储蓄是真实收入的增函数；在第二种情况，因为价格相对于成本增加，意味着利润增加和实际工资回落增加了储蓄。凯恩斯的《通论》写于 20 世纪 30 年代大萧条中期，集中于就业不足的情形，构想了一个机制，它通过一般就业水平的变化使得储蓄等于投资。但是在他早期的著作《货币论》中，凯恩斯本质上描述了当产出和就业给定时，价格对成本的关系是同样的机制。

### 7. 技术进步假设下的经济增长模型

卡尔多的最后分析中，放松了最重要的缺乏技术进步的假设。一个移动增长均衡与劳动生产率连续增长有关，还与劳动人口增长以及同比例工人人均资本量的增长有关。卡尔多认同萨缪尔森规则，由于缺乏任何可信的办法对资本量进行测度，资本品的技术规范不断地变化，新的资本品大量涌现，旧的资本品不断消失，资本量的测度缺乏精确性，卡尔多认为收入或资本的术语不再有任何精确的含义。

卡尔多指出，从本质上讲，资本是用于会计的测量，仅作为商业计划中计算的基础。货币具有稳定价值的假设使我们能够理解的收入和资本只是在有限范围之内，而不是精确定义为实际的数量。正统理论假设尝试用传统工具来处理这些问题：线性和齐次生产函数，加上知识水平变化的假设，函数是持续向上和向外移动。但卡尔多指出，除了技术进步不可能遵守严格的规则之外，这个过程中有几个基本错误。第一，在任意一个生产函数中，假设现有的存量资本总是与任意给定的资本劳动比完美地相适应。第二，假设有一个生产曲线连续向上移动，意味着技术进步被当作一个函数的变量，以完全类似于劳动或土地的方式发生变化。第三，根据边际生产率的原则，生产曲线斜率决定利润份额的假设。尽管曲线连续移动，带来的要素移动本身也要遵循相同的原则。第四，卡尔多认为更为复杂的是，知识状态的改变导致生产函数的转移率不能作为时间的独立函数对待，而需要依赖于资本本身的累积。知识提高是通过引入新设备注入经济系统，生产曲线移动本身将依赖于沿着曲线移动的速度。在产出增长率等于资本增长率相等的点，所有中性技术进步①的条件得到满足；资本产出比将保持不变的增长率，不变的分配份额和不变的资本利润率。如果模型封闭，从起点就能解释增长过程中具有现实特征的典型化事实。卡尔多指出，这个点不仅存在，而且在资本主义体系中有向这个点移动的趋势。

### 8. 有投资行为假设的经济增长模型

卡尔多继续把投资行为引入增长模型。投资行为的引入更接近经济现实，因为企业家的行为对资本积累和经济增长的影响是直接和显而易见的，符合卡尔多模型必须源自观察的社会事实的观点。所以，卡尔多认为无论哪种情况，为了得到一个产出和资本增长率的均衡解，或产出增长率和资本增长率趋向于某个特殊增长率的解，需要引入一个基于企业家行为的投资函数。卡尔多指出，不能仅仅说资本积累率依赖于社会储蓄倾向，因为储蓄倾向是一个因变量，它依赖于利润的份额，依赖于投资的份额。也不能说依赖于自然增长率，因为至少自然增长率和产出增长率也是一个因变量，依赖于资本积累，依赖于投资的份额。卡尔多认为构建一个封闭模型，需要导入一个描述企业家投资决策行为的独立函数。不同的投资行为假设，可能导致不同的结论。卡尔多指出，企业家投资行为千差万别，只能是选择其中之一，即使选择了该假设，他认为也不能轻易排除其他假设。

卡莱斯基最初提出了一个企业家投资行为假设，认为企业家的主观风险是资本积累率的增函数，按照卡莱斯基提出的观点，投资率是预期利润增长率和市场利率之间差异的一个增函数。在任何一个给定市场利率的前提下，这个假设使得资本积累率是资本利润率的单值函数，因为后者在平

---

① 中性技术进步是指劳动和资本的生产效率同比例增加。

衡增长的状态下是增长率的一个单值函数。卡尔多认为这个引致投资函数是一个拟凹函数，函数在某点切线的斜率反映了递增的边际风险。这个假设产生了经济增长率的均衡点，它源于给定资本积累，如果正好两者相等，它将诱使企业家按照这个特定的比例进行积累。在这个假设下，均衡增长率仅取决于相对于技术进步的风险偏好函数的位置，风险偏好函数控制引致投资，技术进步函数控制不同资本积累率的产出增长率。另一种企业家投资行为假设是卡尔多论文《一个经济增长模型》中提出的一个变形，它利用风险函数的原则，不使用投资决策量之类的变量，仅适用于为了维持产出能力和预期产出之间所需恒定关系而超出投资的那部分之差。每当销售额上升时，企业家会通过提高企业产能，增加企业资本投资，使之与增加的销售量相一致。

卡尔多指出，企业家脑海里的期望利润率是基于两件事：单位产出所需要的资本量和单位产出的期望利润。不能仅仅根据企业家期望独立预测最终均衡的性质，因为能够实际实现的期望绝不是唯一的。从这个意义上讲，卡尔多认为预期无疑是基于过去的经验，而且是基于静态的，而不是完全市场的经验。另外，因为对未来的预测是基于最近发生的事情，或者过去很长时间的平均经验。短期围绕某种产出标准值的波动经验越少，则预期弹性越大。卡尔多指出，正是因为这个原因，与销售量而不是与销售额利润率有关的商业预期更具弹性。

所以，卡尔多认为当产出和资本以同样速度增长，营业额利润率不变，资本利润率维持不变，系统向某一位置移动的趋势可以通过如下命题判断：当产出增加比资本存量增加快，投资预期利润将比现有资本实现的利润率更高；预期利润率增加导致了相对于稳定增长状态需要投资率的增加，反之亦然。

### 9. 卡尔多资本积累与经济增长的最终模型

卡尔多最终增长模型的均衡关系设定如下。首先设定储蓄函数、技术基本函数和投资函数三个函数模型：

当 $1 > \alpha > \beta \geqslant 0$ 时，储蓄函数写成如下形式：

$$\frac{S}{Y} = (\alpha - \beta)\frac{P}{Y} + \beta \tag{25}$$

当 $\alpha' > 0,\ 1 > \beta' > 0$ 时，技术进步函数写成如下形式：

$$G_0 = \alpha' + \beta'(G_K - \lambda) \tag{26}$$

根据(26)式，产能增加 $G_0$ 所需的人均资本积累（ $G_K - \lambda$ ）不等于

$G_0$，但是等于 $\dfrac{G_0 - \alpha'}{\beta'}$。因为 $G_K \equiv \dfrac{I}{K}$，投资方程的第一项，在期间（$t + \theta$）的引致投资率将等于 $(G_0(t) - \alpha') \dfrac{K(t)}{\beta'} + \lambda K(t)$。投资等式的第二项取决于期望利润率的变化。随着时间改变，销售收入的预期利润率是 $\dfrac{Y}{K}$ 的增函数。$\dfrac{P}{Y}$ 期望值是基于过去的平均值。为了方便，假设后者的关系是线性函数，整个函数用如下形式表述：当 $\mu > 0$ 时，有：

$$I(t + \theta) = (G_0(t) - \alpha') \frac{K(t + \theta)}{\beta'} + \lambda K(t + \theta) + \mu \frac{\mathrm{d}}{\mathrm{d}t}\left(\frac{Y(t)}{K(t)}\right) \quad (27)$$

方程的第一项是在给定任意产出时，足以维持产出增长率的投资量。当 $G_Y > G_K$ 时，方程的第二项是正的，$G_K$ 将随着时间推移增长。与（26）式一致，当 $G_K$ 增加时，将以相对比例小地增加 $G_Y$，所以，同时与第一项一致，第二项递减时将导致投资进一步增加。因此无论从哪个初始位置开始，这个过程将逐渐引导到等式（27），第二项将随着 $\dfrac{\mathrm{d}}{\mathrm{d}t}\left(\dfrac{Y(t)}{K(t)}\right)$ 消失到零的位置，所以 $\dfrac{\mathrm{d}v(t)}{\mathrm{d}t} = 0$。简而言之，$G_0 = \dfrac{\alpha'}{1 - \beta'} = \gamma'$，产出增长率和资本增长率为：$G_Y = G_K = \lambda + \gamma'$。

卡尔多指出这个动态模型像早期模型一样产生一个移动均衡状态：产出增长率、资本产出率、分配份额等都随时间推移而不变，主要区别在于人均产出、人均资本和人均工资不再是不变的，而是随着均衡生产增长率 $\gamma'$ 的增长而增长。但卡尔多指出，这些假设不足以产生一个完全均衡模型。

卡尔多为了使这个模型封闭，导入 2 个变量和 3 个另外的方程关系。卡尔多认为这是遵循严格的凯恩斯主义。一方面必须保证模型的反应机制遵循凯恩斯传统，引致投资独立于储蓄倾向；另一方面，吸收了凯恩斯关于利率、基于流动性偏好的风险资本的供给价格以及风险回避等观点。其中，相关不等式是模型封闭必需的边界条件，$\rho$ 为一般意义上的边际风险溢价。

$$\frac{P}{K} \geqslant \gamma + \rho \quad (28)$$

为了使得投资方程（27）成立，仅有方程前面进入的边界条件还不够。为此，卡尔多设定了三个相关关系：

第一个关系是把方程(28)转换为一个均衡条件：

$$\frac{P}{K} = r + \rho \tag{29}$$

第二个关系是有关市场利率 $r$ 的行为。这里卡尔多沿着正统凯恩斯的思路，假设利率是由流动性偏好的函数。利率受一些条件的制约，如与持有长期金融资产相关，由风险溢价决定的最低利率 $\bar{r}$，利率不能低于这个水平。因此，它们的关系可以用以下任一形式表达：$r \geqslant \bar{r}$。当 $r > \bar{r}$ 时，有：

$$r = \pi\left(\frac{M}{Y}\right) \tag{30}$$

第三个关系是关于 $\rho$ 的行为，尽管这个方程完全基于先验理由，但卡尔多并没有足够的证据来支持它。卡尔多主要是基于以下几点考虑：任何特定引致投资所需的利润率应高于风险投资的利润率；由于缺乏流动性，对厂房、设备等固定资产的投资比金融资产或营运资本的投资更具风险；流动资金周转率随生产技术的变化而变化，以至于流动资本与产出永远呈线性关系；所以任何固定资本流动资本比的提高都与资本产出比的提高有关。所以，当达到实际利润率等于最低利率的特定积累阶段，资本产出比将唯一与利润率有关，仅在从 $\lambda$ 到 $\gamma'$ 可能期间，每期实际投资才受新投资机会的限制。

这里，固定资本为 $F$，流动资本为 $C$，流动资本的周转期为 $k$，$\rho F$ 和 $\rho C$ 分别为在两种类型资产投资的边际风险溢价，附加条件和关系是：

$$K \equiv F + C$$

$$C = kY$$

$$\nu \equiv \frac{K}{Y} \equiv \frac{F + kY}{Y}$$

$$\rho F > \rho C$$

所以，$\rho \equiv \dfrac{\rho F F + \rho C kY}{F + kY} Y = \xi_1\left(\dfrac{F}{Y}\right)$。

当 $\xi'_2 > 0$ 时，有：

$$\rho = \xi_2(v) \tag{31}$$

在(31)式中表示的关系以与新古典模型中 $v$ 等式相反的方式运作，$\phi'$ 是正而不是负。在这里，卡尔多认为关于 $v$ 的方程不能再成立，卡尔多的理由是当技术进步是一个连续过程时，资本存量与产出之间没有唯一函数。在这种情形下，它取决于增长率、收入中利润份额的变动、资本利润率的变动等要素。

卡尔多给出了最终的增长模型，它包含 10 个方程和 10 个变量。10
个变量是：$Y(t)$、$O(t)$、$L(t)$、$P(t)$、$v(t)$、$s(t)$、$\omega(t)$、$G_0(t)$、
$\rho(t)$、$r(t)$，10 个方程是(32)式至(41)式。为了简化，卡尔多继续假设
$\beta$ 是零，假设工资中没有储蓄，采用方程(30)简化的形式，把利率当作
常数。

卡尔多的 10 个方程如下：

$$L^*(t) = L^*(0)e^{\lambda t} \tag{32}$$

$$G_0(t) = \alpha' + \beta'(G_{K(t)} - \lambda) \tag{33}$$

$$s(t) = \alpha \frac{P(t)}{\rho(t)} \tag{34}$$

$$\frac{\mathrm{d}\rho(t)}{\mathrm{d}t} = 0 \tag{35}$$

$$r(t) = \bar{r} \tag{36}$$

$$\rho(t) = \xi(\nu(t)), \ \xi' > 0 \tag{37}$$

恒等式：

$$P(t) \equiv Y(t) - \omega(t)L(t) \tag{38}$$

均衡条件是：

$$s(t)Y(t) = L(t) \tag{39}$$

$$L(t) = L^*(t) \tag{40}$$

$$\frac{P(t)}{K(t)} = r(t) + \rho(t) \tag{41}$$

以上所有的 $t \geqslant 0$ 限制不等式为：

(a) $\quad \omega(t) \geqslant \omega_{\min}$

(b) $\quad \dfrac{P(t)}{Y(t)} \geqslant m$

(c) $\quad \dfrac{W(t)}{Y(t)} \leqslant \dfrac{\dfrac{\mathrm{d}Y(t)}{\mathrm{d}L(t)}(Lt)}{Y(t)}$

(d) $\quad \rho F + \bar{r} > \dfrac{\lambda + \gamma'}{\alpha} > \rho C + \bar{r}$

卡尔多指出，如果方程组的解落入(a)–(d)限定的边界条件范围，就
是一个可决系统。人均产出增长率：$G_0 = \dfrac{\alpha'}{1 - \beta'} \equiv \gamma'$，产出增长率为：$G_Y$
$= \lambda + \gamma'$。同时，$G_Y(t) = \dfrac{s(t)}{v(t)} = \lambda + \gamma' \equiv N$，最终，资本利润率为：$\dfrac{P(t)}{K(t)} =$

$\dfrac{s(t)}{\alpha v(t)} = \dfrac{N}{\alpha} = \bar{r} + \xi(v(t))$。所以，通过解 $v(0)$ 最后的等式，可以得到所有系统中的未知数。

从卡尔多对资本积累和经济增长的研究过程看出，他首先从现实中观察得到的典型化事实出发，然后设定一个与现实不太吻合，但是具有理论基础的模型假设，这个最初设定的模型是一个基准模型，能够反映变量之间最基本的方向关系。卡尔多然后逐步放松了假设，包括完全就业假设、完全竞争假设、技术进步假设，同时，结合现实经济约束，设定了一系列不等式的约束，限定模型的发散。但不容否认的是，任何理论模型都不可能与现实完完全全一致，因为这样就会影响模型结果解释的普适性。为此，卡尔多就对部分不等式进行了封闭，最后形成了卡尔多的基于资本积累的最终经济增长模型。卡尔多关于资本积累和经济增长的模型，得到了学者们的高度赞誉。

## 第三节　卡尔多对分配理论和经济增长理论的贡献

在第二次世界大战期间以及战后，卡尔多主要从事战时经济和战后重建的应用经济研究。在 1947—1949 年，卡尔多担任日内瓦欧洲经济研究委员会的主任，在 1950 年回归学术之后，他又将关注的重点放在了理论经济上，他当时关注的重点是古典经济学增长理论、收入在工资和利润间的分配函数。由于 19 世纪的边际革命，当时的边际生产理论是分配理论的主流。在新古典理论增长经济的领域，哈罗德在 1939 年论文中提出的动态经济理论开始支配经济学界。卡尔多是从 20 世纪 50 年代开始直到 60 年代末，开始解释传统资本主义系统的动态性，他希望既要打破古典增长理论的悲观主义，又要为新古典增长与分配理论提供一个新的选择。卡尔多认为基于长期均衡的分配理论、完全竞争和规模报酬不变回报作为对现实世界充分描述的假设不合理。

卡尔多于 1956 年发表的论文《分配的替代理论》，对之前分配理论进行了明晰的梗概和评述，其中包括卡尔多从斯拉法那里学来的对李嘉图系统清晰的阐述。在这篇开创性的论文中，他展示了源自凯恩斯 1930 年《货币论》和卡莱斯基 1942 年《利润论》关于企业家投资是利润的结果而不是原因的洞见，卡尔多希望基于凯恩斯理论建立自己的宏观分配理论。他提出了许多新的观点：如果资本家的支出超过了雇佣工人的成本，仅能够赚取利润。如果工人储蓄时，工人的消费不能被成本所覆盖。如果储蓄投资，利润的储蓄倾向高于工资中的储蓄倾向，投资率必须与一个独特的工资和利润间的收入分配相联系。卡尔多分配理论的重要理论贡献在于，它不是基于生产要素的相对稀缺，而是基于动态累积理论，这个理论与新古典分配理论形成了鲜明的对比。同时它也与李嘉图和马克思的理论中利润率是一个剩余的分配理论形成了对比，但是卡尔多的分配理论中工资起着被动的作用。卡尔多的增长理论模型是简洁和漂亮的，承受了新古典学派的各种攻击。模型的建立和发展逻辑是先建立一个理论化的基准模型，这个基准模型与现实相差较远，然后逐步放松假设条件，向经济现实逼近。他最初的假设是完全就业，所以凯恩斯乘数仅能影响价格和工资而不是产出，但是随后卡尔多证明了这个模型可以推广到非完全就业的情形。收入分配的改变也提供了一个保证自然增长率的均衡机制，它是对哈罗德动态经济学论文中观点的挑战。在充分获得劳动和资本的前提下，通过劳动和资本替代的增长均衡，新古典反映的是基于资本产出变化率，储蓄率变化带来了收入分配变化的一个选择机制。卡尔多经济增长模型的设计是为了解释经济历史他所说的六个典型化事实，即：劳动生产率呈稳定增长趋势；工人人均资本数额的稳步增长；一个稳定的资本利润率；资本产出比的相对稳定；在收入中工资和利润相对稳定的比例；与不同投资水平相联系，不同国家产出增长率和劳动生产率的巨大差异。卡尔多把这六个典型化事实及当成了研究的起点，最后又把它当作阶段性解释的终点，从而形成了一个完美的闭环。

在 1957 年发表论文《一个经济增长的模型》之后，他在 1961 年的论文《资本积累和经济增长》中提供了一个完全的非新古典模型来解释上述典型事实的倾向和趋势，其中不仅用了分配理论，而且包括了他首次提出的新颖的技术进步函数概念，克服了由于资本深化引起沿生产函数的运动与由于技术进步导致沿生产函数位移之间的人为区别。在卡尔多的模型中，资本积累和技术进步是通过与人均产出增长率和人均资本增长率相关的技术进步函数相互联系。这个联系是直接的，但是随着积累的增长，技术进步速度也在下降。如果给定与期望利润相关的投资函数，资本积累将达到一个与劳动生产增长率一致的比例。利润和工资分配份额的灵活性提供了必要的储蓄，以匹配经济增长速度所需要的投资，这代表着模型长期均衡的增长率。当资本积累和劳动增长率以相同比例增长，当长期均衡时，资本产出比是不变的。在给定资本产出比和利润份额是常数时，模型证明了长期利润率是唯一的，而且直接由技术进步函数中参数确定的产出增长率决定，反过来，由源自利润的储蓄倾向决定。

　　莫迪尼亚尼、米德、托宾、索罗和萨缪尔森等新古典主义者通过剑桥方程来发起对凯恩斯主义者的挑战，而约翰·罗宾斯、理查德·汉等则为之辩护。卡尔多证明即使工人储蓄，只要他们的储蓄倾向低于投资在收入中所占的比例，这种理论也成立。在英国剑桥和美国马萨诸塞州剑桥之间，双方的争论主要集中在这些问题以及有关资本理论的相关问题上，这些问题一直是吸引人的论题，最后发展到著名的两个剑桥之争，首先是局部、少数学者，最后成为两个不同学派的全面之争。

# 第五章 卡尔多对英国经济增长 缓慢的原因分析

## 第一节 英国经济增长缓慢可能的原因

### 1. 英国同西方其他发达国家经济增长的比较

20 世纪六七十年代，英国同其他发达国家比，经济增速相对缓慢。1952 年至 1963 年，卡尔多在联合国工作，他对现实的经济问题特别是英国经济增长缓慢的问题非常关注，希望找到其中的原因。卡尔多从不同维度进行分析，把英国经济增长的相关指标同其他发达国家进行对比，用自己掌握的理论解释和分析英国经济下滑的原因，并且试图寻找解决的方案。卡尔多把 20 世纪六七十年代英国的经济增长同其他经合组织发达国家的经济增长关键核心指标进行了具体而详细的比较，结果见表 5.1。由表 5.1 可以看出，英国的各项指标几乎总是接近经济合作组织的底部。①

从表 5.1 还可以看出，英国的年均 GDP 增长率为 2.7%，比意大利、奥地利、法国、荷兰 4% 至 6% 的增长率都低，更小于日本年均 9.6% 的增长率。为了检验是否由于年份平均的原因而导致英国的增长率偏低，卡尔多把英国的数据调整为 1960 年至 1965 年的 5 年数据后，发现英国 GDP 的增长率是 3.3%，尽管看起来明显要好点，但也好不了多少。对调整后 5 年的数据进行分析可知，英国的劣势同其他发达国家比显得更明显，某些国家如美国、加拿大、比利时，原来每年 GDP 增长大约 3% 至 3.6%，

---

① 经济合作与发展组织(Organization for Economic Cooperation and Development)，简称经合组织(OECD)，是由 36 个市场经济国家组成的政府间国际经济组织，旨在共同应对全球化带来的经济、社会和政府治理等方面的挑战，并把握全球化带来的机遇。成立于 1961 年，目前成员国总数 36 个，总部设在巴黎。

用 5 年数据调整后的 GDP 增长速度更快。发达国家经合组织成员国在 20 世纪六七十年代的 GDP 增长率至少是每年 4.5%，日本则保持了接近 10% 的增长率。

表 5.1　　　**OECD 部分国家的 GDP、制造业、就业等数据**

**（1963/1964—1973/1974 年）**

| 增长率　　　国家 | 10 年平均 GDP 增长率（不变价）（%） | 10 年平均制造业经济增长率（%） | 制造业高出 GDP 的增长率（%） | 制造业经济增长率/年（不变价）（%） | 就业率（人均周工资调整）（%） | 生产率（人均产出）（%） |
|---|---|---|---|---|---|---|
| 日本 | 9.5 | 13.6 | 4.1 | 13.6 | 5.8 | 7.8 |
| 意大利 | 5.6 | 8.2 | 2.6 | 8.1 | 3.9 | 4.2 |
| 联邦德国 | 6.0 | 7.3 | 1.3 | 7.4 | 2.8 | 4.5 |
| 奥地利 | 5.4 | 6.2 | 0.8 | 6.4 | 2.2 | 4.2 |
| 法国 | 4.9 | 5.6 | 0.7 | 5.7 | 1.8 | 3.8 |
| 荷兰 | 4.5 | 5.5 | 1.0 | 5.5 | 2.5 | 3.2 |
| 比利时 | 3.6 | 5.1 | 1.5 | 5.5 | 1.4 | 4.1 |
| 丹麦 | 4.1 | 4.9 | 0.8 | 5.1 | 1.2 | 3.9 |
| 挪威 | 3.9 | 4.6 | 0.7 | 4.6 | 0.2 | 4.4 |
| 加拿大 | 3.6 | 3.4 | -0.2 | 3.4 | 2.1 | 1.3 |
| 英国 | 2.7 | 3.2 | 0.5 | 3.2 | 0.1 | 2.8 |
| 美国 | 3.1 | 2.6 | -0.5 | 2.6 | 0 | 2.6 |

资料来源：根据 https：//stats.oecd.org 网站及卡尔多相关文献数据整理。

经济学家和普通大众一样，都希望发现 GDP 增长率缓慢的原因，但卡尔多认为目前找到的原因似乎都缺乏解释力，"有些人责备商业管理不充分；有些人认为教育根本很少关注科学和技术，太多关注人文；有些人认为，普通大众反对主动竞争，仅仅把职业作为挣钱工具；有些人关注超人员配备和其他对商业贸易限制竞争的协议；有些人宣称，全国公民不喜欢辛苦劳动；有些人认为投资不充分，或者没有合适的投资产品种类；有些人认为，政府的经济政策引起过分通胀或滞胀，或两种都有"。① 卡尔

① 尼古拉斯·卡尔多. 英国经济增长缓慢的原因[M]. 剑桥大学出版社，1966：283.

多认为这些分析或许都有一定道理，但是很难得到检验和验证。卡尔多还发现，尽管不同国家经济增长的结果都是缓慢，但是原因却显著不同，如英国和美国。在 1953 年至 1963 年，美国的 GDP 增长率几乎同英国一样低，但是没人认为这是由于商业管理不足、创新缓慢、对实践不重视等。卡尔多希望找到没有国家情景差异的背后原因。

卡尔多认为制造业在经济增长中的作用显著，于是他用制造业增长率减去 GDP 增长率，发现除了加拿大和美国是负的，其他在欧洲的国家都是正的。卡尔多猜测，如果把这个差异值与地域相联系，就可以得出结论。加拿大和美国是地域紧密相邻的美洲国家，而其他欧洲国家也是紧密相邻的，因此原因可能在于地域。欧洲和美洲发达国家之间的差异，原因可能是产业之间的互补，也可能是知识技能的传播，抑或其他。这些原因可能比卡尔多的计量分析更为重要，可惜他没有注意到，而是从其他的角度进行解释。卡尔多对 GDP 增长结果的关注点不是这些解释和争论的有效性，而是期望根据不同国家的经济发展阶段，抽象出一种更客观的科学的观点，以此来解释某个国家或某些国家 GDP 增长率差异的原因。

卡尔多认为英国经济增长缓慢至少可能有四个方面的原因。第一个可能的原因是：英国的经济发展过早成熟，较早地使用了超量资源，以至于发展后劲和动力不足，这主要是由于制造业生产率高于非制造业部门的增长率。经济快速增长与第二产业部门快速增长相联系，制造部门具有一个经济发展中间阶段的属性，它具有从不成熟向成熟经济转变的特征。所以，卡尔多据此认为英国经济增长遇到的麻烦是，它比其他国家更早地达到了一个较高的成熟阶段，在达到特别高生产率或人均实际收入之前，经济快速增长已经耗尽了潜在资源。卡尔多认为一个可以明显观察到的客观事实是，不同经济部门中人均真实收入已经大致达到同样水平，产业间收入的差异不存在了。为了验证这个假设，卡尔多采用了经合组织 12 个发达国家的数据进行实证分析。尽管卡尔多使用的方法是简单的 OLS 回归方程分析，在今天看来并不复杂，但是在当时的经济学背景之下，体现了一定程度的科学性。这是因为，方法是否复杂本身与结论正确与否并无直接因果关系。卡尔多通过实证检验发现，GDP 增长率和工业生产增长率有直接和非常显著的相关关系。

卡尔多提出了可以相当准确地预测经济增长率的观点，即如果知道工业生产增长率，就可以预测经济增长率。当然，这里卡尔多或许有一个逻辑问题，能够预测工业的增长率，就同样可以预测经济增长率，它们是同步指标。卡尔多指出，制造业产出增长率与 GDP 增长率相关不令人惊讶，因为制造部门是经济的主要组成部分。在经合组织国家中，工业在国民经济中所占比例大约在25%~40%。但是，卡尔多的实证分析超出了这些内容，他发现另外一个事实，总经济增长率和制造产出增长率超出非制造部门增长率的超量存在正相关性，这并非卡尔多首次提出的观点，在20世纪60年代黛博拉·佩奇在她的著作中已经发现了类似的规律。①

第二个可能的原因是英国缺乏技术进步。卡尔多认为，统计关系不等同于因果关系，除非它能够证明这个统计关系与一般理论假设一致，并能够被其他证据证明。根据经典的增长函数方程，如果大部分增长率差异能够被不同生产增长率解释，原因不是劳动人口变化的差异，那么主要的解释原因应该来自技术领域。卡尔多认为需要分析的是，整体人均产出提高的速度依赖于工业生产的增长率是否有一般规律。卡尔多分析其中可能的原因是，工业活动的生产率水平高于其他方面的活动，高效率制造部门的快速扩张拉动了平均增长率。但卡尔多也认为产业间和产业内生产率增长有差异，各部门之间人均产出水平的差异根本不能解释部门内产出增长率的变化。卡尔多认为可能是由于技术进步和生产增长率不仅存在于制造业，也存在于其他行业。卡尔多通过对许多国家经济数据的检验发现，农业和采矿业的生产率增长比工业部门高，甚至比整个工业活动都高。

第三个可能的原因是人力资本差异，但随后卡尔多又否认了这一个原因。卡尔多否认的理由很简单：无论多么高深的理论，如果与现实数据不符，只能是理论而不是现实有问题。卡尔多用经合组织相关国家的数据来检验，证明了人力资本对经济产出的影响。卡尔多对经合组织的数据进行了分析，他指出如果某些国家工业部门总人力资源投入比例最大，这些国家的经济增长率就更高。但是，如果按照这个原则去检验，英国应该接近经济增长的顶部，而不是在经合组织12个国家中排在底部。英国当时的经济增长数据完全否认了这个判断，显然这个假设有问题。

第四个可能的原因是：规模经济在起作用，造成了经济增长的不平衡。总产出增长导致经济规模的增长，存在经济规模引起的生产率增长，卡尔多认为其中核心的因素是规模报酬递增。卡尔多这个想法的思想源头，应该归于他在伦敦政治经济学院的经济学老师阿林·杨格，阿林·杨格在伦敦政治经济学院是讲规模报酬递增的第一人，当时，卡尔多是他的学生。舒尔茨认为阿林·杨格的规模报酬递增理论受到了不公正待遇，舒尔茨曾指出，令人不解的是在阿林·杨格精辟的文章发表之后，经济学界

---

① 黛博拉·佩奇. 经济增长：最后一百年[M]. 经济评论国家研究所，1961：41.

竟然对这个发现长期保持沉默。古典经济学家们很熟悉这个命题，制造活动遵循规模递增回报法则。这个原则首次在亚当·斯密的《国富论》里面有过论述，单位劳动回报依赖于专业化程度和多个不同生产流程中的劳动分工。斯密用了著名的做针的例子来解释它：市场越大，差异化和专业化程度越高，生产率就越高。卡尔多认为除了马歇尔和阿林·杨格等学者，其他绝大部分新古典主义者往往忽视或者淡化这个现象，哈恩和马尔萨斯曾一针见血地指出了其中的缘由，忽视的理由无疑是把递增回报嵌入主流完全竞争和边际生产率要素定价分析框架的困难。斯密以及随后的马歇尔、阿林·杨格等都强调静态和动态要素规模递增回报在工业活动中的作用。劳动越分工越有效，部分是因为它能够产生更多普通技术和专有技术，相应地产生更多创新和设计，阿罗已经证明，学习是经验的产品。如果生产快速扩张，生产率快速增长也就意味着生产率水平从一开始就是产出积累的函数，而不是单位时间内产量的函数。阿林·杨格强调，如果是由于产业递增报酬差异化造成的规模经济出现，递增回报仅仅是一个宏观现象，那么新生产流程和新子产业的出现就不能通过观察单个厂商规模或某个特殊产业变化来被充分识别，它们也可能受益于一般产业规模的扩张，如阿林·杨格所说，"被视为一个相互关联整体。随着劳动分工深入，像构成其中一部分产业一样，代表性厂商失去它的身份"。① 阿林·杨格的这个结论本身就是对马歇尔代表性厂商的反对，可惜由于阿林·杨格的英年早逝，进一步的研究不多，但卡尔多对阿林·杨格规模报酬递增观点的接受程度非常之深。生产率增长和产出增长之间是一个动态关系，很早就被凡登所研究。在 1949 年凡登考察了一系列国家的工业增长的经验数据，并利用这些经验数据提出了这样的一个统计规律：劳动生产率增长与产出增长之间存在着一种线性关系，劳动生产率产出弹性的平均值在 0.45 左右，这个生产率和产出之间的经验关系已经成为著名的凡登定律。在凡登之后，许多经济学家做过不少的验证，虽然样本各自不同，但大致上支持这一发现。凡登的工作已经被许多学者言及，其中有索尔特、贝克曼等人，但这些学者没有强调凡登定律仅对包括公共设施、建筑和制造产业等第二产业部门有效，而不包括初级或第三产业。卡尔多继续前进了一步，他认为不是生产率水平和产出规模之间有静态关系，而是在生产率的变化率和产出的变化率之间有动态关系，这就是卡尔多-凡登定理，也就是人们常说的工业引导型增长模型。这个结论可以体现出卡尔多的一种思

① 阿林·杨格. 递增回报和经济进步［J］. 经济学杂志，1928(38)：159.

路，他总喜欢在一般经济学家结论上递进一层，这个递进有一定的原创性，而创新性显然低于首个全新概念逻辑模型的提出者，但卡尔多似乎乐此不疲。

卡尔多回归方程的这些系数非常接近凡登和其他研究者发现的结果。也有学者不太认同凡登定律，认为生产率增长和产出增长之间的统计关系，不一定就是因果关系。他们的观点是，凡登法则可能只是简单反映数据间的事实，通过对相对成本和价格的影响，引致生产率快速增长，带来需求增长的速度加快而已。卡尔多承认，这的确是一个致命的问题，统计关系同因果关系之间还有一定距离。其实，这些学者的观点是，生产率会自主增加，而非规模增大的结果。卡尔多并不认同这些学者自主因素导致增长的结论，他认为这些学者的判断有逻辑上的缺陷，并不能解释经济现实。卡尔多指出，如果国家每个产业的生产增长率完全是一个自主因素，那么其内在原因一般假设是通过科技知识进步推动增长。但是，这个理论假设与事实之间发生了冲突。卡尔多列举了一个反例来否定这个观点：在同一个时期的相同产业，不同国家之间的生产增长率差异巨大。卡尔多指出，如果仅由知识进步解释利润，那么如何解释在同一时期，德国和美国摩托车生产率的巨大差异？既然都是大的汽车产业，同时在两个国家细分，又被同一个公司所控制，它们必定具有同样的知识和专有技术函数。显然，这些反对者的观点站不住脚，这是卡尔多对反对者一个致命的反驳。当然，这个假设拒绝了递增回报的存在，而递增回报已经被认为是制造业的一个重要特征，它完全独立于凡登法则。同时，卡尔多认为还有一个理由批驳这些反对者生产力增长率是自主增长的观点。如果这些学者的观点成立，就需要假设在不同产业和部门生产力增长率的差异完全反映了相对价格的移动，而不是工资和其他收入的相对移动，进而任何一个产业产品的需求价格弹性或者整个制造产业产品的弹性永远比单位弹性大。生产率增长和产出增长之间应有很大差异，但经合组织的数据表现却并不明显。卡尔多同样使用了他一向判断对错的法宝：理论分析与现实数据不符，只能是理论的错误，而不是现实错误。

卡尔多考虑了实际增长与期望增长之间的关系。卡尔多对经合组织不同国家的效率排名有不同看法，他对经合组织 12 个国家进行打分，不是基于简单的生产率增长数据，而是基于凡登回归线和更复杂生产率衍生增长率的比较，把制造业整体增长率实际表现与其期望表现进行比较。卡尔多通过检验发现，有一个杰出表现者是挪威，它的实际生产率增长比期望生产率增长高 1/3；也有一个特别差的表现者是加拿大，生产力的增长率只有期望值的一半。这里有 2 个中等偏差的表现者是意大利和丹麦，3 个中好表现者是芬兰、比利时和美国。至于其他国家，有 4 个与平均值非常接近，这个群体包括日本、德国、法国和澳大利亚。最后，有一个边际好的表现者是英国。同时，卡尔多指出，这些统计结果在进行国际比较时存在内在的不确定性，他敏锐地发现这些衍生比较指标中，许多值太小，以至于以此判别一个国家的表现不一定有太大意义。

卡尔多在分析英国增速变慢四个原因的同时，还考虑了就业等其他要素的影响。卡尔多在分析英国经济增长缓慢的时候，不可回避地要讨论就业问题。卡尔多对 12 个经合组织国家的产出增长率、生产率和就业率进行了实证分析。卡尔多主要用了 2 个回归方程：生产率对产出的回归方程、就业率对产出的回归方程。经过检验，卡尔多已经证明了它们之间具有高度显著的相关性：除了一个自发的产出增长率大约在每年 1% 左右外，产出增长率每增加一个百分点，就业率将增加 0.5 个百分点。一般人都有一个经济直觉就是生产率增长和就业率增长负相关而不是正相关，这个直觉符合古典理论的论断，当资本设施固定时，生产增长率越高，则所需要的劳动力就越少，除非有新的资本设施增加。当然，在某些国家农业有相对高生产力的增长，它可能是被动吸收剩余劳动力的结果，而不一定是真实技术进步或者单位产出投资资本高的反映。

卡尔多认为制造业对其他相关产业具有溢出效应，但是卡尔多对此未深入研究。卡尔多指出，可能是制造业增长率在总经济增长率占主导地位的原因，部分是因为制造业部门本身生产力的增长率，还有部分是因为它间接地提高了其他部门生产增长率。工业对农业的影响可能是因为快速地吸收了剩余劳动力，工业对物流业的影响是因为它使货物快速进入消费。从根本上讲，工业化是通过经济增长加速了技术变革。

以上观点是卡尔多关于经济增长中供给侧的观点，这也符合古典和新古典的逻辑思路。为了更准确地分析，考虑需求因素是有必要的。为此，卡尔多还从需求因素解释了为什么在某些国家工业增长率比其他国家快，英国经济增长为什么比其他国家慢。卡尔多的观点是部分是由于需求因素，部分是由于供给因素，两者结合是英国经济增长缓慢的根本原因。

卡尔多赞同奥地利学派经济是一个动态过程的观点，他认为经济增长是一个动态过程，呈现一个链式反应，是需求和供给之间相互作用的复杂过程，有时是供给引导需求，有时是需求引导供给。在整体市场中，商品与商品交换体现了对商品或商品集合需求的增长，同时反映了对其他商品供给的增长，反之亦然。这个链式反应的本质是以需求弹性和供给约束为条件，是通过单个个人偏好等行为来完成。如果需求增加集中于有大量供给反应的商品，链式反应可能会更快。如果是由生产引导的链式反应，需求的反应更大。卡尔多认为从需求的视角看这个事情，主要有三个方面的根源：消费、国内投资和净出口，卡尔多的这个思想与凯恩斯总产出方程保持了一致，它分别是消费 $C$、投资 $I$、政府支出 $G$ 和进出口 NX 的总和：$Y^d = C + I + G + \text{NX}$。

卡尔多认为需求侧导致增长的第一个直接根源是消费，这个思想显然承袭了凯恩斯的衣钵。凯恩斯的观点是消费是收入的函数，收入决定消费。在西方发达国家中，中产阶级消费的典型特征是收入大部分花在制成品上，所以对制成品有较高的收入弹性；低收入水平阶层平均和边际收入较高比例是花在食物上；无论是绝对还是相对真实收入非常高水平的家庭，对制成品的需求收入弹性都在下降，在 20 世纪六七十年代，中产阶层一方面比例较大，同时占比不断增加，也就意味着中等收入阶层的影响在不断增加，这就产生了使得经济更快增长的交互影响：工业部门的扩张增加了真实收入，真实收入上升又加速了对工业品需求的增长。

卡尔多认为需求增长的第二个根源是资本投资，消费只能解释增长的一部分。卡尔多认为投资和增长率之间有紧密联系，凡是与增长率相关投资较高的国家经济表现好，与增长率相关投资较低的国家则表现较差。在经合组织 12 个国家中，卡尔多发现挪威有最高的增量资本产出比，与凡登定律非常吻合，而增量资本产出比低的国家，经济表现往往较差。当然，也有学者指出，递增回报是生产力增长率差异更重要的原因，而投资行为的差异只解释了余值的差异，相对而言其实投资没有那么重要。卡尔多认为，凡登关系仅仅适用于工业制造活动，或者适用于每个相对独立的制造产业。这个规则适用于制造业领域外时显然有许多限制，卡尔多认为它不适用于农业和采矿业。卡尔多认为第三产业是通过经验学习而提高的领域，规模经济并不明显。在 20 世纪六七十年代，西方发达国家第三产业的公私企业数据加在一起大约能解释 40%～50% 的总产出和就业。卡尔多指出，根据亚当·斯密专业分工的优势原则和劳动分工，像研究或教育这样的活动必须以同样方式溶于产业活动之中方为有效。卡尔多认为第三产业存在一个关键问题，即投入产出如何测量的问题。在第三产业的某些领域投入无法具体测度，在某些其他领域，投入可以测度，但是又显示生产率增长和产出增长之间没有相关性。卡尔多举了一个第三产业的具体例子来说明他的观点：配送业。如果总营业额快速增长下生产率增长，意味着雇佣规模的快速增长，但是假设是由于不完全竞争产生的，它可能并不是真实的规模经济。换言之，生产率可能提高，是对源自第一和第二部门生产增加所导致提高自主消费的反应。

高度发达工业部门有一个显著特点，它在很大程度上提供了用于资本支出的商品，从而在供给过程中产生了对自身产品的需求。一个国家进入工业化阶段，不仅满足了消费品方面的需求，而且在很大程度上满足了自身在工厂和机械方面的需求。同时，对其他相关产品的需求增长率就会大大提高，因为投资部门产能扩张本身提高了对本部门产品的需求，进一步刺激了经济扩张。这个过程实现的前提是企业家有很高的预期收益，而且这一过程不受劳动力短缺或基础材料短缺的限制。

卡尔多认为第三个根源是由于对外贸易结构的变化带来了需求增长率的上升，卡尔多认为这是一个非常重要的因素。卡尔多指出，外贸结构带来的变化不是一成不变的，而是随着外部经济环境所处阶段的变化而变化。

综上所述，卡尔多分析得出英国经济增长缓慢既有供给方面的原因，也有需求方面的原因。经济的过早成熟、技术进步的缓慢、投资不足、外部需求缺乏、劳动人口的影响、规模经济不显著等原因，都影响着英国经济的增速。

### 2. 发展中国家工业化进程的发展的四个阶段

卡尔多认为，如果一个国家是开放经济大国，那么就必然与进出口部门有密切关系。小国很容易自给自足，即使是开放经济，受国际经济的冲击和影响也较小，很容易在一个夹缝中找到生存之道。而大国经济，则必然对外有所依赖和影响。这里的大国小国是指经济体量，而非人口、地理范围等。

卡尔多将发展中国家的工业化进程划分为四个依次递进的阶段。卡尔多的"四阶段说"①抽象出了工业化国家发展的演化路径和特征，并被英国、美国、日本等主要发达国家工业发展历史所检验和证明。中国工业化的发展路径也完全吻合这四个发展阶段。这四个阶段分别是：第一阶段是进口替代阶段。工业化早期阶段总是与减少进口消费品和增加进口生产消费的机器和设备有关。所以在这个阶段，国内产品进口替代比总消费增长更快，国内制造品需求增长主要指的是所谓的轻工业，一般是纺织品。纺

---

① 笔者根据卡尔多对工业化进程的分析，概括为显性的四个发展阶段。

织业兴起几乎是所有大国经济腾飞的必经阶段，如英国、美国等。第二阶段是消费品净出口阶段。为了维持发展节奏，工业化国家必然进入第二阶段，这个阶段是制成消费品净出口的增长阶段。由于消费品市场众多，所以可以提供经济腾飞所必要的资金，这个阶段的产品，技术含量低，对知识、素质等要求不太高。因此，劳动密集型产业依然起到关键作用。但是，由于大规模生产消费品，需要大量的机器设备，机器设备的国际价格往往很高，而低附加价的产品带来的资本量偏少，无法满足国内不断发展的投资资金的需要，因此产业发展就会进入下一阶段。第三阶段是资本品进口替代阶段。资本品附加值高，低附加值的消费制成品进口已经不能满足国家工业化的需要，而且随着消费制成品的替代完成，市场容量大大降低，就自然产生了对资本品的较大需求。在这个阶段，重工业发展快于其他经济部门的增长。第四阶段是资本品净出口阶段。① 国家进入了资本品净出口增加的阶段，这个阶段是工业化的最后一个阶段，很可能会产生爆发式增长，是因为对重工业产品快速增长的外部需求，结合由于自我膨胀所产生需求的自我强化带来的增长。

供需理论会受到现实约束。根据新古典生产函数 $Y = Af(K, L)$，供给约束的可能是技术、资本和劳动要素。卡尔多则是从商品和劳动力现实约束的角度来分析。卡尔多认为第一现实约束是第一、第三产业的供给约束。供给会带来对其他部门产品更多的需求。随着工业部门的扩大，它吸收了制造业以外越来越多的商品和服务，如初级部门农业和采矿业生产的食品和工业材料；它自己不提供制造品所需，或者自己提供的产品数量不足，就需要依赖进口。卡尔多指出，第二次世界大战后的经验表明，即使在高度发达的工业国家，制成品贸易的范围也非常大。工业增长促进了对多种服务的需求，造成了第三产业的快速扩张，耐用消费品的使用日益增加，对维修和保养服务的需求也日益增长。

另一个现实约束是国际贸易和国际收支。特定商品的进口增长超过了出口的增长，这样就产生了国际收支压力。在工业化的早期阶段，尽管存在进口替代品，但该国出口潜力几乎没有任何增加，却导致进口总需求的大幅上升。当然也有人认为，这可能会减缓工业发达经济体的增长速度。卡尔多坚信，这一因素是制约英国战后经济增长的主要因素。卡尔多据此理论分析了英国 20 世纪五六十年代的情况，在短暂相对高速增长的时期，

---

① 中国目前正处于第四个阶段。尽管中国的许多产品出口占世界第一，但是资本品净出口的阶段尚未结束。

进口总是快速增长，导致英国国际收支逆差。国际收支逆差以及劳动力短缺和由此产生的通胀，迫使英国政府采用通缩措施，从而使高速增长戛然而止。卡尔多认为，如果采用其他方式或许更好：在保持高进口增长率的同时，使得出口增长率更高。

卡尔多提出拉动需求增长的两种方式。第一种模式是快速的出口增长，第二种模式是保持国内投资和消费以一个较低速度增长的同时，更快增加出口。第一种模式是强调增长速度，第二种模式是强调增长水平。在后一种情况，需要出口占总产量的比例非常大。卡尔多认为可以这样解释，出口增长率趋势决定了生产增长率的趋势，因为任何更高的生产增长率都不符合英国多年保持国际收支平衡的潜在要求。

卡尔多指出，在工业化过程中，劳动力不断地从农村转移到城市，在这一过程中农业劳动力的比例急剧下降。这一过程进行得越久，剩余劳动力就越少，就第二和第三产业的人力可用性而言，产出就越少。而且，一旦农业和工业生产率差距消失了，这个转移过程必然终止，20世纪五六十年代的英国几乎同其他发达国家一起达到了这个阶段：农业与工业人均净产出几乎完全相等。卡尔多对经合组织12个国家的劳动就业人口与增长率的关系分析中同样证明了这一点。在20世纪六七十年代经合组织12个国家中，大部分国家由于机械化的原因，对农业劳动力的需求下降速度，超过了农业劳动力减少的速度，所有国家农业和采矿业的就业率都在下降。在农业劳动力占比很大的国家，每年工业和服务业劳动力大量增加，在劳动力规模较小的大多数国家，如英国和美国，第二、三产业的就业增长率要小得多。卡尔多通过实证还发现，虽然经合组织12国在第三产业大量吸收劳动力，至少达到与工业就业增长相同的幅度，但相对于工业就业增长缓慢的国家而言，它们吸收劳动力的数量往往比增长迅速的国家要大。卡尔多认为，可能是由于服务业劳动需求的增长低于工业劳动需求增长对经济增长率变化的敏感程度。卡尔多指出，第三产业对劳动增长的需求，其背后的原因也有差异，比如教育和卫生服务标准的提高往往是源自产业内自身的动力推动，其他服务业可能在某种程度上是制造业对劳动力需求不稳定的结果。卡尔多指出，第二、三产业劳动力供给富有弹性是实现经济快速发展的主要前提。从短期需求来讲，服务业低于制造业对就业的敏感程度，有可能是一种棘轮效应在起作用：在经济增长相对缓慢阶段，制造业就业人数下降，如果仍然没有逆转，可能导致劳动力向服务业流动。如果按照这个逻辑推理，随着农业劳动力储备的耗尽，所有国家的经济增长率都将放缓。①

20世纪五六十年代的某些发达国家，如日本、意大利和法国仍然拥有大量农业劳动力，以至于它们还有相当大的潜在快速增长的时间窗口。但是美国、比利时和联邦德国都在接近英国劳动力结构形式的顶部。联邦德国生产增长率和制造业就业率已经在20世纪60年代大大放缓。美国曾经有一个时期失业率相当高，根据凯恩斯经济学理论，经济有可能加速增长。尽管美国当时还处在远离劳动力急剧短缺的阶段，但是在20世纪五六十年代失业率已经降至低水平时，增长率可能又被放缓。② 卡尔多指出，英国比任何其他国家都更早开始工业化进程，比其他国家早完成了工业化过程，已经达到工业化成熟的时间比其他国家早得多，已经达到了劳动力在第一、二、三产业部门的分配平衡，工业不再从其他产业劳动储备中吸引它所需要劳动力的阶段。

人力资源短缺是主要障碍，但并非没有对策。卡尔多的建议是，在所有领域，集中全部精力对人力资源更理性地使用，限制劳动力进入边际社会产品明显低于边际私人产品的部门。当然，卡尔多也有乐观的预测，他认为可能新技术革命、电子化和自动化将迅速降低工业中的劳动需求，以至于能够使结合快速增长和工业就业下降的情况变得可能。

卡尔多在分析英国经济增长缓慢的原因之后，对于如何应对这种放缓提出了自己的对策，他认为英国作为一个成熟的工业化国家，不应仅依靠制造产业的快速增长，而应通过更多国际分工，持续受益于规模经济。按照这个逻辑，对英国而言，工业经济规模就是快速增长主要引擎。英国的某些收益可以通过持续集中资源于少数优势领域、放弃其他领域而得到保证，同时通过增加英国产业与国家产业相互依存程度来实现。

## 第二节　卡尔多坚决反对英国加入欧共体

### 1. 区域增长不平衡问题

卡尔多反对英国加入欧共体的观点始终不变，他认为进入欧共体的弊

---

① 卡尔多的这个描述，不仅被西方发达国家的发展历史所证明，而且21世纪的中国目前也同样经历了相同的发展过程和路径。

② 卡尔多对劳动人口的分析，同样可以解释今天中国的现实，我们称之为人口红利消失的结果，就是中国GDP速度的放缓。其实，中国现在所遇到的问题，同卡尔多在当年分析英国经济增长放缓的背景非常类似。

大于利。卡尔多的理由是，欧共体等政治经济共同体和单一国家经济政策效果是不同的。加入经济共同体会使得原来英国可以采用的许多经济政策失效，从而削弱英国制造业的竞争力。卡尔多为了证明自己的观点，将经济政策在政治经济共同体和单一国家或区域两个不同背景下产生不同结果的机理做了深入分析。①

国家或区域经济增长存在差异是卡尔多典型化事实的第六个事实。20世纪六七十年代，由于英国经济增长放缓，卡尔多就开始关注不同区域不均衡增长率的问题。他发现不仅在发达国家和发展中国家经济增长有差异，而且同在一个发达国家阵营里面不同国家的经济增长也有较大差异。卡尔多认为不是资源禀赋，而是制造业规模报酬递增或循环累积的因果关系造成了区域经济增长差异。英国和其他欧共体国家之间存在着较大的生产率差异，卡尔多在更广泛的意义上讨论区域之间的差异，不仅停留于比较欧共体与英国生产率的差异，这样得出的结论更具普适性。

在欧共体国家中，某些区域或国家发展相对快，而其他地区或国家相对滞后。卡尔多指出，尽管区域或国家增长有快慢，但并没有导致文化或社会结构，以及相同阶层生活标准的不平等问题。一般而言，"一个国家内部区域发展不平衡的问题，并不是如所谓发达国家和发展中国家之间，世界上富裕和贫穷国家之间那样敏感，生活水平差异达到 20∶1 甚至 50∶1 的程度"。② 库兹涅兹等学者认为，富裕和贫穷的巨大差异是经济增长率上的差异长期累积的结果。18 世纪或 19 世纪以前，全球不同国家和地区的生活水平差异同今天的差距相比非常小。卡尔多认为需要考虑的最基本的问题不是差异的结果，而是差异的原因，也就是什么原因导致了不同区域、不同国家或不同国家集团的区域经济增长率的差异。当然范围不同，问题不完全相同，但是在某些方面，应该有共同或类似的内在原因，如果这个原因和理由存在，那么考虑这个问题就具有启发性，就可以运用这种分析技术来分析不同范围经济增长的差异。

卡尔多认为在分析原因前首先需要界定研究主体的地域范围，即要确定一个地区或国家政治或地域的范围。政治领域的范围，有邦联、经济共同体、联邦、国家等不同维度。卡尔多指出，国家间和国家内显然是不同的。根据不同的标准有许多不同的划分，不存在一种唯一的划分方法，而

① 欧洲共同体包括 1952 年生效的欧洲煤钢联营、1958 年生效的欧洲原子能联营和欧洲经济共同体(共同市场)，其中欧洲经济共同体最为重要。欧共体创始国为法国、联邦德国、意大利、荷兰、比利时和卢森堡 6 国，后发展为欧盟。

② 尼古拉斯·卡尔多. 区域政策的实例[J]. 政治经济学季刊, 1970(11)：53.

是有无数种划分方法。大多数划分只是划出相对合理的边界。同时，在一个国家内划分区域更困难，因为在一个国家内劳动和资本的流动比国家间的流动更大。经济学家在建立出清模型的假设时，都倾向于过高估计一个而过低估计其他。在国家内的某些流动不完全是市场的流动。

关于经济增长差异的原因，卡尔多首先否定了资源禀赋的决定作用，他认为无论是区域还是国家，资源禀赋不是造成贫富差距的根本原因。根据古典或新古典经济理论，很容易把增长差异解释为不同要素的作用，最终归结为资源禀赋的差异。某些区域有好气候和地理位置，居民的能力、活力、创造力不同，通过节俭等优势，因良好的政治和社会制度进一步得到加强。人类在某些地带聚集，如在赤道附近既不热也不冷。但现实告诉我们，并非赤道附近的国家和地区最富裕。当然，卡尔多并不否定资源禀赋的一定作用，他认为资源禀赋可能解释部分的经济增长。人类活动的几个世纪，基于土地的活动构成了经济重要的组成部分，如农业和采矿业，显然这些经济活动是受气候和地理要素条件影响的，适宜的土壤、降水和矿物质的获得等，这些禀赋提供了经济差异的自然解释。这个自然的原因解释了为什么某些地区比其他地区有更稠密的人群居住，为什么在一个地区和另一个地区之间，不同产品的相对优势有差异。为什么某些地区适宜种小麦，而另一些地区适宜种香蕉，或为什么某些地区拥有快速的增长需求，如有石油和铀矿的地区是幸运的。但从潜在增长率观点看，拥有其他矿物质，例如煤炭，却有慢增长或资源下降的需求。部分学者认为部分是不同区域专业化的劳动分工造成的。

卡尔多的观点是：在世界上相对富裕或贫穷国家的收入分配，大部分不是由自然因素解释的，而是由于工业活动发展不平等所导致。发达国家是那些拥有高度发达现代工业体系的国家。自然禀赋与工业发展的差异有关，但两者并不必然等同。工业生产需要大量资本，但是在解释这些资本禀赋差异时，要把原因和效果分开很困难。卡尔多认为，经济发展源自资本积累，资本积累既是经济发展的原因又是经济发展的结果，这两个过程紧密相连，因为资本积累主要是源自商业利润的资金，需求增长产生了工业投资资本和融资的需要。卡尔多认为工业一定产生于有良好资本禀赋区域的理由并不充分。卡尔多指出，工业产生于某一区域而不是其他地区，不是由于该区域居民过分节俭的结果，或是最初收入分配高度不平等的结果，而是工业化导致了高储蓄率，导致该区域变得富裕，而其他地区仍然贫穷。产业化中所需要的资本大部分由普普通通的个人所提供，这些个人不是之前获得，而是在发展过程中获得财富。用卡尔多的话讲，工业中的著名资本家，如福特或纳菲尔德都不是源自富裕阶层，他们开始都是小人物。

卡尔多认为与区位理论联系最密切的应该是生产要素的相关运输成本，但只有大宗货物运输的成本优势能解释区位优势，因为在工业中大宗货物处理中运输成本是一个重要的因素，恰当的处理能够极大降低成本。但是如果处理大宗商品不是那么重要，加工活动的位置就可能是一个无差别事项，可以靠近自然资源，也可以靠近产品市场或任何中间位置。通常认为，这些产业自然地倾向于接近产品市场的地方。

但卡尔多发现英国似乎并不完全是这么回事。一般认为，带有卫星城的大都市通常是产业活动的大中心，市场就是产业的所在地。卡尔多发现英国工程产业高度集中和围绕在伯明翰，它同时也是一个不同种类工程产品的大市场。为了解释为什么某些区域变成高度产业化的地区，而其他区域没有实现工业化，卡尔多的观点是必须引入完全不同的原因来考虑。卡尔多认为原因只能是存在递增规模回报，这是制造业加工活动中使用最广泛的术语，缪尔达尔称之为循环累积因果关系。① 卡尔多指出，不仅仅是人们通常认为规模生产具有经济性，而是规模经济增加了产业本身的积累优势、技能和专有技术，观念和经验更容易有沟通的机会，进一步强化了加工的差异化和人类活动的专业化。正如阿林·杨格在其著名论文中指出的，亚当·斯密劳动分工原理中所说的是通过不变产业的子部门来运作，以新类别的专业化兴起为形式增加的专业化程度，超过了通过单个工厂或单个厂商规模扩张的影响。所以，在所有已知工业发展史中，制造业发展与城市化总是紧密相连，它们一定有深层次的原因。②

卡尔多指出，某些区域工业化之后成为发达地区，它们和不发达区域之间的贸易不一定带来共同富裕，这与经典的理论有所差别。卡尔多认为它可能有两种结果：收敛和发散。具体来讲，一种情况可能是不同地区的联系增加，会以欠发达地区的发展为代价，发达地区对不发达地区进一步掠夺，先发达工业化地区可能获得开放带来的贸易利益，而欠发达地区会受到抑制。还有一种结果是，基于古典理论的递增收益原理，两个地区同步增长，发达地区带动不发达地区增长，两个地区之间实现贸易专业化，开放贸易对双方都有利。同时，降低两个区域间相对成本的差距，两个地

---

① 缪尔达尔. 不发达地区的经济理论［M］. 达克沃斯出版社，1957：155-159.

② 在论述这个话题时，其实卡尔多提出了另外一个重要的研究领域：工业化和城市化之间的关系。从卡尔多后续的研究看出，卡尔多似乎对此不感兴趣。

区都得到发展。卡尔多认为，工业品贸易更可能是第一种情形。贫富地区间开放工业产品贸易时，相对成本差距会进一步扩大，而不是减少。卡尔多认为事实将是如此，他假设有农业区和工业区为主的两个区域，最初彼此相互隔离，产业互有交叉。其中，农业产品的规模主要由土地、气候和技术水平决定；工业产品规模主要取决于农业部门对工业品的需求。它们之间展开贸易时，更发达的工业地区将能够以更优惠的贸易条件，供给自己和满足另外一个农业区域的需求，结果是在农业为主体的区域中，工业市场将趋于消亡。最后的结果是，一方以提供工业产品为主，另外一方以提供农业产品为主，工农产品价格剪刀差导致经济增长的差异进一步加大。卡尔多担忧英国加入欧共体之后，英国会出现类似情况，使得英国的经济更糟。

卡尔多认为农业和工业的价格形成机制是迥然不同的，但是似乎人们并不理解这一点。卡尔多指出，基于土地的活动和工业的加工活动之间是不对称的，第二产业的契约成本形成于价格之中，它是一些非常重要的独立因素，竞争不完全，卖者不是价格接受者，而是价格的决定者。农产品收入来源于价格，工业品价格依赖于合同，也即工资水平。在区域间贸易和货币流动交换的过程中，卡尔多指出，两种情况下调节机制以本质不同的方式运行。不同农业区域之间进行贸易，可以非常接近地适用古典理论，农产品价格自动随着供给和需求平衡而变化；单个市场价格变化将通过价格变化的收入效应或替代效应，自动维持两个区域之间的贸易流动平衡。当不同区域生产的商品彼此非常接近，可以相互替代，一个相对温和的价格变动将足以抵消可能的变动：如源于歉收、技术提高的不平衡或任何其他外生原因的变动等。如果不同地区生产商品互补而不是彼此替代，调节过程可能涉及在两个区域贸易方面更大的变化，它将主要通过收入效应来运行。

卡尔多指出，外部需求也是造成区域增长率差异的重要原因之一。在制造业中，外生需求变化的影响效应不是在价格上，而是在生产中得到反映。卡尔多指出，任何长期供给通常是超过需求的。从这个意义上讲，生产商出于对增长订单的回应，将按照现行价格，甚至愿意以一个低一些的价格生产更多，卖得更多。在这种情况下，卡尔多认为可以通过外贸乘数调节。外部区域任何外生变量的变动将对本地生产和就业产生乘数效应，它将应对出口的改变，调节进口。卡尔多认为，在某种假设下，这个调节方法单独使用便足以保持贸易流动平衡。这是卡尔多对希克斯在1950年提出的超级乘数对需求变动对投资和消费效应的应用。

　　卡尔多认为自主需求与外部需求类似，其作用机制与贸易乘数相当。希克斯声称，一个地区经济增长率主要是由出口增长率控制的。卡尔多继承了希克斯的这个观点，并在不同场合用这个理论来支持自己的论述。出口增长率将像加速器一样支配国内产能的增长，也支配消费增长率。出口是依赖于世界范围内对该区域生产产品需求增长的外生因素。内生因素是本地区相对于其他地区效率工资的移动，它将决定本地区产品在世界范围产品的份额是增加还是减少。效率工资移动是名义工资和生产率两个要素相互移动共同作用的结果。如果名义工资指数除以生产率指数的值偏向哪个地区，就对该地区有利，反之则不利。卡尔多认为，如果假定劳动力可以在不同产业区域间以不同程度任意流动，则不同区域间的名义工资不会有明显差异。不同时期名义工资水平可能高度可变，但在不同工种的工人之间，或在不同地区同样工种工人之间的工资差异显然是恒定的，这可能部分是劳动力流动的结果，更有可能是工会集体谈判，为了维持与传统工资可比性强大压力的结果。这意味着，即使就业增长率明显不同的地区，其名义工资增长率将倾向于高度一致。另一方面，在凡登法则下，生产力增长率越高，产出增长率越高，生产增长率的速度差异将超过与之相关的就业增长率的差异。所以，地区生产增长率之间的差异不可能像在不同地区的名义工资增长率差异那样得到弥补。相对快速增长比慢速增长的区域更易获得累积的竞争优势。在这个过程中，即使按照绝对价值来算，两个区域都在上升，但是前者相对于后者的效率工资依然会下降。卡尔多认为就工业发展而言，由于累积的运作机制，相对成功和相对失败区域都有自我强化的效应，因为工资增长的变化不足以抵消生产率增长的差异。相对于增长缓慢的区域，那些快速增长地区的相对生产成本将趋于下降，所以卡尔多认为是以前者为代价，加强了后者相对优势。

　　卡尔多的观点是，循环累积法则源自该区域本身历史发展过程的内生要素，而不是在资源禀赋方面外生要素的差异，卡尔多指出这是理解不同区域间发展差异的关键。现实发展中由于各种交互效应，情况可能更加复杂，有可能是源自贸易运输中的技术进步或人为障碍的减少，具有重要的扩散效应和集中效应。根据微观经济学原理，成本下降通常导致寡头而不是垄断，累积法则导致了许多产业发展集中的地区获得成功，成功地区可以依次通过增强它们之间的专业化，彼此得以保持优势。实际上就一个国家而言，库兹涅兹发现不同工业化国家的产业结构、产业发展阶段非常类似。卡尔多指出，战后，高度工业化的国家之间，工业产品国际贸易的巨大增长是产业内而不是产业间专业化的反映。当然，卡尔多认为过度产业活动也有负面影响。在一些特定区域，可能受到源自过度产业增长活动所带来重大外部不经济的影响：由于经济高增长地区移民人口的快速增长，随之而来的是住房、公共服务、交通环境等方面的压力和问题，在某些阶段，它将抵消由于技术进步所带来的经济快速增长。许多外部不经济性对单个生产者而言是外部的，并没有充分反映到企业的货币成本和产品价格变动之中。与之相对应，慢速增长或增长下降的地区，劳动力失业或未充分就业，对企业而言也是外部性的，同样没有充分反映到销售成本和产品价格之中。卡尔多认为区域内劳动力流动比国际劳动流动频繁得多。人口流入地区比人口流出地区真实工资增长更快，但劳动力容易迁移限制了不同人均收入区域增长率的差异。卡尔多认为在大多数国家，工会是全国性和集体的谈判组织，这也是在不同地区之间，真实收入趋于保持同步的原因。

卡尔多认为上述原因都可能是对英国经济增长不利的因素，但是在所有影响因素中，循环累积法则起到了关键作用。根据这个原理，尽管效应对英国而言是双向的，既有趋势集中效应，又有趋势扩散效应，但卡尔多的判断是对英国趋于不利的因素更多。

### 2. 对英国不利的区域公共政策

卡尔多反对英国加入欧共体的第二个原因是，欧共体的公共政策对英国不利。在欧共体内，具有共同的公共服务和共同的税基，当与其他国家贸易关系恶化时，可以自动地获得援助。这里有一个通过出口乘数起作用的内在财政稳定器[①]：支付给中央政府的税收，因地区收入和支出水平不同而不同，但是公共支出却不是这样的，它们通过公共工作、失业救济等方式反方向起作用。中央财政根据各地缴付资金来维持该地区的平衡。为了维持国际收支平衡，国家可以通过增加进口来抵销出口的下降，从而保证收入水平下降不是那么厉害。卡尔多认为，国家和地区之间一个重要的差异是，在地区层面，地方财政平衡改变影响外部融资，有一定程度自发的含义，而在国家层面，国际收支赤字导致了国家外汇储备的下降，国家需要从国外补偿融资，它绝不会自动发生。卡尔多指出，这就是国家层级和区域层级国际收支问题没有可比性的主要原因。货币学派的观点是：一个拥有独立货币的国家很难实现国际收支平衡，而在一个地区却从来没有

---

① 自动稳定器包括财政和货币政策中的自动(内在)稳定器、积极的财政政策和税收的自动变化，以及货币政策与收入政策中的自动(内在)稳定器。

这类问题。一种情形是，本地货币供应量因进口超过出口而减少，另一种情况是，货币当局通过国内信贷扩张抵消了国际收支往来账户平衡的不利反应，通过信贷扩张，增加货币供应替代货币的流出。卡尔多认为货币学派的观点是本末倒置，货币置换是一个小问题，而由此引致财政赤字带来外贸乘数受到制约才是大问题，私人国内投资的私人储蓄下降也可能加剧这种情况。在国家层面，外贸乘数将导致地方投资下降，而不仅是地方储蓄的下降。

如果同样的事情发生在地区层面，货币流出将被中央政府以一个较大的净流入替代，这就是流出的一个直接结果，它是自动发生的，没人提到，也没人关注它。卡尔多指出，这个方面区域比国家更有利。另一方面，卡尔多认为，主权政治区域能够采用各种措施抵消区域内效率工资方面不利趋势的反应，如可以通过国外商品需求向国内商品需求的转移，通过关税和非关税措施等不同形式的贸易保护措施，偶尔也会通过对汇率的调整实现。简言之，抵消不利效率工资有两个基本工具：贸易保护和商品贬值，卡尔多指出，后者无疑是优于前者的。许多学者指出，除非把所有进口商品从价进口税和所有出口商品从价出口税的补贴结合起来，否则贬值没有任何用处。为了获得最大程度的规模经济优势，两者结合的竞争力可能通过国际分工调整而产生。贸易保护减少了国际分工，迫使每个区域工业活动制造产品的生产范围更大，每个范围内规模更小。卡尔多认为，这不是偶然现象，几乎世界上所有繁荣的小国家，比如斯堪的纳维亚半岛国家，相对而言都是自由贸易，它们具有中等关税，制造业进出口占总产出或总消费的比例非常之高。卡尔多其实意识到了大国和小国经济增长的差异和路径问题，而且这是一个非常大的研究领域，但很可惜的是，卡尔多并未进一步关注和深度研究，这也符合卡尔多的做法，他喜欢搭建一个框架，然后让别人去添加内容。

卡尔多在反对英国加入欧共体的同时，又提出了一个不考虑政治而纯粹考虑经济的建议。他建议英国在某些发达区域，比如苏格兰或北爱尔兰，采用不同于其他地区的货币和浮动汇率政策，认为这样做它们将会发展得更好。但卡尔多同时认为这个良方不适合英国。他建议在英国引入一个新工具：地区就业奖励。他认为这可能会带来与货币贬值相同的优势，对抗任何效率工资的不利趋势。它的额外优势是，随之而来的贸易条件恶化的成本不是由该地区承担，而是由整个英国的纳税区承担。但地区就业奖励同样存在劣势，政治上使之有效，在操作上有一定程度的困难。卡尔多认为，地区发展政策由许多措施组成，其中投资补贴的成本是最高的和最突出的。卡尔多的观点是，为了抵消竞争力下降的趋势，作为工具的投资补贴与同样作为工具的工资补贴相比缺乏效率。因为前者刺激了错误的产业，特别是资本密集型产业。卡尔多指出这个问题需要详细调查，而不是仅仅接受它，这个判断符合卡尔多理论必须与实践相符的一贯做法。

卡尔多认为，需要进一步考虑的是，中央政府不愿意为了特定区域发展而花费巨大的补助，是因为中央政府希望更多地方财政能够独立，不是中央补助地方，而是地方资源补充中央政府的资源。如果发现地区就业奖是补贴地方出口有效的方法，它可以加强地方的长期发展，可能会产生一个巨大的效应，用地方销售税的收入来补充中央地区就业奖，很可能符合地区的利益。同时卡尔多也指出，这或许是一个危险的建议，因为在实践中，地方资金补贴增长可能简单抵消了中央政府补贴的减少。中央政府提高补贴地区就业奖，甚至是投资补贴的水平，但成本中的一部分必须以提高地方税为前提。显然，如果这些地区能做得更多，或对这些成本的贡献更明显，中央政府可以把更多的钱用于该特定的地区。这是卡尔多对地区发展远景的构想。

卡尔多论述地区发展政策在国家间和国家内的差异旨在表明，当英国加入欧共体后，原有的许多做法将失去效果，而分摊其他国家的成本，或是被其他发展地区极化为不发达地区的可能性都存在。而无论哪一种情况发生，对英国都是不利的。所以，卡尔多认为在英国成为共同体实际成员之前，应该就加入共同市场后的相关问题进行谈判。卡尔多的观点很鲜明，英国加入欧共体之后将陷入这些类似的问题，所以卡尔多至死也不改变他的观点：坚决反对英国加入欧共体。

## 第三节　卡尔多对完全国际自由贸易的质疑

### 1. 完全自由贸易有市场极化的可能

大众直觉、古典经济理论和新古典经济理论似乎都告诉我们，完全自由贸易有利于全球福利，但卡尔多并不同意这个观点。古典和新古典的传统理论声称在不同地区的自由贸易永远是对每个交易国家都有利，所以，从世界贸易的整体福利角度看，各国进行自由贸易是最好的制度安排。然而，卡尔多认为这些命题仅仅在特别抽象、与现实并不吻合的假设之下才成立。卡尔多认为在更现实的情景之下，无限制的自由贸易可能导致特定区域或国家甚至造成世界整体福利的损失。卡尔多的观点是，同某些规制贸易体系相比，完全自由贸易之下的全球福利将更差。

自由国际贸易有一定的历史渊源，绝对比较优势、相对比较优势从理论到实践都有大量受众。李嘉图的相对比较优势理论，比亚当·斯密的绝对比较优势理论前进了一步，其理论更难理解一点，人们不能一眼看出结论，萨缪尔森对此理论高度评价。① 这个理论得到了多个学者的补充和发展，包括约翰·穆勒、马歇尔等，其中影响最广和最重要的两个瑞典经济学家是伊·菲·赫克歇尔和他的学生贝蒂·俄林。这两位瑞典经济学家证明了某些假设下，如果资源禀赋或要素比例在不同地区不同，存在比较成本差异，这个差异必须反映在要素相对价格上，贸易效应必然带来相对要素价格彼此接近。每个国家出口商品需要大量这种具有相对禀赋优势的商品。萨缪尔森在要素价格均等化定理中进一步证明，基于生产函数的某些假设，自由贸易效应必然使得在不同贸易地区的要素价格相等，这个定理的意义非常深远。萨缪尔森的要素价格均等化定理的内容包括：商品自由流动是要素自由流动的替代；自由贸易导致工资、利率要素价格相等。卡尔多指出了自由贸易非常显著的一个特点："自由贸易的效果等同于要素自由流动。自由贸易减少不同贸易地区之间的实际人均收入差异，并在有利的情况下完全消除这些差异；不同国家的不同商品的生产函数完全相同，在每处的技术和生产效率都一样；完全竞争；规模报酬不变，都是齐次和线性生产函数。"②卡尔多认为这些都是建立在人为假设之上的，而这些假设经常没有被显性表述或正确理解。卡尔多指出，完全竞争和规模报酬不变的两个假设本身彼此相互关联。只有产出成本完全相同，才可能是完全竞争。卡尔多的观点是：只要允许有规模报酬递减或规模报酬递增，这个命题将不再成立。即使是自由经济的鼻祖亚当·斯密"强烈主张无限制的自由主义的政策和自由贸易，但他承认关于苏格兰方面也存在一些例外"。③

在规模报酬递增的情况下，不能用古典经济理论来探索，它超出了古诺、瓦尔拉斯，以及马歇尔的著名论述，卡尔多认为，规模报酬递增导致

---

① 保罗·萨缪尔森在哈佛大学读书时，有人向他提问："所有社会科学中哪一个理论既正确无误又非同凡响？"萨缪尔森当时并没有回答，30多年后，萨缪尔森给出了答案：比较优势原理。

② 尼古拉斯·卡尔多. 论国际贸易和经济增长理论中递增回报的作用[J]. 经济应用，1981(4)：37.

③ 丹尼尔·R. 富斯菲尔德. 经济学——历史的解析[M]. 人民邮电出版社，2009.

垄断。因为某些生产者超出他的竞争对手，获得累积的竞争优势，会将对手逐出市场。所以，规模报酬递增或边际成本下降不可能存在于完全竞争市场条件之下。商人不可能忽视这些递减成本的存在。由于大规模生产的经济性，市场份额上升意味着成功，市场份额下降意味着困境。正是考虑到市场的增长，商业生存不易，如果它想活下来就必须增长。在制造业加工活动中呈现的是规模报酬递增，卡尔多表述为成功孕育进一步的成功，失败产生更多失败。另一个瑞典经济学家冈纳·缪尔达尔称之为循环累积因果关系原则。在制成品领域完全自由贸易的结果会导致生产制造在某些区域集中，发展到极端化情况，就是某一种工业活动的增长集中在这个地区，另一种工业活动的增长集中在另外一个地区。卡尔多指出，工业革命和19世纪运输革命证明了这一点。卡尔多认为，不能说市场扩大带来的技术革命使得所有参与地区获得同样收益。在英国的工业化进程中，随着欧洲、北美、南美，接着印度和中国市场的开放，英国制造业得到了巨大发展，首先是棉花产业，接着是钢铁和机器产业，这些产业的增长受到了巨大刺激。廉价工业品的到来淘汰了当地的生产商，比如手工纺织业等，使当地制造商变得没有竞争力，这就迫使这些国家专注于原材料和矿物等初级产品的生产，但是这些产业仅能提供有限的就业工人数量。其结果是依赖于初级产品出口的这些国家仍然相对贫穷。卡尔多指出，贫穷只是一个结果，不是因为出口部门的劳动生产率低，而是由于它们在有利的产业就业容量有限。

卡尔多分析了英国和意大利的情况，英国早在18世纪结束10年之际开始工业革命，工厂中使用大量新机器、新能源和新技术。19世纪的后50年，在英国设立保护关税壁垒后，法国、德国、意大利和许多西欧小国家开始工业化，这些工业化过程在欧洲之外也发生了，美国、日本、印度、大洋洲国家和许多其他国家也是如此。在越来越广泛的地区，工业化的蔓延被两极分化效应所抵消，只不过是工业化效率更高、更有活力的国家优越竞争力的抑制效应。意大利经济一体化提供了著名极化过程的例子。意大利在经济一体化发生前，北部比南部更为发达，但差异不大。一体化后，由于充分保证了北方产业自由进入南方市场，加速了北方工业的发展，抑制了南方工业的发展。

## 2. 适度关税政策有利于国内工业化

卡尔多认为，适度关税有利于经济发展。除了英国，其他绝大部分国家在实现工业化的进程中，高关税或类似的壁垒起到了重要的作用，使得国内产品对进口产品实现替代。如德国，典型代表是 1879 年俾斯麦著名的以关税保护国内工业化的进程；法国也在 19 世纪 60 年代放弃早期的自由贸易政策；意大利和除了瑞典外的大多数欧洲小国也是如此。美国同样如此，在 19 世纪末美国成为不断增加关税的贸易保护主义者，在 1900 年麦金利任总统时关税达到顶峰。日本是最著名的例子，保护形式不是进口税，而是更多依赖源自农业税的国家补贴。如果没有这样的补贴工具，日本工业化永远无法开始。

但是，卡尔多反对高关税的措施，他认为最成功工业化的方法应该是使用相对温和的关税。关于关税水平，卡尔多提出了一个定量的衡量标准，关税不超过国内工业的盈利水平，有一个仔细设计、能够支持工业化发展、增加出口潜能，而不仅仅是对进口替代的税收系统。反对者认为经济发展不成功不是关税的原因，他们认为，不太成功的工业国家是不加区别地使用高关税保护，它们的工业初级产品成本太高，无法打入世界市场。有许多这样的国家，比如拉丁美洲国家，出现许多高度无效的产业不是选择贸易保护政策的结果，而是广泛禁止进口副产品的结果。

卡尔多对英国的关税政策总体不太满意，但对英国在历史中的某一个临时阶段使用了关税壁垒的措施赞赏有加，可惜的是，这只存留了很短的时间。自 1873 年以来，英国贸易的发展历史提供了一个极好的例子，说明在面对经济增长不利时，经济结构调整的必要性和实际局限性。当时，英国面临丧失一连串国家的出口市场，同时，面临其他工业化国家产品对英国出口产品的国内替代等逆境。在 19 世纪中叶，英国出口产品主要由棉制品组成，以绝对优于当地的低价供应给欧洲和海外市场，1850 年原棉的消费数据证明了这一点，英国原棉消费量相当大，比欧洲其他地方整个加起来还要多。但是，棉纺业是现代工厂生产，技术上不难，所以导致随后一个又一个国家通过国内生产替代了英国棉产品。尽管短时间内英国经济发展遇到了这些不利效应，但这些不良反应被所有这些国家工业化时同步对英国制造工厂和机器的需求所抵消。但是这只是一个暂时现象，每个成功的工业化国家很快机器产业也变得自给自足了，不仅仅是纺织业。某些国家在第三方市场，甚至在英国国内市场也成为英国重要的竞争对手。英国秉承自由贸易哲学的遗风，国内市场完全未受贸易保护。所以，英国机械出口目的地的变化，为各国工业发展阶段提供了很好的历史指导。在 19 世纪 80 年代，德国是英国制造机器最重要的市场，19 世纪 90 年代是美国，20 世纪初是日本，21 世纪应该就是中国了。

卡尔多认为在这点上，英国经济显示了在面对困境时的卓越弹性和适应性。英国商品被一个又一个市场逐出，尽管到处碰壁，但也做出了努力，成功地发展新市场，弥补了旧市场的损失。英国出口的重心逐步从欧洲到北非，之后到远东和大洋洲，再之后到印度和近东，最后到非洲。卡尔多指出，英国的制造业结构相应也发生了调整。因此，在过去几百年里，由于其他国家的工业化，英国大量产业进行了重构。但卡尔多认为这些远未得到完全补偿。在 20 世纪五六十年代，英国经济增长率减缓了许多：在 1913 年前的 50 年，制造业产出和 GNP 增长大约是每年增长 2%。这个与低就业增长和低生产增长率有关，绝对量和相对量都低于德国和美国等快速增长的国家。在这个发展过程中结合着其他国家在英国进口上升方面的渗透，英国出口份额连续损失。

卡尔多试图以英国经济发展的历程来支持他的观点。他认为英国历史上曾经有一个非常大的被掩饰的失业人数，由于他们缺乏社会保险，当时对失业工人的支持仅限于工会成员之内，而且这些支持只覆盖到已经被招募到工业企业的劳动力，对于其他移民所能提供的仅仅是免于饥饿。在第一次世界大战前 25 年，仅英国就有大约 600 万移民。第一次世界大战后，工业形势再也不那么糟糕了。因为战争中建立了许多在战前自由贸易体制下不会盈利的新工业。战后一些新建立的工业仍然受到保护，理由是它们要么是幼稚工业，要么是国家安全所必须保护的产业。1923 年英国保守党尝试对工业品一般性征收保护关税，但失败了。在 1932 年，英国对工业品的保护性关税最终以 20% 的从价税率实行，对化工、钢铁等行业的保护性关税达到 33.33%。在第二次世界大战期间，对进口数量予以限制，直到 20 世纪 50 年代才取消。卡尔多指出，这一商业政策的变化给英国工业带来了第二个黄金时代。随着 20 世纪 50 年代后期英国贸易的自由化，英国制造业产出的增长率有所减缓，进口渗透增加，出口份额持续下降。到 1973 年，英国进口商品在国内销售总量中的比重超过了前一个峰值，此后又加快了步伐。卡尔多指出，所有这些差异都可以用凯恩斯主义解释，而不是用新古典的术语解释，它不符合理论上连续的完全就业和一般产出处于资源约束状况的假设。

所以，卡尔多反对不考虑假设前提的完全自由贸易政策，认为这种完全自由贸易政策的最终结果，不是使得生产要素成本完全均等化，就是走到另外一个极端，富者更富，穷者更穷。同样，卡尔多也反对高关税政策，认为这样也不利于一国经济的发展，他支持温和的关税政策："事实已经证明，在一个没有技术进步、没有偏好转移的世界里，按照比较优势开展自由贸易是可以皆大欢喜的。但是在技术进步和偏好转移的世界里，李斯特的阶段性贸易保护是有道理的。"①

### 3. 外向战略导致潜在出口增加而非进口替代

哈罗德在 1933 年通过外贸乘数来解释制造业产出波动水平，同时提出一个保持国际收支平衡的机制。哈罗德假设出口是外生需求因素，它反过来产生了乘数效应和加速效应，成为一个内生要素。在缺乏其他漏出时，哈罗德的表述是：$Y = \frac{1}{m} E$。其中 Y 是总收入，E 是出口，m 是进口系数，这个公式的动态形式可以非常理想地解释工业化国家在战后增长率的差异。哈罗德的理论精髓可以概括为以下命题：任何国家或地区的产出增长率，主要是由产品的外部需求推动的；经济增长是由需求驱动的，而不是资源约束的。卡尔多不仅认同这个观点，而且认为该公式对区域和国家都适用。卡尔多指出，资本和劳动等生产要素资源不决定增长，部分因为它们在不同区域间流动，部分是因为它们永远不是最优配置的。卡尔多支持如下观点：从边际生产率是零或是负的意义上讲，总有经济部门的劳动力是剩余的；从产能意义上讲，资本是作为需求增长的一部分而自动产生的；进口变动主要受实际收入变动而非价格变动的影响。实际收入因贸易条件和国内产出的变化而变化；一个国家的出口增长本身应被视为其生产者努力寻找潜在市场，并相应调整其产品结构的结果；在一个不断增长的世界经济中，出口增长主要由外国对该国产品的收入弹性来解释，但这一收入弹性是大是小取决于制造商的创新能力和适应能力。卡尔多支持的这些观点有一个假设前提，就是该国是一个受外向经济影响很大的工业化国家。如果进出口贸易在该国所占份额很小，或它是一个非工业化的国家，这个结论是需要商榷的。

卡尔多认为，对于发达工业国家来说，通常出口的高收入弹性和进口的低收入弹性并存，它们都是产品开发成功的反映。技术进步是一个连续过程，在很大程度上是以新产品为载体，通过新产品满足某些现有需求。如果此类新产品成功了，将逐步替代满足相同需求的现有产品，在此替换过程中，对新产品的需求将与经济增长本身导致的总体需求非均衡增长。最成功的出口商能够在国外市场和本国市场中获得越来越高的渗透率。卡尔多指出，这是一个高度简化的图景，价格弹性对于传统商品的贸易也很

---

① 张旭昆. 从亚当·斯密到凯恩斯——西方经济思想史论 [M]. 浙江大学出版社，2016：468.

重要。在这些产品中，产品创新和技术变革远没有新产品那么重要。在这些部门中，新兴工业化国家在传统世界贸易中取得了重要而迅速的成就，是因为它们能够复制更先进国家的技术，却具有低得多的工资优势。正如哈福特·鲍尔指出的，制成品国际贸易的适当划分不是资本密集型贸易与劳动密集型贸易之间的传统划分，而是低工资贸易与技术领先贸易之间的传统划分。当然，不能否认，劳动密集型与低工资、资本密集型与技术领先贸易之间有或多或少的关系。高工资的发达工业化国家必须能够出口其技术领先于其他国家的商品，主要是基于新产品的设计和销售，或者是由先进技术制造生产，具有较高生产率的工艺。由于静态和动态规模经济的重要性，拥有庞大国内市场的国家也可以在出口中获得优势。

卡尔多指出，20 世纪 70 年代世界经济发展有其新的特点，新兴工业化国家不仅成为传统产品——特别是当这些国家恰巧是劳动密集型产业时——还成为技术先进产品的重要出口国。如日本的光学仪器，又如"四小龙"的电子产品在全球有较大份额。

卡尔多的结论是：在发展中国家工业化如果成功，主要原因是采取了外向战略，它会导致潜在出口增加，而不仅仅是进口替代。外向战略无疑降低进口份额，增加对老牌工业化国家的出口渗透。但同时，这些国家的新工业生产将产生额外的收入，从而增加对工业产品以及燃料和原材料的总体需求，因此将刺激老牌工业国家的出口，而不是仅仅是进口。发达国家工业化通常开始较早，如在 19 世纪，新兴工业化国家对英国机械需求增加。但是如果任意挑选两个国家，甚至比较所有发达国家和发展中国家，工业化国家降低的出口市场份额和整个世界需求的增长的变化会完全抵消。短期内，新的供应来源将引起该国进口的增加，这本身将减少其国内产出和就业。从长远来看，可以通过出口增长率的下降或进口收入弹性上升而转化为较低的增长率。

卡尔多认为，如果全世界需求增长率是一样的，全球贸易增长率保持不变，这两个因素在凡登定律作用下将必然引起就业和生产率下降。但是，制造业产出快速增加的国家数量上升也将加速世界贸易的增长，因此，工业化国家相对增长率的下降不一定意味着其实际增长率的下降。卡尔多用英国的经验再次证明这一点。1950 年至 1970 年期间，英国的世界贸易额下降，制成品进口份额上升。然而，这 20 年，英国实现了充分就业，GDP 的增长率比历史上任何可比的时期都要高。卡尔多指出，无论是 GDP 的绝对增长率，还是在世界制造业贸易中所占份额的减少率，英国都比其他任何工业发达国家都差得多。卡尔多认为其他国家的表现更优。日本的出色成就，既得益于国外对其出口需求的收入弹性高，对制成品进口需求的收入弹性极低，又得益于其对制成品进口采取了各种形式的限制措施；意大利出口超高增长率被进口需求超高收入弹性所抵消，其结果是它的增长率并不比平均水平高很多；联邦德国也是如此，出口增长率和进口需求收入弹性的绝对值均低于意大利。英国进口需求的收入弹性稳步上升，加剧了世界贸易份额的下降。但是，由这种市场表现差异引起增长率的差异还不足以避免国际收支的长期失衡。除意大利外，贸易增长大国都未能充分提高其内部增长率，使得其进口增速与出口增速一样快。就英国和美国这样的贸易逆差国家而言，内部就业政策主要通过财政措施来实现，这使国内就业和总体增长率都高于与其持续保持平衡相符的水平，英国未能充分减少进口增长，使之符合令人满意的出口增长速度。自从1973年欧佩克出现以来，英国增长率和就业水平被降至完全就业水平之下。英国为了成功维持工业化国家所需的增长率，直到1973年，才有一个对本土劳动力和国外劳动工人增长的补充。这个收支平衡约束迫使英国国内产出和就业水平低于潜在水平，产生了对世界需求增长的一个不利影响，进而对发展中国家增长前景也有不利影响。

　　20世纪80年代，尽管全球对工业品的需求不足，但是工业化国家没有采取补救措施，因为它们需要防止国家收入赤字的发生。卡尔多指出，如果长期失衡，则可能导致世界经济处于持续衰退状态，而国家的经济管理政策无法有效地应对这种情况。当时大多数政府和经济学家一直在担心经济衰退将导致错误国内工业保护措施的导入，以至于导致在收支平衡上对需求进一步的萎缩。卡尔多认为，在各国没有协调政策的情况下，这种情况在当时很可能会发生，但是卡尔多的药方不是不考虑成本，坚持自由贸易，而是在多边工业发达国家之间，引入计划内的贸易体系基础。这意味着发达国家之间，有了制成品贸易盈余和商定赤字的模式，从而消除对其内部扩张的国际收支限制。卡尔多赞同对低工资发展中国家自由进口，因为这些国家对资本货物制成品的进口有无限的胃口，它仅受其支付能力的限制。所以，与普遍看法相反，卡尔多认为不是因为来自于发展中国家进口，而是发达国家制成品进口的渗透，威胁着其他发达国家主要产业。卡尔多认为，如果希望消除对世界工业化国家扩大生产和就业的现有障碍，就需要某种贸易监管制度。由此卡尔多得出的一般结论是，无论发展中国家的工业化程度如何发展，除非发达国家之间贸易不平衡造成障碍，否则，只要发达国家奉行全面的就业政策，避免贸易引起的国际收支限制，发展中国家加速工业化与发达国家的经济利益之间就没有必然的利益冲突。卡尔多指出，发展中国家不太可能成为这种限制的原因，至少在很长一段时间内不会出现。因为除欧佩克集团外，它们不太可能产生经常账户的长期盈余。相反，它们更有可能遵循将增加出口与增加进口相匹配的政策。可以看出，卡尔多对有调节的外向出口战略持溢美之词。

## 第四节　资本主义和工业发展：英国的教训

### 1. 英国工厂制度和贸易条件

卡尔多指出，经济快速增长主要是制造业中大规模企业建立的结果，"是工厂、机器等资本品和源自教育的人的技能两个方面原因，使大产业中心国家成功地成为资本禀赋富裕的国家"。① 尽管资本是最重要的条件或高生产率的先决条件，不同国家资本禀赋的差异不能解释国家财富间的差异，但是可以用同样方式，根据不同资源禀赋解释人口密度的差异。同独立于人类活动的自然资源相比，资本禀赋是这些活动的结果。所以，卡尔多关于资本积累到底是原因还是结果的观点很明晰：资本积累是工业活动的结果，而不是工业发展的原因。卡尔多区分原因和结果有助于后面的逻辑分析。卡尔多指出如果把制造活动当作一个整体，产出增长和资本积累仅是同一个过程的两个不同方面。资本生产是通过商品生产商品。卡尔多思考某些国家在变得资本禀赋富裕和逐渐发展成相对高生活水平过程中，为什么有的成为工业化国家，而有的没有成为工业化国家。同时代的大国法国，如英国一样文化繁荣，经济发达，甚至是更发达的经济主体，但是并没有成为经济的领头率。卡尔多认为这是一个老生常谈，每代经济历史学家用当时最流行的理论重写经济历史。例如 19 世纪，在韦伯和托尼的影响下，强调新教徒伦理在现代资本主义发展中的作用非常时髦。更早的一个观点认为，技术革命是重要的原因，这些发明中最重要的是瓦特的蒸汽机。而亚伯拉罕·达比从煤炭加热中产生焦炭的发明，使得没有木炭炼铁成为可能。通过这个发明，一瞬间，西方文明由于森林开发和木材供给限制的威胁被彻底解除。在纺织工业中，通过快速纺机，即所谓珍妮纺和快速织机梭子的发明，劳动生产率得到大幅提高。无疑这些发明起到

① 尼古拉斯·卡尔多. 资本主义和产业发展：来自英国经验的某些教训[J]. 剑桥经济杂志, 1977(1)：51.

了非常重要的作用。

卡尔多对工厂生产制高度褒扬。从物理或工程技术进步的意义上讲，工厂生产制的引入能够极大促进社会生产力的发展和改变经济变化的节奏，工厂生产制是重要的社会发明。在卡尔多看来，有两个重要因素导致工厂制的建立：第一个是海外贸易，商人、资本家社会阶层的上升，紧接着在美国的殖民地，以及源自 1689 年英国的光荣革命，为竞争市场的企业发展提供了政治和制度架构的保证。第二个重要的因素是 18 世纪的土地革命，以新作物、新耕地方法、工厂和新饲养动物的方法等形式与重要的技术发现相联系，特别是它意味着对农民阶级的征用，而不是被封建恶霸地主霸占。所以，英国农民从封建地租中解放出来，而在法国大革命期间发生情况则与英国恰恰相反。在英国，通过成百上千议会特别法案，通过剥夺农民阶级传统牧场和开发土地种庄稼的机会，地主有效地占有了土地。因此，这些新圈的土地被大得多规模的单位采用新技术耕作，这产生了两个重要结果。① 第一，它导致了农业产品剩余的急剧增加：以超过农业自己食物、种子和饲料需求的产出比例增加，本质上，这些剩余的存在是城市化发展的前提。第二，它导致了大量农民失去了赖以生存的土地，被迫脱离故土，寻找新的就业机会，就是马克思指出的出卖他们的劳动。企业资本家在所有加工的阶段拥有自己的流动资本，偶尔根据工作合同预付给乡下工匠。后者拥有他们自己的贸易工具，如手纺车或梭子，可以控制速度和完工进度。后来有了新的动力来源，先是水力，后来是蒸汽动力。如果没有更新、更便宜设备的发明，没有快速的经济增长，就没有独立谋生的城市无产阶级出现。通过建立大规模的工厂，购买足够的设备，雇佣工人，在封闭监管下按照一天固定数量的小时工作，成本能够大量降低，工人将得到时薪或日薪。对资本主义企业家而言，即使没有使用更多复杂的机器，这个工厂生产制相比山村工匠而言也具有极大优点。因为它是封闭监管，在给定劳动力时就可以得到最大产量，这种情况只有在大量工人抛弃土地寻找雇主的情况下才能行得通。卡尔多认为，工厂生产制导入的长期结果更具有革命性，因为它导致了技术进步的巨大加速。一旦资本主义企业家建工厂、买设备和机器、雇工人等，就有了关于制造的一致观点，技术改变积累过程就开始了。传统意义上的生产者，主要用自己的工具和自己的劳动工作，他们本质上对变化或创新是抵制的。但是随着工

---

① 如果从马克思主义的观点分析，卡尔多的这个观点是不对的。这种圈地运动是对农民的剥削，用马克思的表述是"羊吃人"的运动。

厂制度的引入，通过做便宜商品来赚钱的思想进入了新的动态阶段，在动力机械帮助下，引入新方法和大规模生产便宜商品，个体企业通过积累资本和雇佣越来越多的工人，不断地扩大经营的规模。因为递增回报似乎无穷尽，每个企业为了保持领先，尽可能地快速积累资本。

卡尔多还从需求作用的角度进行了分析。李嘉图、约翰·斯图亚特·密尔，甚至在某些阶段的马克思，认为这种狂热的扩张是自食其果的。人们理所当然地认为，生产增加本身就导致了购买力的增加，因为在市场中是商品交换商品，货币只是一个流通中介，供给创造了需求，"在一个国家，没有资本不被使用，因为需求仅仅受限于生产"。① 约翰·斯图亚特表达这个观点更加有力：所有卖者无疑是买者，买者也是卖者。如果能突然使国家的生产力翻一番，我们就应该使每个市场的商品供应量翻一番，但是我们还应该同时把购买力提高一倍。因此，没有过度生产；生产不是过剩，而仅仅是错配。

正是在这样的背景下，卡尔多认为，萨伊-密尔的推理方法将人引入歧途。密尔认为，如果工业部门的生产相对于农业部门扩张过快，生产就会变得不协调。但伴随这一情形的价格变动，以及劳动力和资本的自由流动，它将带来自己的救济办法。就工业价格而言，农产品价格将上涨；将导致资本和劳动力从工业流向农业，直到投资回报再次达到平衡：当这些发生时，部门之间的平衡将重新建立。所以，所有商品的需求将又与供给相平衡。即使考虑到递减回报规律，由于农产品供给富有弹性，竞争性市场的运作仍将通过价格变动，确保市场供需平衡。如果相对于工业品来说，农产品是稀缺的，那么农产品的价格将随着工业品价格的上涨而上涨：这意味着真正的购买力将从工业转移到农业；这一过程将持续下去，直到农业部门的生产者能够并且愿意购买所有这些产品，因此工业生产能力往往超过工业本身的要求。

卡尔多认为，密尔的这个推理看起来没有问题，但是不能深究。卡尔多指出，密尔的这个推理过程和市场分析方式是错误的，因为农产品和工业品价格生成机理不同。长久以来对资本主义市场经济运作方式的描述是有问题的，但是很少经济学家能够令人信服地表明它到底错在哪里，在卡尔多看来，问题在于贸易条件继续改善而有利于农业，农业价格将继续上涨，直到工业品的过剩供给被消除。卡尔多指出这不可能，因为工业不是一种独立的活动形式；它包括直接对土地上生产物品的加工，如将原毛或

---

① 李嘉图. 政治经济学及赋税原理[M]. 光明日报出版社, 2009.

原棉制成成品纺织品；或者把农业生产的食物以某种方式间接地服务于产业中的雇佣劳动。就工业价格而言农业价格不能上升，如果农业名义价格上升，将导致工业名义工资的上升。许多拉丁美洲的经验已经证明这点，超额需求会导致农业价格上升，从而引起总价格上升。对农产品而言，产业部门的制成品供给意味着在给定贸易条件下，在制造业和农业之间供给数量对需求数量高度敏感，在某个特定价格上高度弹性。资本部门产出增长，无论是增长水平还是增长率都依赖于来自于资本部门之外产品的有效需求水平和需求增长率。产出、就业人数、产业资本积累都将依赖于外生需求增长的步伐。

卡尔多认为，在工业和农业之间关系上，资本部门和非资本部门之间的经济关系意味着萨伊定律将不再适用。在世界大部分地区，农村人口密度适应土地的生产力。在任何给定时间内，任何地区的产出是由生产力决定，而不是由可获得劳动的供给决定。卡尔多指出，从农村地区抽取剩余劳动力将不会导致源自土地产出的减少；任何人口相对大的减少通常是组织和技术改变的结果。所以，就过去的农产品而言，工业劳动的机会成本将是零或负的，但是它的实际成本将永远都是正的。因为就食物而言，低于某一个实际工资，工人便不能生存，更不用说工作了。卡尔多认为相对于农产品而言，工业产品供给是否具有弹性与完全就业无关。卡尔多指出，萨伊定律不适用于制造业是一个根本原因。李嘉图认为在一个国家，没有资本不被使用，因为需求受生产限制，其实李嘉图所说的情况在英国就不属实。英国商品的一部分需求来自国外，这一部分可以被视为独立于英国生产所产生的收入。对一个进口食品和原材料、出口制造品的国家来说，李嘉图的机制，即通过贵金属国际分配的变化，或者通过汇率的变化使得价格水平和国际收支平衡，无法通过降低出口价格来确保充分就业均衡。就进口品而言，给定劳动生产率，由于供给曲线向下刚性，超过某一水平，出口价格不会下降，这是外贸乘数理论的基础。卡尔多强调，这一理论与萨伊定律完全相反：资本积累和劳动力的数量将是外部需求增长的结果。

凯恩斯在 20 世纪 30 年代的大萧条中写到，他将注意力集中在预期投资不足、储蓄过多或消费倾向不足。所以，他把注意力集中在流动性偏好和利率上，认为这是萨伊定律在低投资机会或过度储蓄条件下无法运作的根本原因；凯恩斯认为储蓄投资乘数是生产和就业水平的短期决定因素。卡尔多认为很不幸的是，凯恩斯关于储蓄投资乘数的想法成功转移了人们对外贸乘数的注意力。在较长时期内，外贸乘数是解释工业发展增长和发展的一个更为重要和基本的因素。卡尔多认为，长期以来，李嘉图认为资本家储蓄只是为了投资，因此节省的利润比例将适应投资盈利能力的变化；过度储蓄导致有效需求受限是短期现象，而外部需求增长率是世界经济工业部门积累率、产出和就业增长的一个更基本、更长远的决定因素。

卡尔多发现，与传统观点相反，英国的工业增长从很早以前就由出口带动。英国的工业产出和投资波动时机清楚地表明了这一点，无论是在18世纪还是自早期铁路繁荣以来，出口量的波动都是在工业产出和投资波动之前。英国是第一个大规模用工厂生产制成品的国家，能够以非常快的速度增加出口，大部分是通过与其他国家当地小企业成功竞争。19世纪英国出口增加，棉制品销售到印度和中国，意味着在所在国当地小规模企业严重萎缩，当地手工制造布料几乎消失，对失业的人而言，没有任何替代形式进行就业机会的补偿。随着运输行业的革命，大部分地区变得可以进行贸易，之前自给自足的地区越来越多地受世界经济的影响。

## 2. 英国经济衰落的原因

英国在高度工业化发展之后，也面临着经济衰退的问题，卡尔多分析了英国衰退的原因。19世纪中后期英国工业生产在全球居主导地位，这是英国在世界制成品贸易中所占份额最高的时期，英国的出口增长最快，之后，由于其他国家的工业化，英国经历了持续一连串国外市场的丢失，先是德国工业化，接着是法国，然后是西欧小国，最后是日本。其他工业化国家基本经历了同样的工业发展阶段，所有国家产业几乎都受到保护性关税和其他形式的政府支持。斯密的表述可以体现英国人对自由贸易的观点，"不期望自由贸易在不列颠完全恢复，正如不能期望理想岛或乌托邦在不列颠设立一样"。①

英国经济的发展和衰退符合产业转移的基本规律。第一个阶段是用国内生产代替轻工消费品的进口，然后发展这类产品的出口；第二个阶段是发展重工业或资本品工业，如钢铁、工程和造船业，首先提供产品替代这些类别的进口，然后发展出口。后起工业化国家都在某个阶段为英国商品出口提供了主要市场；美国和日本等大多数国家在工业化的早期阶段，对英国制造的机械需求也大幅增加。但这都是一种临时过渡现象：随着工业发展的推进，这些国家不仅自给自足，而且成为世界市场上此类商品的重要供应商，从而成为英国在第三市场的重要竞争对手。因此，英国出口的

---

① 亚当·斯密. 国民财富的性质和原因的研究(下卷)[M]. 商务印书馆，2008.

目的地在不断变化：19 世纪 80 年代销往德国、19 世纪 90 年代销往美国，英国的机械在第一次世界大战后，销往日本、印度、澳大利亚和南非，这意味着英国对外出口的增长速度变得缓慢和不确定：在大约 60 到 70 年的时间里，英国通过发展新市场，相继成功地弥补了出口的损失。英国在外大量投资，在其他地方开拓新市场，如在印度或拉丁美洲投资铁路，但最终的结果并不理想，英国在世界贸易中所占的份额继续下降，而且其制成品出口和整个制成品生产的增长率仍然大大低于后起的工业化国家。在 20 世纪的前 75 年里，作为孕育了现代工业的英国，一个拥有如此强大竞争优势的老牌资本主义国家，遇到了严重的障碍。卡尔多认为，这是由于资本主义的两个基本特征很少被强调或正确理解。第一个问题是，在不受管制的市场经济中，工业生产的增长强烈依赖于市场的增长，这意味着需求源自外部，市场增长可能来源于它自己。第二个是凡登定律，即工人人均产出增长与总产出增长之间的强相关性。其结果是，对一国工业的有效需求增长越快，生产率和人均实际收入的增长速度就越快。所以，工业化的后起之秀国家能够比英国在其工业霸权的全盛时期发展更快，获得更高的外部销售增长率和总产量增长率，并在相对较短的时间内一个接一个地超过它。

卡尔多强调在整个 19 世纪和到第二次世界大战期间，英国的经济增长都与出口增长密切相关。鉴于英国在世界市场的份额必然会随着其他国家的工业化而不断下降，而后来成功的工业化国家的份额必然会在一段时期内持续增加，卡尔多认为这本是可以避免的，英国的生产增长和资本积累应该比那些后来工业化并成为英国主要竞争对手的制成品出口国低得多，因为世界正在追赶英国，英国经济持续增长的机会不断受到威胁，变得越来越不稳定。许多经济史学家把英国从 19 世纪最后 25 年开始相对衰落的主要原因归结为工业管理不善，与德国、美国等拥有更先进工业技术教育机构网络的国家相比，未能跟上现代技术的发展。毫无疑问，这些因素可能起了一定作用。但卡尔多认为，只要其他国家能够在保护性关税下扩大其产业，从而通过进口替代和向第三市场出口来减少英国商品的市场，英国就一定会遇到强大的阻碍。英国工业投资和劳动生产率增长逐渐落后于其他国家，导致英国的竞争力不断减弱。

卡尔多指出，在 20 世纪 50 年代到 70 年代中期的 25 年里，英国经济发展有许多独特的、出人意料的特点。世界经济出现了前所未有的繁荣，持续了几十年，只受到短暂和轻微的挫折。由于贸易壁垒不断打破，通过 GATT 协议，在创造性共同市场、欧洲自由贸易联盟和其他特惠区域，高度工业化国家之间的工业品交换日益增多；其制成品进出口增速均高于国内制成品生产或消费总量。这与 19 世纪前后形成了鲜明对比，1880—1940 年间，英国制造业的国际贸易增长速度低于世界工业生产的增长速度。英国在第一次世界大战后的政策是：在扩大专业化和大规模生产的经济方面更为成功，劳动生产率的增长速度要快得多。总的来说，制造业贸易量呈现出几乎不间断的加速趋势。因此，几乎所有快速增长的国家的经济增长似乎都是出口导向型的。两个明显的例外是英国和美国，然而，以它们自己的历史标准来看，尽管明显低于战后其他先进工业国家，但也还令人满意。

英国在 1945 年后采用凯恩斯经济管理政策意味着工业生产需求的增长，因此工业投资的水平不再依赖于出口需求的增长。卡尔多认为，追求充分就业政策涉及用消费主导型增长取代出口主导型增长，这意味着有效需求不会长期不足，而是表现为低投资和严重失业。长期以来，英国进口增长超过出口增长导致国际收支周期性危机的趋势发生急剧逆转。尽管存在周期性的中断，第二次世界大战后的四分之一个世纪，英国的 GNP 增长率、人均产出增长率，甚至出口增长率都高于英国历史上任何一个 25 年的增长率。卡尔多指出，这似乎是自相矛盾的。但从历史数据分析，与其他发达国家相比，经济增长率一直处于经合组织排行榜底部的那段时间里，英国在自己的历史记录中还是处于首位。卡尔多认为，固定汇率制度存在明显的局限性。通过财政措施进行需求管理的政策确保了工业的一定增长率，而这反过来又作为一种副产品，导致出口能力的稳定增长，否则这种增长可能不会出现。

卡尔多认为，就美国而言，采用了凯恩斯主义的需求管理政策，加上与共和党有关的公共支出规模大幅增加，确保有效需求的增长率独立于出口的增长率，国际收支出现了长期和不断增长的赤字。不同于英国，由于美元的国际地位，美国从未为了国际收支平衡而被迫收缩内部需求。由于美国的财政政策，美国不断增长的国际收支逆差在多大程度上导致了世界经济持续衰退，卡尔多认为这是一个悬而未决的问题。

卡尔多同时思考一个问题，第一次世界大战后，经济失败和成功同样引人注目，为什么在工业资本主义方面，某些国家成功腾飞，而大多数国家却失败了？在第一次世界大战前，不发达世界的相当一部分是殖民地，它们的发展政策是由统治殖民国管理，殖民国的利益要求殖民地作为原材料生产国来发展，并作为殖民国生产的工业产品的市场。但随着殖民地独立，这些国家没有理由不起飞，就像 1880 年的德国或 1920 年的日本那样。然而，在许多国家，工业化并没有像西欧或日本的成功那样激动人心，成功地提高生产率、就业率和生活水平。在一些拉丁美洲国家，源于20世纪30年代的工业化的经济增长，在第二次世界大战期间受到了极大的刺激，随后趋于减弱。印度和巴基斯坦等其他国家，一系列综合发展计划未能显著改善生活水平。卡尔多的判断是：所有这些经济未能起飞国家有一个共同的特点，它们未能在制造品方面大量出口。对工业生产的刺激来自高关税或对进口的严格数量限制，这使发展本国工业以替代进口有利可图，但由于工业产品的外生需求仅限于农业部门的购买力，而农业部门的购买力有限，所以增长缓慢。因此，一旦进口替代机会用尽，它们将失去工业生产持续增长的基础，他们没有将进口替代阶段与出口阶段联系起来。这无疑反映了这样一个事实：这些未起飞国家的工业劳动生产率并没有上升到成本足够低的程度，使它们无法在世界市场上竞争。

卡尔多指出，这不仅仅是单个国家市场规模的问题，而是工业发展的集中度和分散度的问题。已经有许多小国成功地成为工业产品的主要出口国，集中在某一个狭窄的领域，即发展某些产业，然后将进口替代品扩大到其他国家。因此，成功工业化的秘诀是一种走出去的战略：在相对早期的发展阶段，发展在某些领域的出口市场竞争能力，并使出口能力的增长与工业活动的增长保持一致。至少可以这样认为，卡尔多把外部需要的丧失作为英国经济衰退的主要原因之一。

## 第五节　卡尔多对技术进步和累积因果关系的理论贡献

在20世纪60年代，卡尔多对纯粹的经济增长理论失去了兴趣。他逐渐对其应用感兴趣，部分原因是他从1964年开始担任英国首相的特别顾问，部分原因是他所居住的英国是战后经合组织的工业国家中经济增长率最低的国家。他对于找到与英国国内和其他国家间经济增长率的差异，而不是均衡经济理论所预测的差距应该缩小的现象非常关注。

卡尔多对这些问题进行了认真的思考，他首先在1966年的演讲中对他的观点进行了公开阐述。在康奈尔的弗兰克·皮尔斯纪念讲座和他在剑桥的就职演讲中，他对英国经济增长率缓慢的原因进行了分析。在这两个公开演讲中，他提出两个规律性的结论。第一，制造业是经济增长的发动机，从在这个意义上讲，制造业增长超过GDP增长越多，GDP增长就会越快。第二，规模报酬递增。名义上，通过静态和动态的规模报酬效应，制造业产出的增长引致工业生产率的增长，通过吸收未就业和低效率资源，制造业产出增长引致产业外生产率的增长。卡尔多受到了亚当·斯密和他早期在伦敦政治经济学院的导师阿林·杨格的启发。阿林·杨格强调规模报酬递增是制造业的主要特征，供给和需求弹性比初级产品和服务活动的弹性要高。

　　卡尔多关于英国经济增速缓慢的最初观点，是英国经济的过早成熟，即在英国工业生产率达到很高水平之前，农业过早的收缩造成工业劳动供给的约束。但是不久之后，他改变了想法，把它归于英国可交易产品部门的糟糕表现，比如与进口倾向相关的糟糕的出口表现。卡尔多复兴了哈罗德贸易乘数理论，该理论以动态形式表达为产出增长率等于出口增长率与进口需求收入弹性之比。假设以共同货币衡量的相对价格保持不变，这个比率定义了一个国家与国际收支平衡相一致的增长率。卡尔多对地区间增长率差异持续存在的原因进行了解释，认为与国家内部成功及出口业绩的良性表现密切相关。在开放经济中，出口是自主需求的主要组成部分，其他组成部分也会适应这种需求，而产出增长加快所带来的生产率增长维持了一个国家的竞争力，从而维持了其出口业绩，缪尔达尔称之为循环累积因果关系的过程。

　　卡尔多还解决了贸易条件的理论问题，认为工农产品的价格生产机制和约束条件不同。在 20 世纪中期，卡多尔一直是欠发达国家的政策和税收顾问。他清楚地看到，发展最终意味着工业化，工业化最初需要对国内工业的短期保护，随后是以制造出口为主导的增长阶段。卡尔多论述了一些当时发展理论中国家发展的重要原则，他认为最初的工业革命是由一系列有利的环境共同导致的，如英国引入的工厂制。随后英国工业的发展主要是由于英国商品的市场优势，在国外建立了新市场。但是，卡尔多认为，这个循环累积过程不仅产生了极化效应，而且产生了分散效应。事实上，从 19 世纪 70 年代开始，欧洲国家进口英国的资本品，保护它们的国内工业，直至增加它们在世界制造出口中的份额为止。结果是英国的出口增长下降，进口逐渐递增，最终英国增长率低于次工业化国家。这一长期趋势，只是短暂地被两次战争之间的英国保护主义政策所打断，在第二次世界大战之后，这种趋势对英国更为不利，并因不适当的英国国内政策而加剧，这些政策鼓励以牺牲出口为代价的消费。正因如此，卡尔多对当时的英国国内政策予以严厉的批判。

# 第六章　卡尔多对均衡理论的挑战

## 第一节　均衡理论分析现实经济错误的根源

### 1. 均衡理论假设的现实缺陷

价值理论是古典经济学和新古典经济学讨论的重要内容。卡尔多对价值理论的批判是以均衡分析作为突破口的，通过批判均衡分析方式的不科学来批判古典价值理论，卡尔多认为"流行的价值理论，或称其为均衡经济学，是荒谬且其理论是与现实无关的"。[①] 卡尔多对游离于现实之外、纯思想性的经济理论一直是极力批驳的。他称以均衡分析为基础的主流价值理论是错误的，指出均衡理论与现实不相干。卡尔多认为，均衡经济学产生的思维习惯有巨大的吸引力，但已成为经济学发展为科学的主要障碍。科学研究的理论假设和术语应该源于实证或对能够验证和预测的假设的观察。

均衡分析的方法始终是主流经济学的分析方法，体现在价格理论、生产理论、需求理论等分析之中。卡尔多所指的均衡最初由瓦尔拉斯构建，并通过数理经济学家从逻辑上进行简洁和精确，法国经济学家德布鲁被认为是其中最杰出的大师。从最纯粹和最抽象的层面理解，可以说经济理论中的均衡理论很朴素。德布鲁描述均衡是为了对私有制中经济主体相互作用而产生的商品价格进行解释，很明显这不是我们通常意义上的解释，严格意义上讲，这是纯逻辑而不是科学意义上的解释。如同德布鲁所说，均衡是一种理论性的，逻辑不是用来解释特定经济现象，也不是用来解释整体经济世界中商品实际价格如何确定的。德布鲁构建了一整套定理，这些

---

① 尼古拉斯·卡尔多. 均衡经济学的不相关性[J]. 经济杂志, 1972(12)：73.

定理可以从精确的公式化假设中进行逻辑推导，其目的是为了发现均衡价格集合存在所必需的最小基本假设，它们是唯一、稳定和满足帕累托最优条件的。在 20 世纪前半期，数理经济学家所做的就是厘清更精确最小基本假设的过程，他们并没有尝试去验证这些假设的现实性，或探究这个均衡价格理论对实际价格形成机制的解释力。卡尔多花费了很长时间尝试列举所有这些最小基本假设。卡尔多认为，一般经济均衡理论的基本假设要么是一种无法证实的基本假设，如生产者利润最大化或消费者效用最大化，要么是与观察直接矛盾的一些现象，如完全竞争、完全可分、齐次线性和连续差分生产函数、经济行为人对所有价格信息流和相关价格具有完全知识和完美预见。同时还要求随时间流逝恒定不变的产品或商品集，恒定不变的生产过程或生产函数等。这个理论"要得到在真空状态下，在摩擦力为零状态下的纯粹解"。① 这个纯理论没有打算描述现实，它只是提出一个基本和必需的概念性框架，把它作为一个研究的起点，尝试解释一个个分散决策系统是如何运作的，个人如何完全被市场引导，或者被价格信息引导，如何在不同市场活动中进行排序，如何寻求他们和整个社会满意之间特定的帕累托最优，其本意只是建立一个纯理论的概念框架。

新古典学派经济学家们把它作为一个深层次共有的基本信念，而且是仅有的一个解释分散经济决策系统、所有人一致行为的唯一逻辑起点。尽管基本假设的任意性不断增加，但这种信念仍然维持不变，而且用逻辑一致性的名义，以更精确的方式强加给从业者，逐渐把科尔内教授称之为智力实验的术语转化为科学理论，转化为与可观察现象直接联系的一套定理，似乎是很自然地延伸到经济现实之中。卡尔多认为爱因斯坦的解释很准确，可以借鉴。爱因斯坦很好地阐述了科学理论和公理之间的区别：物理构建了一个思想的逻辑体系，它是一个进化的状态，它的基础不能被提炼，因为它使用的是归纳的方法，它来自经验，仅可以采用自由发明的方式而获得，这个体系的正确性依赖于对源自感觉经验命题的验证。卡尔多声称，在经济学中，与主流理论基本假设矛盾的观察通常被忽视，理论学家和经验主义者在两个孤立的房间里各自运营。经验主义被带入与理论模型的结合部分，如计量经济学中，但经验的作用是解释或装饰理论，不对基本假设提供支撑。卡尔多将一系列与现实不符的理论假设形象地比喻为脚手架，去除脚手架的过程是放宽虚幻的基本假设。但是随着理论的连续构建，脚手架变得越来越厚。卡尔多指出，这个脚手架下面没有一个坚实

---

① 赖建诚. 经济思想史的趣味[M]. 浙江大学出版社，2016：324.

基础，不确定性逐渐增加。

社会科学不像自然科学，可以忽略验证问题。卡尔多指出，最大的问题在于大多数专业经济学家认为经济永远接近或靠近均衡状态，并视之为理所当然。他们认为均衡接近真实世界状态，商品和服务最大程度地与可获得资源相一致，每种资源都能得到充分有效的利用；劳动和工资都是不同类别劳动对总产出净贡献的准确衡量，利润率反映生产中资本对劳动替代的净收益等。卡尔多指出，所有这些命题都是纯粹的数理经济学家已经证明的，仅在不符合现实的主要假设前提下才有效。这些命题不仅抽象，而且直接与经验相反。卡尔多认为，如果要做出根本性改变，不拆除均衡经济的基本概念框架，不可能取得任何实质性进展。卡尔多对于数理经济持否定态度，但是他本人却是一个矛盾体。按照美国新学院大学 Vela 教授的说法，"他反对数理经济学，别人用不行，他用却可以"①。卡尔多指出，经济计量学不知将走向何方，精致的统计推断无法弥补对实际经济运作方式缺乏基本了解的不足。卡尔多把这些迅速到来又迅速消失的经济理论研究定义为时尚。他说："每年新时尚横扫复杂的政治经济学领域，然后又如同迅速来临一样迅速消失，谁现在能回忆起三年前货币数量论的伟大复兴，或者用最好的预测技术指导频繁的财政调整，它能够维持经济按照事前决定的潜在增长率稳定增长吗？更不用说菲利普斯曲线了。这些时尚的突然爆发是一个确定的前科学阶段，任何疯狂思想都能够获得重视，简单讲，是因为我们没有足够的信心排除它。"②卡尔多认为重构经济理论的关键在于明确指出当前经济理论误入歧途的关键位置。卡尔多指出，错误发生在价值理论接管舞台的中心之时，大家将注意力集中在市场的分配功能上，而排除其创造性的功能。

卡尔多认为亚当·斯密对此多少负有一定责任。卡尔多为了精确地说明错误的根源，仔细分析了斯密在《国富论》里面的描述，《国富论》前面部分主要讲劳动分工原理，解释生产规模越大，单位实际成本越低的观点。因为生产规模越大，可以采纳的生产方式越有效，专业化程度越高，可以在不同程序中进行细分。斯密对这个基本原理给出了许多理由，并通过对做针分工的讲解进行了完美的阐释。斯密解释了人类社会性的特点，人们用一个东西换另外一个东西，即以物易物，交换的这种特性是人类所

---

① 卡尔多是 Vela 教授在剑桥大学的两位博士导师之一。内容源自 2019 年 Vela 教授同笔者的邮件沟通。

② 尼古拉斯·卡尔多. 均衡经济的不相关性[J]. 经济学期刊，1972(12)：77.

独有的，只有人类独有的社会经济才存在规模报酬递增的情况。但是在货币成为需要讨论的主题之后，斯密突然着迷于对货币价格、真实价格和交换价值之间区别的研究。从那时起，他的兴趣突然陷于这个问题，即产品和要素的价值和价格是如何确定的。李嘉图、瓦尔拉斯、马歇尔、德布鲁和美国的经济学家，纷纷追随斯密这个价格理论进行研究。

这个理论的基本假设是规模报酬不变。斯密和李嘉图的自然价格隐含着它是由与需求无关的生产成本单独决定。在新古典学派的严格定义下，完美市场和利润最大化的假设相互之间保持一致，齐次和线性生产函数假设是公理所必需的条件。马歇尔通过外部经济性的概念和局部均衡技术运用，尝试把规模报酬递增和规模报酬递减统一在同一个分析框架之内，但这个尝试后来被斯拉法在 1926 年从逻辑上证明是错误的。直至今天，一般均衡学派仍然忽视规模报酬递增的公理。

卡尔多对于均衡理论的批判，集中于均衡理论产生的前提假设不具备现实基础，显然这个对均衡理论的攻击是致命的，而且均衡理论很难反驳，只有回避。同时，均衡理论对于规模报酬递增的问题无法处理，也是卡尔多的批判拿捏得非常到位的地方。卡尔多对均衡理论的批判符合现实，均衡理论无法逃避。

### 2. 均衡理论的假设前提与现实经济不符

德布鲁的均衡条件非常苛刻，"一个经济体可由 $m$ 个消费者、$n$ 个生产者和总资源构成。经济体的运行状态是每个个体行为的反映，如果每个代理人的行动对自身来说是可能的，并且这 $m+n$ 个个体的行为与总资源不冲突"。[①] 卡尔多认为，在现实中这是不可能实现的条件。卡尔多指出，所有人都承认在对基本材料进行加工的产业活动中，规模报酬递增占统治地位。在任何一体化运营流程中，工厂产出的单位成本必定会随着规模增加而降低。如果能够解决建设的技术问题，规模增加必然带来成本进一步降低，因为产能增加必然比建设成本增加快。阿林·杨格认为除了规模报酬递增外，另一个重要方面是将复杂过程分解为一系列简单的过程，其中某些过程至少有助于使用机械，其本质还是分工。斯密认为，与劳动力有关资本的使用程度主要取决于经营规模，生产中的资本-劳动比是市场范围的函数，而不是要素相对价格的函数。为了使用更多的劳动，大部分情

---

形下使用标准的工具和机器将会更好。如果亨利·福特先生生产的福特汽车产量很小，他的方法将是不经济的。亚当·斯密着重强调了由经验引发的发明和创新，我们现在称之为干中学或动态规模经济。阿林·杨格在其著名的文章《收益递增和经济进步》中最初探讨了亚当·斯密定理对经济力量运作方式的主要含义。隔了很多年后，卡尔多重新阅读了这篇论文，他相信，尽管它在最初发表时受到了关注，但阿林·杨格的经济思想领先于他那个时代很多年，以至于他伟大的革命性思想并未获得应有的重视。卡尔多分析，这是因为阿林·杨格是一个非常谦虚的人，他对自己所说的话的全部含义不予吹嘘，不像某些人一样不断地进行强调。阿林·杨格的论述方式有时是暗示性的，而不是有意地引人注目，有时他甚至把论述放到附录之中，这与许多人不断夸大自己工作重要性的做法恰恰相反。

卡尔多认为，放弃线性公理的假设，意味着任何一个商品或商品簇的生产受规模报酬递增支配。第一个和最受影响的就是一般均衡这个概念本身。卡尔多认为一般均衡的概念暗示着经济力量的运行受到了一系列稳定不变外生变量的约束。它假定经济力量是在这个系统之内运行，而不是过去遗产的继承，这些关键的外生变量特征包括消费者个人偏好、固定要素的转移率等。一般均衡概念同样假设生产函数外生给定，换言之，无论初始情况如何，系统将能够收敛到从既定数据中导出的价格系统决定的一个唯一点。在这些假设下，持续的经济变化只能通过假设外生变量自主且无法解释的时间变化率，来人为设想为某种移动均衡。

关于规模报酬的递增，卡尔多、阿林·杨格、亚当·斯密、缪达尔等学者都有类似的想法。卡尔多的观点是，一旦允许规模报酬递增，持续变化的力量便是内生的，而且在任何一定时期内最后实际经济状况都不可预测，只能是前面一系列事件导致的结果。按照阿林·杨格的表述，它们是从经济体系内部产生的，递增收益的变化以渐进和累积的方式传递。卡尔多认为阿林·杨格与萨伊的分析有潜在相同之处。如果以更广的视角看待经济过程，那么经济活动就是商品与商品交换。这意味着商品供应量的每一次增长都会扩大其他商品的市场。劳动分工依赖于市场范围，阿林·杨格的观点是市场范围取决于劳动分工。亚当·斯密认为劳动分工由其自身决定。它意味着打破均衡力量的反作用力更加普遍且根深蒂固，缪达尔称其为循环累积的因果关系原理。但是，杨格和缪达尔的表达都不像希克斯说得那么激进。希克斯说除非假设在均衡点上随着产出的增长，边际成本增加，否则经济法则构建的基础就被废除了。所以，卡尔多认为关键的问题是，均衡法则是否存在。卡尔多强调，从科学的意义上讲，如果这个法则只能在存在违背现实现象的假设时逻辑才能成立的话，那么就应该驳斥这些法则。卡尔多对静态均衡的批评是因为，如果肯定规模报酬递增，均衡这个概念就没有任何意义。生产过程中的每一次变化，都是下一个变化的基础，那么最优资源配置只能是不变情形下才能存在，而产出是一系列变化的结果，无穷尽的一系列变化才是生产的本质。阿林·杨格清楚地看到，萨伊定律与亚当·斯密定理本身不足以确保变化是渐进的，并且以积累的方式传递，需要另外的东西把需求联系起来，这个东西可以保证供给的增长能够对其他部分的生产有刺激作用，而不是抑制作用。如果这个给定了，就可以将经济发展过程看作持续相互作用过程的结果，是供给和需求之间的连锁反应：供给增加导致需求增加，需求增加引致了供给增加时。阿林·杨格认为，当每种商品都具有需求弹性时，在特定意义上，供给量的小幅增长将伴随着其他商品交换而增加需求，同时必须假定每次需求增加都会引起供给量的增加。

卡尔多认为，需求弹性值得重视和强调。阿林·杨格直觉上感觉到，累积变化的前提条件是任何一种商品的产量增加时，与之相联系的所有其他商品的需求增加。他认为，只有当商品需求弹性大于 1 时才满足此条件。因为在这种情况下，生产越多，销售收入就越多。需求弹性反映着消费者的替代弹性。商品购买力增加，必然使得该商品的产量增加。

卡尔多为了说明一种商品生产的增加如何导致额外收入，反过来又如何产生对其他商品的额外需求，成为一个连续的链条，就必须首先考虑到市场中有两种需求——流量需求和存量需求，前者是外部的，是生产者和消费者的需求，而后者是源自市场内部的需求，供给同样如此。在均衡状态下，每个市场中的生产和消费，流量需求与流量供给必须相等。在完美瓦尔拉斯主义的稀缺世界中，市场持续处于均衡状态。那么，市场为何不会对失衡做出反应？卡尔多认为是因为假设前提排除了所有此类失衡。卡尔多指出，假定所有均衡调整都是瞬时的，要么是因为变化是永恒的，要么是因为所有变化都得到了很好的预见。从这个意义上说，现实市场处于长期失衡状态。通过库存的增加或减少可以消除生产与消费之间存在的持续的差异。因此，卡尔多指出，没有中间商，竞争市场是无法想象的。在不同价格上，中间商既是买方，也是卖方。同时，又通过库存来建立市场，从而使生产者能够出售，消费者能够购买。它是通过存货的调整来构建生产者和消费者买卖的市场。市场上买卖价格之间差异的大小，即经销商的利润，既取决于贸易商经营市场的完善程度，也取决于他们进行处理或转换的数量。这其中可能包括纯粹的商业活动，还可能包括通过制造产生不同程度的实物转化。但是，商人与其他如生产者等经济主体的区别是，贸易商对外部影响的自然反应是调整库存的大小，供应过剩时吸收货物，增加库存；需求过剩时，释放存货，减少库存。商人的作用是建立并维护一个通过存货调整的有序市场。商业活动概念本身与存货的需求弹性有关，这个弹性取决于贸易商对未来价格和售出机会的期望，即市场中的投机存货弹性。卡尔多认为这与任何在不同地域之间转移商品没有什么不同，而且由于货物的运输需要时间，因此商人买卖活动通常涉及空间和时间两种形式的转移。

从历史上看，究竟是贸易的持续增长扩大了市场规模，从而实现了收益的增加，还是生产技术的提高和交流增加促进了商业的增长，卡尔多认为这是一个鸡和蛋的问题。在资本主义发展的过程中，可以说两者并存，而且这导致了市场中交易者持有库存的价值持续增加。反过来，供给方面任何有利的变化导致了生产的增长，又导致了收入的增加，而收入的增加又导致了商品有效需求的增加。卡尔多认为，阿林·杨格陈述中所缺少的基本要素，只能由凯恩斯主义经济学来补充，它是由资本积累或投资支出所带来的收入变化，以及投资造成生产变化带来的特征。在完美竞争中，买卖双方具有无限弹性的需求和供应曲线，个人产品没有递增回报，存货由独立于生产者和消费者的商人持有，起到了缓冲垫的作用。在一些重要的商品市场中，规模回报递增竞争市场是不完全竞争的。生产者根据销售或订单变化调整他们生产中自己的存货，同样，当对生产者的产品需求增加时，也将由于库存耗尽而导致生产者的引致投资，这种引致投资部分将采用流动资本的形式，也就是说，在商品价值的增长过程，不可避免地将与生产增长相关。

卡尔多认为，如果本质上对经济进行近似划分，可以把经济活动分为制造活动与基于土地的活动两大类。后者为制造活动提供了食品和原材料，前者的主要特征是递增回报，后者没有这个特征。前者是一个内生性自我增长的过程，它对初级产品的预期价格缺乏弹性，对制成品的销量具有弹性。卡尔多指出，最重要的是相应的资本投资增加需要货币和银行体系来保证，需要额外储蓄增加来提供额外的投资资金需求。这就是纸币和银行系统创造信用的真正意义所在，它们提供了制造业自我持续增长的前提。在纯金属货币的情形下，无论信贷需求如何，货币供给量都是固定的，该体系面对盈利机会扩张的能力受到的限制要窄得多。

卡尔多勾勒出斯密-杨格理论与凯恩斯主义有效需求相结合，对递增回报产生了一些主要后果。首先，凯恩斯在完全就业状况和失业状况之间做了明显区分。在完全就业时，实际收入受资源禀赋约束，失业状况时实际收入受有效需求约束，但当出现规模报酬递增时，这个差异消失。卡尔多强调，某一个时期内，最大产出增长率由某些关键经济部门决定，这些关键部门的产出同时又限制了其他部门可持续发展的增长率。如果这些情况发生了，它必定是因为增长率超过了某一速度。但卡尔多认为，如果从长期和包容的视野看，劳动和资本都不可能限制生产发展水平和速度。资本累积永远可以加速进行，对劳动而言，在既定条件下没有最优劳动力的配置。生产投资和扩张带来的重新组织生产，意味着将某些劳动力将转移到新的就业岗位，它的产出更大。所以就劳动而言，通过增加人数来增加有效劳动供给，同通过劳动力再配置增加生产率之间没有本质区别。其次，递增回报和竞争共存是一个分散决策经济系统的显著特征，却被瓦尔拉斯经济学的公理框架完全排除在外。经济学家们没有弄清，在面对有限市场销量，同时面对高度竞争价格的市场时，生产商是如何运作的。最后，自我持续增长的分散决策经济系统大部分不是由外生因素控制，而是由一系列增长需求决定的，但自我增长又是脆弱的，只有许多有利因素同时出现才行。卡尔多认为，技术和政府干预保证了持续增长，如果没有采取这些措施，经济增长会很快停止。

可以看出，卡尔多在对均衡理论大力批驳之时，用了两个非常有用的利器。一个是阿林·杨格的规模报酬递增理论，这个理论符合经济现实，均衡理论显然无法抗拒；另一个是凯恩斯主义的有效需求理论，它用于解释经济失衡情景下的经济运作，而这也是均衡理论无法解释的。在这两把利器中，规模报酬的杀伤力大得多，主要因为它是一个基础而底层的理论，是大楼的地基，对均衡理论来讲这个批判是致命的，会动摇整个理论体系。为此，均衡理论最佳的应对方式就是置之不理。而凯恩斯主义的理论则包含着更多的情景因素。

## 第二节　为什么主流一般均衡经济理论是错误的

### 1. 经济学不全是一个资源配置问题

在 20 世纪六七十年代，卡尔多认为英国主流经济家认同一般均衡理论，而美国的经济学家迟早会认同他的观点。这主要是因为战后一代数理学派的美国经济学家，比其他学者更全面地探索了一般均衡理论的逻辑体系，美国经济学家详细阐明了得出其结论及其确切含义所需假设的数量和种类。美国经济学家首先意识到沿着均衡理论走的结果必然是个死胡同。卡尔多的判断是，在20世纪中叶，人们对一般均衡的理解已经不同于不甚理解的早期最初状态，一般均衡成为一个不太有用的工具。卡尔多对美国经济学家最终放弃均衡经济学持有信心，但是并未解释为什么这个一定会发生，以及到底这一天什么时候来临。

卡尔多"对一般均衡理论的根本反对不是因为它是抽象的，所有理论都是抽象的，而且必须如此，因为没有抽象就无法进行分析"。① 卡尔多批判的是它是从一个错误的抽象开始，对经济过程运作方式的本质做出了误导性的影响。在卡尔多看来，就凭这一点，对正统经济学理论的反对并不过分。卡尔多指出边际生产率理论有问题：其一，当资本存货发生变化时，如何对资本进行测度；其二，边际生产率理论对工资和利润的划分是一个误导。

卡尔多认为，一般主流的均衡经济学存在如下问题。首先，经济学理论将经济活动的本质视为一种资源配置。这来自罗宾斯勋爵著名的定义：经济学研究稀缺资源在不同用途之间的配置问题。这意味着经济学把注意力集中于替代方面，而不是市场运行力量的主要方面。马歇尔的替代原理成为经济学研究的中心，基于它对价格体系和生产体系的解释，它意味着世界是一个替代弹性的世界。卡尔多认为，这个方法忽视了不同生产要素之间的互补作用，如资本和劳动之间的互补性，第一部门、第二部门和第三部门等不同经济活动之间的互补性。卡尔多认为在理解经济变化和发展方面，互补比替代更为重要。均衡理论的目的是要解释一个不同力量相互作用时市场价格出清的系统，所以主流的配置理论就不能处理价格信号问题或激励问题。卡尔多的这一批评意见理由并不充分，因为均衡理论的假设已经排除了这些因素的干扰。

卡尔多认为解释这一点最好的办法是问一个问题：萨伊定律有效吗？如果无效，它到底错在哪里？这个问题早在19世纪被激烈地讨论过，甚至从那时起直到凯恩斯出现，它是所有真正的经济学家理解为什么竞争市场必然带来稀缺资源完全利用的标志。卡尔多认为，本质上它是一个很简单的问题。在任何竞争市场都有供需法则，比如说某种商品有一个市场出清的价格，需求等于供给。价格相等时，供给量是生产者愿意出售的最大量，需求量是消费者愿意购买的最大量。因此，如果所有市场都处于均衡

① 尼古拉斯·卡尔多. 经济理论为什么错误[J]. 政治经济学季刊，1975(8)：99.

状态，则必须利用所有资源，并且总生产必然受到供给或资源限制，它不受需求约束。既然把所有市场都放在一起，则它们是以商品交换商品。凯恩斯对均衡理论理解得更透彻，他通过假设一个特定市场如储蓄市场，由于流动性偏好，实际上不是或不必是市场清算的，凯恩斯通过这个市场找到了一个富有逻辑的答案。凯恩斯基于这种不均衡提出了乘数机制，在储蓄和投资之间实现市场均衡。卡尔多说萨伊定律是错误的，还有一个更根本的原因：可能它只适应于易货经济，而不适应于货币经济。

密尔用了一个简单的两部门分析方法，这个假设基本符合现实，价格会使得两部门均衡。他的假设采用了一个简单的由农业和工业组成的两部门模型，并假设土地是农业中的一个特定要素，即农业生产需要土地，但工业生产不需要土地。工业生产对农业生产基础材料进行加工，需要给予劳动力良好的食物和工资。农业和采矿业直接或间接地为基础工业原料和食品提供投入。如果农业受规模报酬递减约束，则农业产量可能会受到土地和可用技术的限制，从而可能限制从事农业的有效人数，其余人员只能有效地用于工业。假设工业中劳动力拥有足够的资本，将导致相对于农产品供给的工业产品和服务生产过度。密尔说过，这是生产成为或者预示生产成为错配的标志，但价格移动会自动进行补救。农产品价格将相对于工业价格上涨，这一过程将一直持续到消除工业产品的过量供给为止。这个过程反过来同样成立。即使由于土地短缺而导致农业产出完全没有弹性，价格也会充分上涨，因为它将把购买力从工业转移到农业，这种转移将一直持续到农场主和农民愿意并有能力购买农业所能生产的所有农产品为止。因此，必须有某个价格使得工业品的过量供应消失。卡尔多认为，这种推理的错误在于，它忽略了劳动力不是普通商品，而是一种特殊商品，不能将其价格视为与土地等其他资源价格一样，认为是供求决定价格。卡尔多指出劳动价格有一个最低价格，所有的供需分析，只能在这个最低价之上，在这个最低价之下的供需分析是错误的。这个最低价就是无论劳动力供给与需求的关系如何，以粮食为单位的劳动力价格都不能低于满足最低生活费用所需要的最低限额。

如果可以按照食物给定工人工资或工人的最低工资，那么制成品的价格或制造活动的增加值会受到同等约束，并且此约束可能会阻止农业和工业两个市场同时处于均衡状态。卡尔多指出，劳动市场很难出清。只要劳动供给超过劳动需求，就没有市场出清的价格。只要经济中有一个低收入维持生计的部门，它就使人们能够在没有得到有效就业的情况下生存下来，这具有重要的后果。

　　首先，人均工资不能低于最低维持生存的水平，那么，一个国家越穷，维持生存部门的收入与人均工资相关性越高。斯密、李嘉图、密尔和所有古典经济学家都假设实物工资为一个常数。因此，卡尔多指出了边际替代的一个缺陷，这里不能说工业和农产品的相对价格是由两个部门之间的边际替代率决定的。在给定农业产出条件下，最大工业产出是多少，这个生产边界反映的是部门间不同资源的配置。当每个部门产出扩大时，都积累了自己部门的资本。共同要素的劳动仅在工业而非农业中具有正的边际产出。很容易看到，这个结论严重依赖于农业中递减回报的存在。对于假设农业规模报酬不变，在给定价格关系下的工业品的过剩供给将导致劳动和资本向农业部门转移，直至农产品的过剩需求消除，充分就业的产量将停止错配。

　　其次，用基础产品表示制成品增加值的价格不能下降，这个事实与希克斯理论中的固定价格等价。如果基础产品的名义价格上涨，它不是导致以农产品表示的工业产品的价格下降，而是总的通货膨胀。希克斯的固定价格是指：生产由需求的外生成分决定。反过来，外生成分又通过乘数效应和加速效应决定需求的内生成分。考虑到引致投资和引致消费，希克斯称内生需求与外生需求之间的关系为超级乘数关系，同时还有外贸乘数和储蓄乘数在起作用。卡尔多认为，凯恩斯的思想成功地解释了大萧条中的失业问题，它本质上是短期分析，但在长期分析上，他把注意力转移到了外贸乘数上，其实它是一个解释工业长期发展节奏和增长更重要的原则。可以看出，卡尔多对主流均衡理论建立基础进行了猛烈的批判，传统的均衡分析只用替代法则，忽视互补的作用。同时，即使是替代，由于劳动力的最低价格，也无法产生完全替代。

### 2. 均衡经济理论前提假设中对规模报酬递增的忽视

　　卡尔多认为主流均衡经济学前提假设有一个重大的失误，不是规模报酬不变，而是在制造业中规模报酬递增。马歇尔较早就认识到这一点，"自然在生产上所起的作用表现出报酬递减的倾向而人类所起的作用则表现出报酬递增的倾向"。① 这同时也是卡尔多反复强调的一个重要观点。亚当·史密斯在《国富论》中首先强调了这一点，随后李嘉图学派的英国经济学家和马歇尔也强调了这一点，美国的经济学家阿林·杨格也在研究。与普通的供应曲线不同，马歇尔下降的长期供给曲线是最小数量产出

① 马歇尔. 经济学原理(上卷)[M]. 商务印书馆, 2018：372.

安排，而不是我们通常看到供给曲线是最大数量产出安排，是向下的供给曲线。在 $p_j$，制造商愿意供给 $x_j$ 或任何大于 $x_j$ 的数量，但是不能小于 $q_j$。如果在 $q_n$，供给大于需求，总有剩余生产（见图 6.1），那么在这个假设下，萨伊定律有效。卡尔多指出，马歇尔和其他任何人都没有成功地使这一假设与新古典价值理论相吻合。

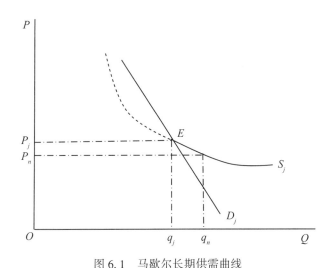

图 6.1　马歇尔长期供需曲线

资料来源：根据卡尔多供需理论分析的相关理论分析整理。

卡尔多强调了三个重要结论。首先，阿林·杨格强调规模收益递增，变化以累积的方式增值和向前，不可能有一个资源最优配置的均衡状态。所以，卡尔多认为，不可能有均衡状态之类的东西。从帕累托最优的意义上讲，绝对不可能有充分就业，而资源数量变化与资源使用效率变化之间的区别就成为一个值得推敲的问题。其次，卡尔多指出，资本积累是生产扩张的副产品，而不是原因。如阿林·杨格所强调的，正是生产活动规模增加，才使得增加资本比增加劳动变得有利可图：经营规模越大，使用用于劳动的专业化机械就更有利。卡尔多认为递增回报通常采用的形式是，劳动生产率随着生产规模上升，而资本仍然保持不变。尽管资本-劳动比率在发展过程中急剧增加，富国和穷国在任何给定时间都有同样剧烈的变化，这些差异是在资本产出率没有相应变化的情况下产生的。保罗·萨缪尔森强调这是新古典价值理论的核心命题：资本-劳动力比增加，利率下降，工资率上升，资本-产出比上升。卡尔多指出其致命的错误：这些命题仅存于齐次线性生产函数的世界里。相对于劳动而言，资本增加的比例少于产出增加的比例，但在实际中不是这样的，高工资率与高资本-劳动比相联系，而不是与高资本-产出比相联系。最后，收益增加导致垄断，工业发展趋向于在某些增长点或成功区域极化，除非有政治障碍阻隔它从周围或更远的地区大量移民，这些地区成为从周围移民的中心。战后欧洲国家的经验表明，用工荒不会阻碍一个成功工业区的进一步快速发展，当进口国外劳动力变得有利润时，政治障碍很容易被消除。这个观点同缪尔达尔循环累积因果关系的极化过程没有本质区别。它在很大程度上造成了世界上贫富地区之间差距日益扩大，从人均产出来看，鸿沟仍在扩大。卡尔多相信，对市场经济理论认识越深刻，越能促进我们对市场的控制，从而消除全球不平等的现象。

## 第三节　均衡理论假设到底错在哪里

### 1. 均衡理论的主要特征

分析一个理论错在何处有许多不同的方法，包括从假设前提、基本概念是否严密和科学、概念间的逻辑线条是否有漏洞、最后的结论是否符合现实等不同方面进行分析。而对一个理论最致命的攻击是质疑其假设前提，这将导致该理论的崩溃。卡尔多似乎是采用了这个利器，他解释了为什么他认为西方国家主流经济理论是彻底的误导和无用。有关理论宣称它们的目标是解释分散决策市场经济中经济过程是如何运作的，卡尔多认为按照这种逻辑构建预测政策效果的理论是无用的。在20世纪70年代，卡尔多概括出均衡理论的主要特征：首先是二分法。这符合经济分析的思路，是经济学中最经济也是最常用的分析方法，它包括欲望与资源、偏好与障碍、终点与手段等基本二分法。其次是基本概念。这些概念从基本的假设出发，如给出了需求的定义，卡尔多认为不够精确，他指出需求的定义是根据人的本性做出假设，与人类创造满足需求的社会制度和社会环境无关。按照卡尔多的想法，也就意味着与现实的距离很远。再次是最大化假设。在理想条件下，无论是生产者还是消费者，在能力范围之内，他们各自理性地独立行动，通过某些方面最大化的方式，实现了特定资源分配的帕累托最优。每个人都能过上富裕的生活，需求通过消耗商品来获得满足。最后，均衡理论本质上包括基于某些公理和科学表述的帕累托均衡。为了证明这种均衡的存在，还假定某些生产函数。为了表明市场机制将以这种方式起作用，卡尔多将均衡理论分析进一步假设概括为："转换函数必须是线性的；没有递增回报或规模经济，即生产同等有效，而与生产规模无关；完全竞争。每个市场交易者都可以在不影响市场价格的情况下，无限制地出售或购买任何物品，因此价格是单个主体做决策所需的唯一信息类型；所有交易者或经济代理人对所有相关市场价格完全了解；在一定意义上，还有完美预见，即随着时间的流逝，个人的经验可以确认期望，并以此作为他们做出决定的依据。"①

卡尔多认为，所有这些假设的真正目的是为了表明，如果希望在市场中确立价格，至少要有一套价格系统使得在生产和消费领域，每个人都希望保持原样不变，如果改变这个状态则不符合任何人的利益。但是，卡尔多指出，这种状态假设不足以表明市场能够从任意起点接近该均衡。因为，如果交易是在非均衡价格下进行的，那么它本身就会改变均衡条件，就像改变在不同个人之间资源所有权的分配一样，就是不同的均衡状态。卡尔多同时还指出，错误的预期也可能影响行为。因此，在纯瓦尔拉斯模型中，假设在任何交易做出之前，系统均衡通过试错的方式已经完成，但没有证明它们是如何达到均衡的，也没有证明这个均衡是稳定的。卡尔多还指出，均衡理论的整个分析方法在一定程度上是静态的，因为它假定经济系统中的市场力量以一种不变的方式收敛到唯一的均衡点，这是该系统的特征。换言之，收敛到一种状态，所有的力量彼此维持平衡。一旦系统达到均衡，它将永远存在。卡尔多认为，所有人类社会都处在持续变化的过程中，这种变化与自然界生态系统的持续生物变化的不同之处，不仅在于它的速度要快得多，而且形式也要更加壮观。

卡尔多在均衡理论的框架内，构想两种方法将变动引入系统，同时保留了连续均衡的概念：一种方法是，假设存在一些市场，不仅可以在当期进行买卖，而且可以在以后所有时期进行远期买卖，如何决策取决于即期价格和远期价格。在现价时，即期和远期供需市场的现在和未来都处于均衡状态，系统出现跨期均衡。卡尔多指出，该方法的目的是基于某些公理，建立所有带时间下标商品存在的均衡价格系统。但问题是，现实世界与该模型仅具有非常有限的相似性，因为除了特定时期的特定商品外，这种市场根本不存在。另一种方法是，假设变动纯粹仅由外生因素引起，经济决策完全独立于时间，只依赖于价格。价格系统运作非常有效，可以为每个单独的时期提供最佳的资源分配。换句话说，即使可用资源数量和技

---

①　尼古拉斯·卡尔多. 均衡理论和增长理论[M]. 学术出版社，1977：211.

术知识不断变化，系统仍处于连续均衡状态。对于每期而言，系统都会对整个时期的资源数量和技术知识进行帕累托最优分配。卡尔多认为，这种方法的麻烦在于，理论上没有任何东西可以解释系统如何进入均衡状态，以及当系统失衡时会发生什么。如果系统是在边界上而不是在边界内，那么生产边界应该以某种外生的速度在时间上转移。系统向边界的任何移动，都增加了资本和产出，并因此改变了定义边界的参数中的至少一个。如果是这样，卡尔多断定这就是另外一个均衡。按照卡尔多的分析，这两种方式进入静态均衡状态都不成立。

## 2. 均衡理论的错误之处

卡尔多指出了均衡理论的错误根源。瓦尔拉斯均衡理论是一个高度发达的知识体系，自第二次世界大战以来，数学经济学家对其进行了完善和阐述，在 1971 年，科尔奈称之为知识实验。但均衡理论的假设不能像爱因斯坦相对论或牛顿万有引力定律那样是科学的假设，因为它的基本假设是公理而不是经验的，关键是没有任何具体方法能够验证市场均衡假设的有效性。尽管这些假设断言它们有现实意义，但都不是建立在对现实的直接观察基础之上。卡尔多认为，任何假设都不能与观察或实验相抵触，如果假设与现实矛盾，只能是理论的错误。

卡尔多对均衡理论这种方法的批判还在于均衡理论仅考虑替代，它集中关注问题的次要方面，而不是市场过程的主要方面。均衡理论对所有的经济活动都使用替代原则进行分析，把它作为解释经济力量运作的理论。均衡理论认为，对生产和消费而言，资源都是有限的边际替代品，因此利润最大化和效用最大化实质上是替代问题，即价格等于生产和消费中边际替代率的问题。卡尔多认为，这种假设具有误导性，因为它忽略了不同种类的产品和不同种类的活动之间本质上是互补的，以及这种互补性所导致的市场需求的本质。如资本和劳动，它们本质上是互补的，在某些方面互补远比替代重要。企业可以通过相对的价格变动，多用或少用机械生产技术，调整工人人均资本量的大小。法国重农学派和英国古典经济学家意识到了这种互补性。企业不是用现有雇佣资本替代劳动，而是通过增加经济就业水平，把资本积累作为提高生产的一种方式。卡尔多将这种分析引入不同产业之中，更进一步表明其分析的正确性。第一、二和第三产业之间的区别表明，各种经济活动是相互依存的。工业活动是次级活动，包括对源自农业、采矿业等部门初级产品的提炼和加工等，食物也来自农业，它是最好的消费品。因此，增加更多初级产品是增加工业产出的必要前提。

同样，工业活动的增加必然会增加对初级产品的需求。第三产业服务也是如此，服务的规模取决于第一产业和第二产业的产出。

在均衡理论中，如果假设经济拥有工业和农业两个产业，生产出工业品和食品，根据消费者偏好可将资源在它们之间分配。新古典一般均衡是最简单的两要素和两个产业情况，有生产前沿有效的组合，给定要素供给和转换函数，这样就会产生一个最佳比例生产的均衡点，并且在这个均衡点上在资源有限的情况下是最大产出。卡尔多指出，这种分析方法有许多错误的地方。第一，这两个行业没有使用相同的资源，价格产生机制是不同的。第二，要素分析是错误的，所有生产活动都需要劳动，但在农业中总有剩余劳动力，撤出部分劳动力对产出没有任何不利的影响，并且通常是有利的。通常土地上劳动的边际产出为零或负，原因是居住在土地上的人口密度太大，使得实际生产产出不需要有这么多劳动力。同样，在两个部门之间资本分配不能被当作给定，每个部门在自身扩张过程中都会积累自己的资本。第三，从增加存货数量的意义上讲，产出增长和资本增长不是两个不同的事物，而只是同一过程的两个不同方面。一方既不先于对方，也不将对方作为先决条件。卡尔多强调，它们是同一件事。早在1906年，费雪是第一个强调这个问题的经济学家，费雪强调说，在某个给定时点商品的存量是资本。

卡尔多认为，资本所有者之间争夺最有利可图活动的竞争，在一定程度上带来了回报率趋于均等的趋势。但这不是因为资本在各个部门之间流动，而是因为每个特定部门的资本积累率都随该部门收益率的增加而增加，因此相对于其他部门，高利润率部门将扩张较快，这往往会降低其相对价格、利润率，从而降低了资本积累率。实际上，高利润都是在增长型的产业中创造的。任何一个部门扩张都将通过需求效应刺激其他领域的扩张。生产会通过一种连锁反应而升级。每个部门通过市场接收供需冲击，并依次传递供需冲击。因此，卡尔多否定了罗宾斯的观点。卡尔多认为市场主要不是分配资源的工具，它主要是传递供需变化冲击的工具。可以说，市场机制比分配资源更能创造资源。卡尔多认为配置资源是其辅助作用，而不是主要或最重要的方面。科尔奈在1971年已经证明，市场是通过库存-调节机制来履行其配置功能，而不是通过价格机制来调节。

卡尔多认为很难从现实经济中得出均衡点的位置。只有当现实经济状况正好处于边界时，才能定义边界的位置。否则，任何系统从开始点向生产前沿的移动必然把生产前沿向外移动。而且资本的数量只能参考产出来定义，因为产出和资本从根本上说只是看待同一事物的不同方式。新古典理论的追随者可能会反对，因为在齐次线性函数假设下，与资本增加相联系的产出增加将比资本增加的比例要少，过了一段时间后，将最终达到实际前沿。但是，卡尔多认为，这个命题严格依赖于生产函数的齐次和线性假设，它保证了在任何时候，人均资本增长率将小于人均产出的增长率。如果放弃这些假设，允许递增回报，它将不再成立。卡尔多强调，要么生产前沿永远是一个不能获得的目标，要么实际历史位置和停止移动均衡位置之间的差异有一个明确的含义。所以，卡尔多指出均衡的理论范式有错误。给定稀缺资源始终得到充分利用，并且在不同用途之间进行了有效分配，这种观点渗透到李嘉图和其追随者以及新古典学派中，并且它还是萨伊定律的基础。密尔在 1894 年的格言中做了最好的表述：没有生产过剩，即使有生产过剩也仅仅是错配。如果由于土地短缺，农业只能雇用有限数量的劳力，那么其余人员只能从事工业和服务业。它意味着相对于农产品的工业品和服务业过度生产，工业品价格将下降，相对于工业品的农业品价格会上升，卡尔多认为这是一回事。这意味着，实际购买力从工业向农业转移，直至农业部门生产者无论是用于消费还是用于资本投资，能够买完工业生产超过它自身所能吸收的全部产品为止。因此，竞争性市场的价格机制会导致供应过剩的商品价格下跌，而需求旺盛的商品价格上涨，将始终带来一套所有市场可以出清的价格。

卡尔多指出，这种观点忽略了劳动力的特殊性质，劳动力的价格永远不会降为零。劳动市场潜在供给量超过了劳动力需求。由于工业活动总是需要劳力，因此，制造业活动增加值不能低于某个最小值，该最小值就为相对于工业产品而言，农产品价格可以上涨的程度。在通常情况下，农产品市场和工业品市场上的供给不会同时等于需求。如果农业市场处于均衡状态，卖方愿意以现行价格出售的最大量等于买方愿意以现行价格购买的最大量，那么，工业市场不会处于均衡状态，因为如果在现行价格存在足够的需求，实际生产和供给量可能少于现行价格的供给量。所以，卡尔多断言，认为实际经济产出由可获得资本、劳动和土地等资源决定的观点是错误的，这些资源将被完全利用而与需求结构无关。如果农业产量受到土地稀缺而不是可获得劳动力的限制，而工业产品价格取决于必须支付给劳动者的最低工资，那么工业生产将受到需求而非可用资源的限制，工业的可用资本量必然与工业生产水平不相上下。换句话说，资本也将受到需求的限制。卡尔多认为，这是对外贸易乘数理论的基础，据此，工业国家的生产将由对其产品的外部需求决定，并且往往是该需求的倍数。卡尔多指出，这一学说与萨伊定律恰恰相反，生产水平不受资金和劳动力供给限制。在任何时候，资本积累数量和有效雇佣劳动数量将是过去漫长时间外部需求增长的结果。外部需求的长期增长使得资本积累得以进行，本期可雇用的劳动数量和可达到的产出水平成为可能。

卡尔多的另一个主要反对意见在某种程度上与第一个反对意见有关，是关于齐次线性生产函数的假设，即均衡理论忽略了规模收益的增加。卡尔多反复强调这一点，似乎是有意为之。阿林·杨格对于自己的创新总是低调而含蓄，卡尔多则反过来，高调而张扬。当然，这种对规模报酬递增的张扬完全符合现实。卡尔多指出，古典经济学家比新古典主义派更有洞见。众所周知，亚当·斯密把生产效率归因于劳动分工，而劳动分工又取决于市场规模。他认为存在着一种社会经济，即人们致力于为市场生产某种特定产品，然后通过市场交换获取他们需要的商品。当市场扩大时，生产率的增加源自扩大市场进而提高的生产率，扩大了其他市场，基于同样理由导致其他产业生产率上升。阿林·杨格认为，随着收益的增加，变化是以渐进及积累的方式传递。由于递增回报，工业倾向于在特定的增长中心发展，并且在其发展过程中，抑制了其他地区工业化的发展。富裕并获得高人均收入的国家往往是一个资本充裕的国家，资本劳动比很高。但是，资本大部分是从再投资的利润中累积，从而增加了需求，资本更多的是反映了市场的规模，而不是资本相对于劳动的价格。

卡尔多指出，均衡理论还有一个错误之处，大多数抽象经济模型都被假定为封闭系统，但是却将得出的结论应用于开放系统，而没有完全意识到此过程的不一致之处。除了把整个世界经济作为一个整体之外，现实经济中没有这样一个真正封闭的系统。

## 第四节　卡尔多对均衡理论批判的贡献

卡尔多是瓦尔拉斯新古典价值理论的长期批评者。他不反对这个均衡的概念，而是反对新古典主义基于不真实假设的思考方式和他们对替代和分配的静态分析，忽视动态增长过程和递增回报。这个观点显然继承于他在伦敦政治经济学院的导师阿林·杨格，他戏称新古典主义的经济学为切线经济学。卡尔多相信，竞争均衡架构作为一种处理经济力量运行方式的思想工具或作为一种关于经济变化预测的工具，与现实不相关。卡尔多公开反对均衡理论的观点，并在不同场合对于均衡经济理论进行批评。在去世前的最后几年，他在奥肯讲座、马蒂奥利讲座等不同公开场合阐述他的反对意见。卡尔多对短期均衡经济学的批评主要集中在三个方面。第一个是方法论的，对方法论的攻击比较直接，如果经济学是一个有用的科学，模型必须基于现实和经验可以证实的假设，而不应是一个不能检验的先验假设。第二个是关于市场运作缺乏现实性。批判集中在市场功能方面，卡尔多强调的是市场创新功能和现实世界中产品需求、生产要素和活动要素之间的互补性。如果市场代理人仅仅是价格的接受者，但在真实世界里，生产侧的市场代理人不仅是简单的价格接受者和数量制造者。相反，生产者还关注产业中的其他经济数量信号，如库存等信息常常比价格信号更重要。当然，卡尔多可能忽视了库存和价格信号之间的原因和表象之间关系的分析。第三个是忽视递增回报的影响。首先，除非规模经济非常小，否则在递增回报中没有竞争均衡。卡尔多指出，递增回报将导致所有均衡系统的改变，包括资源可获得性、技术、口味、偏好、价格等。其次，一旦承认存在递增回报，最优资源分配的概念就失去了意义，因为生产曲线可能的位置本身将依赖于其自身的资源分配，且最优曲线的位置无法确定。再次，递增回报的存在损害了任何时候产出必须受资源约束的论断，因为生产过程将产生自己的资源。最后，如果在递增回报中，供给和需求相互作用，这将不能保证失衡一旦出现，它必然回到均衡状态。

　　在批驳均衡经济理论的同时，卡尔多给出了封闭经济下工业和农业两部门模型的概述，他在剑桥已经讲了这个模型很多年，模型的目的是探索在一个封闭系统中，如果世界经济受工业增长的约束，以工业价格对初级商品价格非对称的调整为基础，解释世界经济的滞胀倾向。该模型强调了实现两个部门之间平等贸易条件的重要性，并表明从长远来看，增长取决于农业中抵消收益递减后土地节约创新的速度。

# 第七章　卡尔多对新货币主义的批判

## 第一节　卡尔多对新货币主义理论的质疑

### 1. 新货币主义理论的四个基本命题

20 世纪 30 年后期，凯恩斯革命彻底取代了早期的思维方式，并为经济管理提供了全新的概念框架。当时，社会对通胀或通缩、失业、国际收支或增长等经济问题，有了同前几代经济学家不同的看法，考虑的重心从供给端转向了需求端。因此，凯恩斯主义者试图通过干预收入产生的过程等方面来调节经济，包括通过对私人部门或海外部门的干预，或通过对公共部门净收入的反向变动来抵消净通胀或通缩趋势。此前的经济学家曾认为，需求水平即支出量直接取决于货币供应量和流通速度，并曾考虑主要通过货币控制来调节支出水平。其实，马歇尔"考察的货币数量不是费雪所考察的流通中的货币总量，而是人们手中愿意余留的备用现金总额"。[①]卡尔多认为 20 世纪四五十年代，经济学家们已经有了比前辈们更好的对市场机制的深入认识。到了 70 年代，新货币主义反对凯恩斯的做法，新货币主义者认为凯恩斯错了。越来越多的新货币主义者将这种新学说在全球广泛传播，很大程度上是因为有一位具有说服力和传播力的经济学家——1951 年约翰·贝茨·克拉克奖得主、1976 年诺贝尔经济学奖得主、被誉为 20 世纪最具影响力的经济学家及学者之一的芝加哥大学的米尔顿·弗里德曼教授。卡尔多认为新货币主义实际上是一场弗里德曼革命，而不像凯恩斯本人并不是凯恩斯主义革命的唯一源头。凯恩斯的《通论》是早期许多学者大量工作的结晶，其中主要是威克塞尔和他的追随者，瑞

---

① 胡寄．西方经济学论史 [M]．立信会计图书用品社，1991：335.

典的缪尔达尔和林达尔，还有波兰的卡莱斯基，更不用说凯恩斯在剑桥的同事和许多其他人了，许多学者在其中作出过贡献。

卡尔多用了一个词形容弗里德曼的学说——弗里德曼货币主义学派，即新货币主义学派。卡尔多认为这个新货币主义学派无论是在跟随和信奉这个学派的人数方面，还是通过时间序列回归方程式总结历史经验获得科学证据等方面都取得了非常可观的成功。1962年弗里德曼出版的代表作《资本主义与自由》被翻译成多国文字，他的政治哲学是强调自由市场经济的优点，反对政府干预，书中的观点倡导将政府的角色最小化，以让自由市场运作，来维持政治和社会自由。"弗里德曼对货币数量论的重新论述，主要集中于对影响货币需求的因素进行分析"。① 弗里德曼的观点对20世纪80年代开始美国以及许多其他国家的经济政策都有极大影响。卡尔多承认新货币主义学派的特征是实证主义，但卡尔多并不承认新货币主义是科学主义，认为新货币主义学派是伪科学主义，只是以科学为卖点。卡尔多认为，新货币主义用时间回归，仿佛是自然科学的控制实验，提供了同样科学的证据。由于新学派往往有吸引力，在英国，也有一些积极的鼓吹手，如哈里·约翰逊教授和沃尔特斯教授，尽管他们同美国的学者比较，用柔和的语调写作，提出更温和的观点，也更难被发现他们相信什么。他们相信新货币主义学说具有实用的价值。

卡尔多指出，为了对新货币主义进行批判，首先就需要弄清楚新货币主义到底是什么，新学说有哪些新元素、新逻辑、关于货币与GNP关系的新方法，否则便无法展开批判。新学说的基本命题是什么？卡尔多认为如果看新货币主义温和派的观点，新货币主义似乎什么都没有说。如果看新货币主义极端学派的观点，如圣路易斯的安德森、乔丹和基兰，卡尔多认为他们似乎扭曲和误解了新货币主义学派的信条。卡尔多认为，如果要正确理解新货币主义的新元素，必须理解弗里德曼这位大咖的观点，以及对他的紧随者梅塞尔曼和安娜·施瓦茨、菲利普·卡甘等持同样观点的学者进行分析和解释。

卡尔多认为，新货币主义信条的基本要素可以归纳为以下四个命题：①货币在确定名义方面很重要，例如名义GNP、名义汇率、名义价格水平、名义工资水平、名义工资率等，而在其他方面，例如财政政策、税收、工会行为等方面并不那么重要。②货币除了临时改变外，不能改变实际的东西。用弗里德曼朴素的表达来说，就像把一个货币扳手扔进机器。

---

如果这样做，是以痛苦的成本为代价，因为只存在唯一的真实利率均衡、唯一的真实工资均衡、唯一的真实失业均衡。货币通过反向操作可以临时改变，可以暂时降低利率，减少失业，降低实际工资。卡尔多指出，弗里德曼学说的所有这些部分都让人回想起20年代和30年代初的奥地利学派米塞斯和哈耶克的理论。卡尔多认为，弗里德曼从奥地利学派中受益颇多，但认为弗里德曼在他公开出版著作的各类文献中似乎忽视了这些。之所以这样说，是因为卡尔多对奥地利学派非常熟悉，他是早期奥地利学派的追随者，并翻译过一本德语版奥地利学院的书籍。同时，卡尔多认为弗里德曼不同于米塞斯和哈耶克更慷慨地对待新的经验主义，另一方面，弗里德曼忽视了哈耶克传递机制和货币造成生产结构扭曲的微妙之处。③虽然货币供应量单独决定名义支出，名义收入和名义价格，但有时滞，且不稳定。原因尚未知晓，时滞在2个季度与8个季度之间变化，这就是回归方程式所显示的。④虽然控制货币供应量是唯一有力的控制工具，但中央银行通过反周期地改变货币供应量来追求积极稳定政策是没有用的。弗里德曼声称，干预的本意是为了经济稳定，干预行为本身可能成为经济不稳定的原因。因此，弗里德曼的观点是，保持经济稳定的最好办法是维持货币供应量以一定速度稳定增长。

卡尔多并不认同弗里德曼这种没有理论模型的数据分析。不像凯恩斯主义理论具有清晰的理论模型，新货币主义没有指定特定要素相互作用的结构模型，其结果是基于直接和确凿的历史数据证据，是基于数据驱动的研究。对弗里德曼而言，显著而清晰的统计关系足以排除其他解释。货币供应量外生变化会影响支出水平。但是，货币如何流通，是谁收到货币，接收货币者是否将其视为自己可支配收入或财富的补充，或是源自同其他资产交换而不增加财富或收入，所有这些问题，正统的弗里德曼学派全都不考虑。也许很重要的一点是，当弗里德曼在他的论文中，尝试用图形描述货币供应量增加如何导致价格和收入增加时，就像是在直升机上从空中向人群撒钱。休谟、罗宾斯曾指出："货币数量决定利率是一个错误概念。"根据凯恩斯的公式，则是利率决定于货币数量的流动性偏好。①

卡尔多认为，弗里德曼用了严格的瓦尔拉斯或马歇尔方式解释了他的经验发现，表明人们希望以货币形式保持其实际收入的占比恒定，而且这部分对利率不敏感。但是卡尔多对此进行质疑，他们是国民收入中大量的工薪族吗？事实上，他们在任何时候都只占很小的比例。他们谁是出租

---

① 罗宾斯. 经济思想史：伦敦经济学院讲演录[M]. 中国人民大学出版社，2008：322.

人？他们的投资组合选择和投资组合的转移，更多时候是受短期预期和各类金融资产的收益影响吗？还是对于企业而言，持有货币只是确保流动性的多种方式之一。而对于企业而言，流动性只是众多影响当前支出决定的因素之一。卡尔多对新货币主义特征的回顾，比较清晰地发现了其中的问题，并且概括出其中的特征，但是似乎在这个领域，卡尔多远没有他在回顾李嘉图、马歇尔、马克思的文献时那么娴熟。

### 2. 不存在稳定的货币需求函数和货币流通速度

卡尔多对新货币主义的稳定的货币需求函数和稳定的货币流通速度两个前提假设予以否定。

卡尔多对弗里德曼新货币主义的第一个质疑就是，是否存在稳定的货币需求函数。卡尔多认为弗里德曼货币主义第一个核心中枢是稳定的货币需求函数，这是在进一步研究之前必须确定的内容，这个特殊稳定的货币需求函数到底是否存在成为质疑弗里德曼的关键。显然，从广义上讲，无论货币供应量如何定义，它与名义 GNP、消费、投资、财富、工资单等相关。随着时间推移，在时间序列中，任何一项的移动都必然与其他项高度相关。理查德·斯通多年前就证明，对于战后美国经济而言，所有主要收支项目都与三个独立因素密切相关，他将其确定为 GNP、GNP 的变化和时间趋势。卡尔多对其中两个重要的关键点提出质疑。首先，高相关性是否表明两者之间存在因果关系？是否意味着货币供应量决定收入水平，或者相反？还是这两者同时由第三个因素或多个因素决定？其次，存在强大的统计关联性，是否就意味着可以通过控制其中一个变量，引起另一个变量可预测的变化？货币乘数还存在吗？卡尔多否定了这个观点，他指出，在英国历史上已经发现确定的最好相关关系，但不是在所谓货币供给和 GNP 之间，或货币供给与消费支出之间。卡尔多认为季度现金量变化与市场价格变动的消费者支出之间有很好的相关性。卡尔多强调，其实这个结论早在发明多重回归之前就已广为人知，每个学者都知道，公众手中持有的现金会在圣诞节定期上涨，在第二年一月份下降，然后在夏季银行假期前后再次上涨。没有人会认为 12 月货币数量增加是圣诞节购买狂潮的原因。

卡尔多认为，还有一个与弗里德曼理论更为相关的问题：货币当局是否可以通过拒绝在圣诞节期间提供额外数量的纸币和硬币来防止大举购买？当然，大多数人会说，要防止钞票流通量上升而不会造成灾难性后果是完全不可能的。卡尔多提出了一个戏剧性的建议，即每次客户提款不超

过 5 英镑的现金。如果一个人每天需要排队十次，一次排半小时才能得到
50 英镑的钞票，这将对现金供应量构成相当有效的约束。但这会停止圣
诞节购买吗？卡尔多认为，这个货币控制没有任何效果，它只会带来几天
的混乱，很快就会出现各种各样的代金券，它们与金融机构发行的信用
卡、本票等类似，流通方式与钞票相同。任何具有较高声誉的公司都可以
发行此类票据，任何有信用的个人都可以得到购物授信。有信用的任何个
人都可以得到相应的信用，信用最本质的意义就是简单的信任。当然，卡
尔多认为，得到授信或有信用价值那部分人的花费，不会超过他们能够承
担的支出额度，他们可以靠信用卡生活。其余没有信用卡的人，比如靠周
工资生活的大众将被支付比如国家排名前五百家公司颁发的欠条，同样他
们也可以把这个欠条交给其他雇主。这前五百家公司不久将发现，通过投
资某些巨型计算机，建立一个他们自己的清算体系来定期清算所有净流出
债权和债务很方便。对于这个清算系统的成员公司，相互互换信用或彼此
信用间的设施协议也是必需的，每次清算后处理净贷方或借方余额。当这
些达成一致之后，将建立一个完整的替代货币系统和支付系统，与官方货
币并存。通过这个假设的过程分析，卡尔多指出，控制货币需求往往没有
太大作用。

这个时候，卡尔多就重新思考这一古老的问题，货币的本质到底是什
么？他认为，任何时候，货币都被认为是金融债权的一种形式，是用于清
偿债务的工具。但是，任何常用类型的短缺都必然导致新类型的出现。实
际上，从历史上看，最初出现钞票，然后是支票账户，在 20 世纪，还没
有出现过新形式，这仅仅是因为现有系统的管理使其不必要出现，而货币
当局提供了大家习惯的货币，阻止新事物的发展。因此，卡尔多认为，如
果按照这个思路，认为货币是某些特殊的物质，一个真实的实体物质，它
的数量被完全独立地由货币当局管理和控制是站不住脚的。卡尔多并不否
认控制货币有部分作用，货币当局能够在一定限度内对借款量进行控制，
特别是短期内能够通过公开市场操作来控制利率，这远比其他运转方式更
有力，同时因为货币当局能够在一定限度内控制货币数量和通过清算银行
控制贷款方向，这样它就在信贷供给中起到了有力的作用。英国货币委员
会已经证明，当信贷控制作为一个独立工具运作时，它是财政政策的替
代，而不是一个补充。通过从清算银行到其他金融机构的业务转向，任何
货币当局积极的主动行为都弱化了它们对市场的控制。战后货币政策产生
了许多管理混乱的经验。用英国货币委员会的话说，企业举债困难，为了
获得更好的收入和支出之间的同步，公司必须从不熟悉的来源借钱，但是

对支出影响不大。

卡尔多对新货币主义质疑的第二个内容就是稳定货币流通速度的假设。当中央银行控制传统货币数量，就传统货币而言，货币流通速度是自动加速的。卡尔多像许多的经济学家一样，对货币流通速度稳定的判断始终存疑。弗里德曼的主要观点是就传统货币而言，货币流通速度是相对稳定的。但卡尔多从观察到的货币供给历史看，得出的结论恰恰相反，货币流通速度是不稳定的。换句话说，货币需求增加引起了货币供给的增加。货币供给为适应贸易需求，随着扩张而增加，反之亦然。从技术角度看，这可能是金融稳定或维持某种理想利率水平目标的结果，其中货币流通速度是不稳定的。

卡尔多认为更重要的是无论是美联储还是英格兰银行货币当局都没有完全意识到，它们是处于君主立宪的地位，发行纸币的权力取决于它们持续维护货币运作时所表现出来的克制程度。通过议会法案，英格兰银行至少在英格兰和威尔士获得垄断发行纸币的权力，但赋予这些行为权力能够真正落实，还依赖和取决于一般货币和信用体系中纸币所起到的核心作用。反过来，这不是一个合法权力的问题，卡尔多指出，它其实是避免导致这一作用受到侵蚀的货币政策问题。所有关于稳定货币函数的经验发现，货币供给是内生而不是外生的，卡尔多认为这才是问题的症结。

但是新货币主义学派激烈反对，他们提出两类依据：首先是时滞。美国货币供应的高峰和低谷通常先于 GNP 的高峰和低谷，尽管有 2 到 6 个季度的可变滞后，而且在战后缩短到 1 个季度或更短。如果货币供应量先变化，然后收入或商业活动水平发生变化，则认为前者是后者的原因。其次，不管怎样，美国银行总是基本把钱贷出去了。卡尔多认为，这两种论点都不能证明货币在美国发挥作用，更不用说在英国发挥作用了，因为货币供给决定了货币收入和增长率。更多经济学家普遍认为时滞不能证明任何因果关系的本质。

卡尔多认为，可能还需要研究其他原因，例如财政收支中的逆周期行为，特别是在战后年代。卡尔多认为存在一个内置财政稳定器，它意味着财政赤字在活动减少时自动增加，活动增加时自动减少。比如特别是在战后美国，逆周期行为的财政平衡措施已经是一种常态。由于税收的滞后，特别是公司利润税的滞后，这种运作使得最大的波动有时发生在经济活动的转折点之后。

卡尔多强调，政府净借款需求变化是货币供应量变化最重要的原因。部分是由于以下事实：政府自己的余额被排除在货币供应量之外，因此，此类余额的任何消耗都会自动增加货币供应量。部分原因是政府是唯一拥有无限借贷能力的借款人。无论是由于税收减少、支出增加还是两者兼而有之，政府借款增加都会导致货币供应量的增加，这是被动货币政策自动运行的结果，该货币政策部分是为了稳定利率，部分是为了保证债券市场有序运行。而且，当美国经济萧条时，政府的借贷需求总是最大的，总是在美联储最不愿意遵循严厉信贷政策时发生。

通过上述过程分析，卡尔多得出的结论是，在商业周期之前，观察到的货币供应中的巨大波动可能只是内在财务稳定器运作的反映。这种观点有一个有趣的证据是朝鲜战争后货币供应的异常行为，当时货币供应在朝鲜战争大约一年后，而不是前一年达到顶峰。卡尔多认为，其中一个可能的解释是，政府支出和赤字增加，随之而来的是活动导致需求的急剧增加，应该是军事采购的大幅增加所致，反映在联邦政府支出的急剧增加中。可以看出，卡尔多对新货币主义的两个前提假设都进行了批驳，他认为，稳定的货币需求函数和稳定的货币流通速度都不成立。

## 第二节　卡尔多对货币供给的实证研究

### 1. 大萧条前后基础货币没有减少

卡尔多仔细分析了弗里德曼的第二个观点，也是弗里德曼本人最强调的观点：美国的货币供给是外生的，并且在很大程度上取决于美联储自主决定的货币市场政策。由于弗里德曼和安娜·施瓦茨已经在《美国货币史》一书中证明这一点，所以卡尔多认为用几句话来处理他们的大量证据并不容易。尽管如此，卡尔多对某些关键问题进行了敏锐的分析。

首先，虽然基础货币和货币供应量之间的相关性总体上良好，但不足以认为一个的变化必然导致另一个等同的变化。特别是美联储竭尽全力增加储备金时，基础货币对总货币供应量的反应很小。此外，所有时期基础货币的变化对货币乘数的影响始终都是负的。卡尔多认为，更为重要的是，基础货币的变化本身可以用多种因素来解释，例如为了稳定利率或确保政府债务融资，而使基础货币自动对货币需求变化做出反应。换句话说，如果货币供应量的变化与基础货币基础的变化密切相关，那主要是因为后者和前者一样都是内生的。弗里德曼本人将大萧条时期的货币史视为对其基本论点的最终验证。部分经济学家对大萧条时期的货币政策进行了复盘。凯恩斯和当时大多数经济学家都认为，尽管货币当局的经济政策是大胆扩张，但美国还是发生了大萧条。弗里德曼认为恰恰相反，大萧条期间美国货币当局遵循高度通缩的政策，美国的货币供给数量下降了，在萧条过程中下降了三分之一，下降的原因不是因为没有愿意的借款人，而是因为美联储强迫或允许基础货币剧减，未能履行《联邦储备法》赋予它的职责，向银行体系提供流动性，而不是凯恩斯等学者认为的那样，货币政策无能为力。[1]

卡尔多不认同基础货币急剧下降的观点，这一论点在反驳新货币主义时绝对至关重要。卡尔多根据弗里德曼自己提供的数据进行了分析。卡尔多用美国当时的数据进行复盘时，发现在整个大萧条时期，美国货币供给没有下降，而是增加。更重要的是卡尔多观察到，公众持有的货币与银行存款的比率急剧上升，此后从未逆转。卡尔多质疑，如果是对银行的信任问题，为什么它在随后的 30 年仍未扭转？事实是，在 1944 年至 1945 年的战争期间，货币与存款之比达到了最高水平，这表明，主要解释原因可能在其他地方，卡尔多认为是支付方式发生了变化的原因，是由现金支付和支票支付两种不同支付方式的变化造成的，部分是由于金融交易量的下降，这可以解释为什么在华尔街繁荣时期，存款与货币之比大幅度上升。部分原因是在经济衰退期间，工资所占份额上升，而财产收入所占份额下降。另一个原因是银行存款对银行准备金的比率下降，它反映了银行的审慎动机，但也可能是由于贷款需求不足，特别是以投资为目的的贷款需求的下降。从卡尔多的观点看，数据并未支持对这类意义深远而又复杂的问题的争论，卡尔多更加信任像凯恩斯或亨利·西蒙斯一样的判断，而不是可疑且有个人倾向性的 30 年统计数据。

卡尔多仔细研读了关于美国货币历史导致大紧缩的相关书籍，认为英国脱离金本位之后，其货币政策是愚蠢的。卡尔多对英格兰银行的哈曼先生和斯特朗先生提出高度评价，认为如果美联储更加严格地遵循 1825 年英格兰银行哈曼先生处理金融恐慌的古典方法，是可以避免在大萧条期间银行连续倒闭的。卡尔多把大萧条时货币政策的失败归结于制定货币政策的人。如果本杰明·斯特朗州长在 1928 年没有过早退休和死亡，卡尔多相信大萧条不会发生。1928 年之前的货币政策可能并没有助长 1929 年后的金融危机，因为之前保留了大量的准备金，在 1925 年至 1929 年，基础

---

[1] 米尔顿·弗里德曼，安娜·施瓦茨. 美国货币史(1867—1960)[M]. 普林斯顿大学出版社，1963：257-269.

货币供给一直是极其稳定的。这种情况发生在美国经济不断扩张时期，结果导致银行体系变得越来越不稳定：银行存款与银行准备金之比，以及公众手中的存款与货币之比，远远超过了第一次世界大战之前的常规水平，并且大大超过了后来达到的水平。在比较大萧条期间美国和加拿大的经验时，最佳答案是弗里德曼本人提供的。在加拿大，根本没有银行倒闭，货币供应量的收缩比美国要小得多，然而名义 GNP 收缩比例几乎是一样的，货币供给变化的差异大部分被流通速度下降的差异所抵消。这清楚地表明，货币需求的相对稳定反映了货币供应的不稳定。如果保持货币供应稳定，流通速度将更加不稳定。卡尔多指出，这最后一条表述似乎与弗里德曼的经验概括相矛盾，根据弗里德曼的概括，美国流通速度波动历来与货币供应量波动呈正相关关系。当货币供应最稳定时，流通速度最稳定。卡尔多认为，如果有人假设是经济波动导致货币供应量波动，而不是相反，货币供给量的弹性小于无限大，那么，需求变化越大，货币的供给和流通速度增加就越大。如果货币供给的反应较小，那么流通速度的变化就会更大。如果货币供给完全反应，则流通速度不会发生变化。

### 2. 英国货币供给的实证分析

卡尔多认为，英国的货币供给数据也不支持弗里德曼的观点。第二次世界大战后，货币供给在英国货币当局直接控制之下。卡尔多指出，通过银行准备金率控制的说法更不合理。很明显，它不受 8% 最小现金比率控制，因为当时英国商业银行与清算银行之间已达成协议，商业银行每周必须提供足够的准备金，而无需进行任何前期准备。

那么，当时是什么因素决定了英国货币供应量的变化？卡尔多认为，这在很大程度上反映了货币收入的变化率，依赖于下列重要因素的变动：一方面是需求压力的变化、国内投资、出口和财政政策，另一方面是工资通胀率。货币供给和 GNP 之间基本关系的不断调整，短期而言是通过特定部门的收入-支出关系行为，卡尔多称之为收支关系的调整，但这些特定部门收支关系特别不稳，换言之，它们依赖于数额大的和容易发生大变化外部融资的净剩余，其原因是该部门是内生的，而不是外生的。在 20 世纪五六十年代，英国的库存并没有战前预期的那么不稳定，英国的商业资本相对稳定。英国的公共部门，其净借贷需求受到了很大的限制，相对不稳，货币供应量的短期变化很大程度上可以由公共部门借贷的变化来解释。卡尔多用 1957 年至 1968 年公共部门借款需求的货币供给变动的简单回归方程证明，反映了货币供给增加对公共部门赤字每增加一英镑的变化，以此来解释货币供给的变化。1920 年至 1970 年的 50 年间，英国货币供给增长率发生了剧烈的变化。20 世纪 60 年代，英国的国际收支出现了急剧转变，货币主义者对此给予高度肯定，他们自豪地指出其货币政策的有效性，尽管它没有阻止工资和价格通胀，但至少恢复了国际收支平衡。

## 第三节　卡尔多基于凯恩斯理论对新货币主义的反击

资本主义经济是否必然受资源限制，或它是否受有效需求约束导致就业不足？卡尔多认为，这个方面的争论，在 20 世纪 60 年代中期变得更加激烈，并且它提出了一个更为尖锐的替代性经济政策问题。卡尔多在 20 世纪 80 年代晚年时期，在这一领域发表了许多论文。对大多数存在争议的观点，卡尔多相信自己的解释是对的。

这些观点与托宾所称的货币主义 I 有关，它主要是弗里德曼等人提出的货币主义观点，包括新货币数量论、适应性预期假说、自然率假说、附加预期的菲利普斯曲线等理论。它们关注的问题是：价格变化是货币流通量先前的变化，还是其他因素引起的收入和价格变化，导致货币供应量相应发生变化的问题。货币主义 II 提出的问题更为微妙，卡尔多将其概括为"连续市场出清的超新古典世界，同时理性人能够正确预测未来，使得政府的经济管理政策无效，产生税收转为借款的效果"。① 卡尔多认为，撇开理性期望假说，仍然需要讨论货币在产出决定、就业和价格方面到底重不重要。为了理解争论是如何发展的，卡尔多认为需要牢记两件事情。首先，凯恩斯并不反对货币数量论。凯恩斯在他大多数的工作期间，同剑桥经济学家如罗伯逊等一样，是一个忠实的马歇尔货币数量论追随者。同时，凯恩斯的货币理论，"完全受维克塞尔的影响"。② 他讲授了多年的货币理论，并且在 1923 年《货币改革纲领》和 1930 年的《货币论》两本著作中，希望进一步发展货币数量论。其次，凯恩斯在撰写《通论》时，当时的经济环境是低利率和宽松货币，信贷的扩张主要是缺乏有信用的借款方，而不是银行不愿意或无能力扩张基础货币信贷。因此，如何将确定需求均衡水平的方程式与由货币因素确定的总需求相协调的问题，卡尔多认

① 尼古拉斯·卡尔多. 新货币主义[J]. 劳埃德银行评论，1970(7)：74.
② 米尔达尔. 货币均衡论[M]. 商务印书馆，2012：11.

为凯恩斯从未真正想到过。卡尔多指出，凯恩斯关于利率流动性偏好理论的作用，不是将货币数量论与有效需求论相协调，而是解释是什么决定货币利率，是支撑凯恩斯就业不足均衡的概念，对凯恩斯本人而言，这不是一个自然而然发生的事情。可以通过一些方程式来说明，前凯恩斯主义和后凯恩斯主义经济学中，货币因素和实际因素之间是如何联系起来的。

古典货币数量论有两种表达方式：一种是 1911 年费雪提出的交易方程式 $MV = PT$，$M$ 为货币数量，$V$ 为货币流通速度，$P$ 为价格水平，$T$ 是货币需求量。费雪方程式试图在宏观货币供给 $M$ 和总价格水平 $P$ 之间建立数量关系；另一种是英国马歇尔和庇古提出的现金余额方程式 $M = kPY$，探究是什么因素决定了微观企业和居民现金持有量的问题。如果用产出 $Q$ 替代 $T$，$Q$ 为真实收入或真实产出，包括存货、股份等以及新生产的商品和服务等，代入方程式，货币供给和总价格水平之间的关系为：

$$P = \frac{MV}{Q} \tag{7.1}$$

庇古修正的货币数量理论之所以如此命名，是因为其最初出现在庇古的《失业理论》中：

$$P = (1 + \eta) \frac{\mathrm{d}L}{\mathrm{d}Q} \omega \tag{7.2}$$

其中，$L$ 是劳动，$\omega$ 指单位劳动的名义工资率，$\eta$ 是个体生产者所面对的需求弹性的倒数。除了变量 $P$ 和 $Q$，其他都认为是给定的。公式（7.2）系统和原始货币数量论公式（7.1）之间的区别在于，公式（7.1）将名义工资水平当作一个无关紧要的因素，即不由劳动市场中价格出清所决定。由两个等式组成的系统，形成了对失业的普遍看法。随着总劳动力需求曲线的下降，失业人数取决于超过与充分就业相适应的名义工资水平 $\omega$。凯恩斯引入了一个新概念，即有效需求。用一个简单的方程式来表示他的实际需求理论，凯恩斯假设消费是 $C$，是收入的简单线性函数 $C = cQ$，均衡条件是 $I = S$，$S$ 是储蓄，可以写为：$I = (1 - c)Q$。因为模型假设 $S = sQ$ 和 $s = 1 - c$，所以：

$$D \equiv Q = \frac{1}{1 - c} I \tag{7.3}$$

这个方程引入了两个新的外生变量（$1 - c$）和 $I$，但是没有新的因变量。卡尔多考虑的是，公式（7.3）是否可以与公式（7.1）和公式（7.2）表示的庇古模型协调？卡尔多认为，凯恩斯的解决方案是导入一个新的方程式，引入流动性偏好理论，代数方程为：$M = L_1(Y) + L_2(r)$，这个方程使得货币需求是收入和利率的函数。当 $Y \equiv PQ$ 时，有：

$$M = L(Y, r) \tag{7.4}$$

这使得货币需求是收入和利率的函数。这就意味着货币数量论方程，即公式(7.1)应该被重新改写成这个形式：

$$V(r) = \frac{Y}{M} \tag{7.4a}$$

当 $V(r)$ 是流动性偏好函数的替代形式，$L = \dfrac{1}{V}$ 表示货币需求为收入的一部分。实际上，用 $V(r)$ 代替公式(7.1)中的常数 $V$ 会增加两个新的因变量，因为 $V$ 会随 $r$ 变化，并且 $r$ 必须满足公式(7.4)和公式(7.4a)，即必须使货币需求与货币供给相等。但是，除了 $P$ 和 $Q$，其他所有变量都是外生的，包括变量 $M$。对凯恩斯这种解释的主要压力在于使公式(7.1)与公式(7.3)一致。在希克斯 1937 年发表相关文章之后，凯恩斯主义者和非凯恩斯主义者都普遍接受这个结论。货币数量论和凯恩斯就业理论的一致性就落到 $V(r)$ 上，流通速度变化本身适应由公式(7.3)引起的总需求变化。所以，约翰逊、詹姆斯·托宾、阿克洛夫和许多其他的学者认为，凯恩斯和货币主义的差异是一个货币需求利率弹性的实证问题。在上述模型中，$V$ 的变化与 $Y$ 的变化之间应该具有高度相关性，反过来又意味着 $M$ 和 $Y$ 之间不存在任何相关性。但是，弗里德曼的实证发现完全相反，$M$ 和 $Y$ 总是高度相关的，只是变量有时间滞后的约束，然而 $V$ 是很不稳定的，它的变动也是与 $M$ 正相关而不是负相关。然后，他宣布反对凯恩斯，赞成货币数量论，并从 1956 年开始一直提供越来越多的这种证据。

卡尔多不赞同弗里德曼的观点，他指出，相关性没有说明因果关系的方向。弗里德曼在不同的时间提出了一系列的证据，其中最著名、争论最激烈的是关于时滞的问题。此外，弗里德曼与安娜·施瓦茨撰写了著名的《美国货币史》，来支持美国货币供给变化是外生的观点，[①] 但是正如几位评论家所指出的那样，书中没有任何内容可以真正支持这一观点，而且很多东西都支持相反的说法。美国经济历史学家罗伯特·拉塞尔对这本书中货币主义的谬误猛烈批评。罗伯特·拉塞尔还指出，在附录中的历史基础统计表并不证实作者的发现。弗里德曼把美国 1929 年至 1932 年的大萧条归结于美联储系统通缩政策，美联储发行的基础货币急剧减少。而事实

① 米尔顿·弗里德曼，安娜·施瓦茨. 美国货币史(1967—1960)[M]. 普林斯顿大学出版社，1968：344-358.

是，在大萧条期间，美联储增加了基础货币，但是在刺激经济上没有效果，事实上这些数据正是来源于弗里德曼自己统计数据所展示的内容。使卡尔多感到奇怪的是，在20世纪，无论是在英国还是在美国，所有货币著作的独特之处在于，货币供给的外生性几乎从未受到质疑。而事实上，来自银行信贷的大多数货币资产都通过公共部门或非银行私人部门贷出。① 大多数人认为，银行系统外公众持有的货币总量最终是由货币当局决定的，与货币需求或信贷需求无关。货币当局拥有广泛的权力，可以通过规定银行利率并辅以公开市场操作，为银行系统提供符合货币当局政策的特定流动性。然而，大量证据表明，银行信贷的供给是有弹性的，它对波动需求做出反应，而货币当局抵消这种波动的权力受到其最后贷款人功能的严格限制。

卡尔多认为，在实现和名义的世界里，货币数量的传导机制并不相同。假定在商品货币的世界里，黄金或白银是主要货币形式，可转换成的银行纸币是附属形式。黄金流通数量增加，黄金供给超过黄金需求，可能导致现有黄金价格水平下降。并且由于所有黄金都必须存在于某处，因此消除黄金过量供给的唯一方法是就通过上涨价格，使相对于黄金的其他商品价格下跌。例如，如果发现了一个新的金矿，黄金的流通将加速，直到黄金失去足够的价值为止，这样相对于实际购买力而言，新的黄金数量就不再被视为过剩了。在纸币的信贷中，对黄金的这个分析过程不再相似。因为如银行货币信贷随着银行贷款需求而变化，不能假设货币供给随着货币需求而变化，货币供给永远不能超过货币需求。如果超过货币需求，将通过偿还银行贷款，或者通过从银行购买有收益金融资产的方式自动消除。卡尔多指出，正是出于这个原因，弗里德曼和他的追随者们，无法对增加货币供应量是如何导致18个月到36个月后的货币收入等额增长做出清晰的解释。卡尔多认为这种传播机制仍然是黑箱。

在英国，弗里德曼货币主义学派在20世纪70年代后期变得非常流行。然而，自从撒切尔夫人新的货币主义者政府上台以来，这些观念很快就在知识分子中消失了。卡尔多发现，就货币供应而言，按照政府选择的定义，20世纪70年代英镑 $M3$ 增长速度几乎是20世纪五六十年代的2倍，而且每个人都清楚，货币当局没有办法直接控制货币流动，而只能通过对货币的其他影响来间接控制，如通过通货紧缩的财政政策来影响货币

---

① 为应对经济危机，美国2008年、2020年的大规模万亿级的量化宽松政策，并未体现真正的货币内生的理论要求。

需求的增长。同时，公共部门实行严格的薪酬政策，加上英镑高估对商业利润造成的巨大压力，大大降低了名义工资和进口商品价格的增长率。通货膨胀率从撒切尔夫人任职第一年的 22% 下降到 1983 年的 5.3%，但事实上，这使得正统货币主义者付出了沉重的代价，撒切尔夫人任职的前两年货币供给暴增，造成通货膨胀率达 20% 以上。任何给定的利率都是由需求决定的，通过将流动性偏好函数略微更改，可以将其合并到模型中，写成：

$$M(r) = L(Y,\ r) \tag{7.5}$$

或
$$Y = \frac{M(r)}{V(r)} \tag{7.5a}$$

因为，加入另一个变量 $M(r)$，它需要另一个方程，它简单的形式可以写成：

$$r = \bar{r} \tag{7.6}$$

当 $\bar{r}$ 是由货币政策决定的利率时，它可以随政策的变化而改变，但是对于任何给定的 $\bar{r}$，货币供给都是无穷弹性的，它不能与货币需求区分开来。相反，货币数量论断言，相对于需求的货币供应量变化是总价格水平变化的唯一原因。卡尔多指出，一旦认同这一点，对货币需求反映流动性偏好利率弹性的重视就消失了。如果这个弹性很小或不存在，这个争论就不支持货币控制的有效性。恰恰相反，是货币当局改变货币数量的重要性，而不是对需求变化做出反应。当然，利率政策可能会有效地影响投资水平，并且以这种方式影响经济中产生的收入水平，这反过来也会影响货币需求。但是在那种情况下，货币政策只不过是另一种财政政策而已。从凯恩斯主义的意义上讲，它成为需求管理的一种特殊工具。

卡尔多认为，在凯恩斯主义模型中，社会价格总水平取决于商品生产的货币成本，在封闭经济中，取决于效率工资的水平。在任何给定时刻，这些因素都是作为过去的遗产外生地给定的。模型中没有任何东西可以决定相对于生产率变化的名义工资的变化率。在 20 世纪前半个世纪中，工业化国家的普遍经验是，生产率的变化总是快于工资率的变化，某些国家的差距比其他国家更大。卡尔多指出，这是凯恩斯主义需求管理方法无法解决的一个问题，在繁荣时期，工资诱发的通货膨胀将更为严重，与闲暇时期的低利润和高失业率相比，快速增长的利润率和就业率有一个加速的趋势。卡尔多认为，要解决这一问题，需要在制度安排上进行深远的变革，在不同群体和阶级之间进行合理的划分。可以看出，卡尔多对弗里德曼新货币主义的批判，相对于对其他的批判而言，火力要小得多。

## 第四节　卡尔多对货币政策、经济增长和稳定关系的分析

### 1. 货币和利率的作用机理及货币政策的运作方式

卡尔多认为货币流通速度不是常数。卡尔多指出，在 20 世纪 70 年代的英国，特别是自 1955 年以后，货币流通速度出现了惊人的增长，完全同比例地弥补了由于价格和名义收入上涨所需要的货币供给。如果货币供应量保持不变，名义国民生产总值增长率与往年货币供应量一样上升，相当于实际货币供应量在下降。所以，卡尔多指出，在任何意义上讲都不能认为货币流通速度的变化都是独立现象，它恰好与货币政策的变化相吻合。卡尔多认为，这仅仅是对这种政策的一种反应：如果不限制货币供给，那么流通速度就不会增加。任何货币供应量的变化影响完全不是对支付水平的影响，而是对流通速度的影响。

货币数量论的拥护者认为，货币流动速度是不变或基本不变的。其理由是：社会和制度因素决定了各种定期付款的频率，个人与营业额所需现金余额支付的不确定性在很大程度上与货币供应量无关。但卡尔多认为，如果给定各类正常支付的频率，维持给定支付需要确定数量的现金作为交易媒介，这个假设本身就是错误的。未付现金余额包含纯粹出于投机目的或出于预防目的持有的大量现金。

卡尔多强调，正如德国和其他国家在通货膨胀期间的经验所表明的那样，在有货币需要的情况下，经济体系可以仅以正常现金需求的很小的一部分运转。如 1923 年的德国，流通货币量不到 20 世纪 70 年代收入水平下年货币需求量的 0.5%，对于这个时期的通胀，卡尔多的印象很深。供给不足会带来很大的不便，由此产生短期贷款支付利率上升。从某种意义上讲，利率上升就是这种不便利程度的衡量标准。卡尔多还分析了另外一个关键因素，即利率变动对支出水平的影响。从理论上讲，利率上升应导致企业和个人消费者的支出推迟，以及导致资本支出的利率或多或少地永久降低。因此，利率上升将导致企业降低其所持有材料和制成品库存相对于营业额的比率，其方式与现金支付的周转率几乎相同，但是这里的利息弹性可能要小得多，因为节省实物库存可能会增加高昂的其他费用，包括更高的运输费用，由于生产延误造成的损失等，而不仅仅是不方便。卡尔多指出，在任何时候，利率上升对短期投资的影响都是暂时的：如果利率

上升成功引致交易商与周转有关的库存减少，只要这种调整过程正在进行之中，它将抑制需求；一旦调整完成，高利率对支出水平的抑制作用也已经完成。卡尔多指出，不可能指望通过信贷政策导致的存货下降来补偿其他部门产生的通胀压力，这种压力来自长期以来与固定投资有关的储蓄不足、预算赤字或出口顺差等。

卡尔多指出，较高利率对长期投资的影响可能会更持久，只有剧烈变化的利率对资本支出产生显著影响。卡尔多认为这是由于市场将短期利率异常高和异常低视为临时现象。短期利率的变化通常会导致长期利率朝同一方向变化，但幅度要小得多，短期利率上升而引起长期利率上升只是暂时的，因为市场认为债券价格因高利率而下跌，并将随着利率下降而恢复。

通常情况下，直接投资可获得的预期利润率与货币贷款的市场利率存在相当大的差距。用李嘉图的话说，这种差距是对农民和制造商在有效利用资本生产中遇到的麻烦和风险的补偿。但是，这种对风险和麻烦的补偿并不是硬性的，并且当利润率超过利率合理的百分比时，市场利率的适度变化不会对投资决策产生明显影响。

卡尔多关于货币供应量、利率、货币政策运行等的观点主要集中在以下四个方面：第一，货币供应量变化不会直接对商品和服务的货币需求水平产生任何直接影响，而只会通过由它们引起相应利率的变化而产生影响；第二，货币供应量任何给定百分比的变化，引起利率相应变化的幅度取决于不便利的程度大小；第三，由于货币政策的调节作用主要通过利率变化对支出产生影响，因此，直接调节利率，而不是对银行信贷供给间接施加压力更为有效。第四，相对温和的利率变动，对消费者支出或商业支出没有确定或可预测的影响。

卡尔多认为，在大规模失业和通货紧缩时期，如果利率已经接近其最低可行水平，并且无法通过公开市场操作进一步降低，利率不稳定有许多不良后果。因此，只要货币当局准备大幅提高利率，就有可能消除由于需求压力过大而引起的通胀趋势；如果有足够余地降低利率，则通过降低利率来对抗通货紧缩趋势同样有效。但卡尔多指出，存在一个难题，即货币当局能够判断、测试需要多大程度的利率变动是不可能的。

卡尔多认为，经济学家之间达成的共识是，如果依靠货币和信贷政策作为主要的控制手段，那么利率的变化就必须比实际执行的要剧烈得多。但是，其中第一个反对者就是政府，政府不愿让货币当局施加更大幅度利率变化，是由于政府存在欠国外的大量短期政府债务，以及每年大量到期债务恒定不变的再融资。无疑，这必定会降低银行利率工具作为经济监管者的相对吸引力。卡尔多强调，依赖货币政策作为一种有效的稳定手段，将涉及利率水平的大幅而迅速的变化，从而导致资本市场中债券价格高度不稳定。卡尔多强调，相对稳定的债券价格是资本市场有效运作，以及资本主义经济中整个信贷机制的重要特征。如果债券价格出现巨大且迅速的波动，那么任何形式的长期贷款所涉及的投机风险将高得多，并且投资者要求退出流动性的平均价格将大大提高。资本市场将变得更不稳定，运作效率也将大大降低。正如凯恩斯所说，当一个国家的资本投资成为赌场活动的副产品时，这项工作很可能做得不好。此外，卡尔多认为，由于平均市场利率必然要高得多，从长远来看，使投资具有吸引力所需的利润率也必须更高。要实现这一效果，政府政策必须在抑制投资的同时刺激消费。在需求不足时，政府出于政治和技术的原因，依靠信贷控制对抗通胀趋势时，必定会刺激消费而不是投资，从而逐渐转变为高消费和低投资的经济，所有这些将对长期经济增长速度产生不良影响。卡尔多指出，那些主张将信贷政策作为主要经济稳定器的人经常忽视这一事实：不断增加的利率不稳定性是使用货币政策作为经济调节有效手段的必要先决条件，只能以使长期利率的平均水平远高于相对稳定利率的水平为代价。卡尔多同时指出，稳定价格制度也有危险。只要维持价格的通胀趋势，高利率并不一定与持续的经济增长相矛盾。但是，那些主张将信贷限制作为经济控制手段的人的目的，不是维持价格通胀的稳定趋势，而是实现价格稳定。当潜在增长率较低时，如果高投资与高利率并举，只能是以经济滞涨为代价。

卡尔多进行了定量的测算，在稳定增长的经济中，投资的平均利润率可以近似地等于名义 GNP 增长率除以利润中储蓄的占比。为了使投资过程继续进行，利润率必须大幅超过长期利率。利润和收入税收越高，差额就越大。名义 GNP 的增长率是生产增长率和价格增长率的总和。稳定的价格仅与低利润率相一致，但低利润率可能不足以维持引致投资。卡尔多对发达国家的数据也进行了测算，他认为，稳定或下降的价格目标很可能被视为只有快速增长的经济体才能承受的奢侈品。

卡尔多认为信贷政策本身可能带来不确定性，在讨论货币政策惯常做法之前，卡尔多认为应该将信贷政策作为经济控制的手段进行讨论。信贷政策拥护者们不会对利率大幅波动的不良影响提出异议：他们认为，银行利率变动的心理影响远大于其技术影响。因此，只要在适当的时候使用，并对商业心理学产生适当的影响，即使适量使用该政策，也可以使之有效。与此相关的另一个论点是，频繁使用银行利率机制，会使商业界一直猜测货币当局的最终意图。这种不确定性使企业对货币当局通过银行利率变化传达的信号做出反应。即使在严格计算成本和收益的基础上，由此产生的利率变化也不会影响其行为。卡尔多的观点是，借款人最初对银行利率变动产生的心理影响反应较小，20 世纪 70 年代在英国的实践也证明了这一点。

### 2. 货币政策与经济稳定

卡尔多认为，货币和信贷政策充其量只能说是控制通胀和通缩趋势的简陋手段，只有在没有更好工具的情形下才可以使用。卡尔多指出，对于这个问题，应该分析货币和金融当局面临各种问题的性质，包括货币和信贷调整的起因等问题。卡尔多主要考虑三个方面的问题："需求压力过大；增长不平衡；工资膨胀率。"①

在需求压力方面，卡尔多的观点是，资源需求压力过大反映了资本账户上支出超过了个人、企业和公共机构收入账户中的计划储蓄。其表现形式是多样的：如在许多行业中异常多的订单；大多数行业的劳动力严重短缺；营业利润增长速度快于工资和薪金的增长速度；由于进口量增加或出口量减少或两者兼而有之，进出口关系恶化。卡尔多认为，必须寻求减少资本支出或增加计划储蓄的补救办法。如果从国家利益的角度出发，一般人都赞成增加储蓄、减少消费的政策，而不是减少投资的政策。所以除非需求的过大压力是由于某些特殊情况突然迸发，商业资本支出水平明显不稳定，否则适当的控制手段应该用财政政策，而不是从货币政策中去寻找。卡尔多声称，与货币政策相比，财政政策更具可操作性、可预测性和即时性。

对于增长不平衡，卡尔多认为是需求压力过大的变体，由于某些部门之间的发展不平衡，因此存在某些关键部门需求压力过大的问题。相对于可用资源而言，需求总和并不算过高。例如，在许多不发达国家中，食品的供应增加未能满足生产所产生的收入增长，这将导致工资品价格水平不断上升，其中包括定期上调名义工资率，这反过来又使整个经济中的成本和价格普遍上涨，并保持了工资商品价格上涨的压力。需求压力引起食品价格上涨与成本引起工业品价格上涨的这种特殊结合是欠发达国家所特有，而发达国家没有的现象。发达国家要么粮食过剩，要么拥有较强的购

---

① 尼古拉斯·卡尔多. 货币政策、经济稳定和增长［Z］. 英国货币运行委员会，1958：448-459.

买力，可以通过在世界市场采购来满足其多余的食物需求。但是，当发达国家出口产业的产能增长未能跟上生产和收入增长而产生额外进口需求时，可能会出现类似的情况。卡尔多认为这是有争议的。例如，在 20 世纪六七十年代，基于国际收支的考虑，英国实施了抑制生产扩张，限制进口的政策。在这种情况下，通过信贷政策或财政政策，进行总体控制可能不适当或不足，卡尔多认为可能需要寻求补救措施，以进行各种选择性的控制。通过多种不同的方式，不均衡发展的趋势可以抵消或补偿。

卡尔多认为，在某些情况下，通胀背后的驱动力是名义工资的过度增长。名义工资的持续上涨总是涉及通胀的每个过程，如果名义工资没有上升，那么不管物价上涨的推动力是什么性质，物价水平的上涨都不会超过某一个高点。卡尔多指出，工资快速上涨可以分为两种不同的情况：一种情况是，工资上涨是价格上涨的反映，它有两种类型：一类是名义工资上涨反映出生活成本指数的上升，另一类主要原因是雇主竞标招工。另一种情况是，工资上涨导致了价格上涨，这种情况下，工资上涨是主要因素，而价格上涨则是次要因素。一般工资水平上涨主要是由于不同行业和职业劳动者之间的竞争，以确保他们的工资收入相对于其他职业的工资收入有所提高或防止其恶化。第一种情况下的工资上涨是需求上涨的一个特定方面，第二种情况的工资上涨并不是通过需求限制能解决的，除非这种限制达到严重失业的程度，否则任何特定行业的打工仔由于失业工人的竞争都无法争取更高的工资。

卡尔多指出，一些经济学家认为，战后时期的工资上涨主要反映了劳动需求膨胀，即雇主之间对稀缺劳动力的竞争，如果需求降低到更合理的水平，这种情况就不会发生。部分经济学家认为，工资上涨属于第二类而不是第一类情况。他们认为，经济活动水平的适度下降可能会减轻工资上涨的压力，从而足以防止工资增长速度超过生产的增长速度。有人认为由于生产活动水平较低而造成的生产损失也不大。

卡尔多认为，没有证据表明适度的失业水平足以将名义工资增长率降低到与成本和价格稳定相符的水平。假设事实确实如此，卡尔多指出，仍然存在问题：是否有可能使经济始终保持适度的失业水平？这种就业不足均衡，是否与每年令人满意的生产增长率相一致？受有效需求而不是受可用资源短缺限制的就业不足均衡是否完全稳定？当推动经济扩张的力量足以使生产水平逐年增长时，它们也将足以促进生产活动的扩大，从而消除非摩擦性失业。相反，当需求约束足够大，阻止生产活动增加达到充分就业水平时，它也可以抑制投资和生产率的增长。由于这些原因，可能无法实现经济增长。卡尔多认为还可能存在一个问题，就是在价格稳定经济体中，预期利润率是否足以吸引相对于市场利率的投资，以保持投资和扩张的进程。因此，卡尔多认为单一的货币政策很难起到稳定经济的作用。

### 3. 西方 12 个发达国家经济增长、货币和物价的实证分析

卡尔多为了提供更有力的证据来证明自己的观点，用计量经济模型对1951 年至 1957 年期间的日本、法国、瑞典、挪威、联邦德国、澳大利亚、英国、丹麦、荷兰、意大利、美国、比利时 12 个工业化国家的名义工资、生活成本、工业产出和生产率进行过比较。卡尔多得出了一些结论，如工资上涨幅度与生活成本变化或生产率变化之间似乎没有什么明显关系；失业水平和名义工资增长率之间似乎也没有任何密切的关系。一般认为，在不断发展的工业共同体中，工资水平上升具有一定的内在动力，对生活成本变化或生产率增长相对不敏感。卡尔多发现，稍高的失业率与稍低的失业率相比，前者的工资增长往往比较温和，即使是后一种情况，工资增长也要大于经济增长与物价稳定相一致的水平。有的国家，如联邦德国、奥地利和丹麦等，是高工资增长率和相对较高失业率结合在一起。卡尔多发现，所有这些国家的共同特点是，在扩张经济中主要考虑如下事项：投资能够满足产能扩张的需要，使得实际需求增长率与产能增长率相匹配。为了确保足够高的投资利润率来维持资本积累和国民生产总值的水平，有必要使国民生产总值的货币价值每年增加 5%～6%，其前提是有类似的工资总额增长率。当时英国的情况是，由于总产量增长率仅为 3% 左右，因此，年薪增长率与价格水平的稳定要求并不一致。卡尔多认为，将货币总收入增长压到年 3% 就是徒劳的，因为这样可能无法保持充分的就业和经济增长。

卡尔多指出，在 20 世纪 50 年代，英国经济的基本问题是生产率和总产量增长缓慢的问题。考虑到这一基本前提，卡尔多认为一定程度的通胀是无法避免的，或者只能以损害可实现的实际增长率为代价加以预防。自1951 年以来，英国的经济增长速度不尽如人意，在 12 个工业国家中是最低的。不同的管理机构把英国这段时期内经济增长缓慢归因于多个方面：经济的超负荷，包括国防、外国投资或社会服务的过度支出；新货币政策一如既往遏制扩张势头；英国工业负责人的技术活力偏低，缺乏有效的竞争；缺乏强制性的技术改进等。卡尔多认为，相对于联邦德国、日本、法国或意大利等竞争对手，英国的主要投资通常更集中于非生产性领域，英国的生产性投资已经非常不足。卡尔多指出，如果英国企业家热衷于扩张

和创新，那么毫无疑问可以找到额外投资所需的资源。卡尔多认为，在劳动人口扩张很小、充分就业的经济体中，工业投资水平往往受到适应新技术速度的限制。由于历史、社会或制度的原因，大多数英国商人同其他发达工业国家的竞争对手比，不那么机警，反应迟钝。所以卡尔多的观点是，英国必须寻找导致其经济发展速度慢的根本原因，而不是依靠货币和金融体系的运作，或者依靠对国家资源的相互争夺的力量。显然，卡尔多认为货币不能解决经济增长缓慢的问题。

卡尔多还考虑了存货投资的波动问题，尤其是存货投资的波动造成需求不稳的问题。第二次世界大战后，存货投资的变动一直是英国经济中真正不稳定的因素。这些变化在很大程度上反映了人们对价格预期的变化，并且在很大程度上导致了国际收支不稳定。相对于固定资本投资而言，这些投资的平均金额相对较小，年度波动较大。在英国 1951 年底重新制定浮动利率的货币政策之前，政府没有可用于控制存货投资率的真正武器，它不像控制固定投资，有许多办法，如许可证制度和加速折旧免税额，更不用说控制消费的各种税收了。卡尔多认为，除了存货缓冲制度或信贷政策之外，很难设想有一种稳定存货投资率的工具。卡尔多认为，在大多数情况下缓冲库存的运作需要采取国际行动，在一定小范围内都可以通过信贷政策，稳定国家对库存的投资来处理。高短期利率不利于存货投资，反之亦然。例如朝鲜战争爆发后，突然爆发的补货热潮总是与银行透支需求的突然增加有关。如果能够通过采取适当控制措施来防止这种扩张，那么无疑将抑制库存投资的增长。卡尔多指出，如果采取足够严格的财政措施，也可以完全避免这种情况。从这个思路出发，卡尔多得出两个结论。首先，应该通过信贷的控制功能来稳定存货投资，抵消自发性库存投资不稳定的趋势，而不是控制固定资本投资或控制消费，固定投资和消费可以采用其他更合适的工具来管理。因此，卡尔多认为，重要的是监管短期利率，而不是控制债券收益率的变化，因为制造商和贸易商不太可能使用长期借款来增加对流动资产的投资。其次，虽然对银行信贷的量化控制可以阻止依赖银行信贷的那部分商业团体对存货投资的增加，但它不会像短期利率上升那样，对持有存货产生不利的影响。卡尔多认为，部分原因是因为清算银行对预付款的限制，导致贸易信贷增加或其他金融机构的贷款增加，部分原因还在于仅对一个依赖银行透支的贸易部门施加压力，不能像诱致所有人一样有效。卡尔多并不认为改变短期利率是一种敏感或可靠的工具。卡尔多指出，在价格预期非常不稳定的情况下，用利率变化来弥补持有存货风险的适用条件非常严格，价格预期不稳定只能从过去经验中得到。卡尔多的结论是，防止大量股票投资波动最好的政治保证是国际存货机制的缓冲，它能够将世界商品价格波动限定于一个温和的波动范围。

## 第五节　卡尔多对货币理论的贡献

卡尔多具有从事金融管理的实际工作经验。首先，卡尔多曾向颇具影响力的英国货币体系工作委员会(以下称"货币委员会")提供了货币理论方面的材料，它极大地影响了货币委员会的决策。英国的货币管理政策在1951 年得以恢复，英国货币委员会认为，货币供给量与需求水平之间没有直接联系。主要原因是由于货币流通速度的变化；就支出而言，重要的不是货币数量，而是更广泛的流动性结构。卡尔多在他的意见书中，将货币供给量视为外生变量，并提供了流通速度变化的证据，还列举支出对利率变化不敏感的原因。卡尔多认为，显著的利率波动性会控制支出，因为这将增加债券市场的风险程度，并倾向于提高平均利率，因此，有形资产投资所需的利润率需要更具吸引力。卡尔多还质疑货币政策在处理成本膨胀和国际收支关系中的作用。卡尔多后来在 1959 年在伦敦政治经济学院的两次演讲中都谈到了这个主题，他还提出了另一种解释，即通膨率与失业率之间的反比关系，即所谓的菲利普斯曲线，认为失业是利润的代名词，当失业率很低时，名义工资增长的真正原因是利润的增长。

卡尔多还对新货币主义进行了猛烈的批判。卡尔多对米尔顿·弗里德曼教授的货币主义理论进行了抨击，他指出，与凯恩斯是凯恩斯主义革命的唯一源头相比，新货币主义是弗里德曼革命。卡尔多沿袭了他一贯的做法，在批判某个理论之前，首先是批判它的假设前提。他把弗里德曼的新货币主义归纳为三个基本要素：第一，重申经典二分法，即在决定货币变量时，只有货币是重要的。就实变量而言，长期均衡中货币中性。第二，货币供给量的变化先于收入的变化，证明了货币在货币收入决定过程中虽然是外生的，但有因果关系。第三，短期内货币政策的无效，以及长期内非自由裁量的货币增长规则。弗里德曼的观点很鲜明：通胀在任何时间、任何地点都是货币现象。从因果意义上说，货币的持有需求是收入的稳定函数。卡尔多坚称，在具有广泛金融和信贷机制的现代工业经济体中，货币供给不能被认为是外生决定的，而是对贸易需求的内生响应。在卡尔多的著作中，关于货币有两个内生性的概念，但他从来没有详细说明。

卡尔多认为货币供给是一个长期的过程。对货币不断增长的需求，用凯恩斯在《论货币》中的术语来说，就是金融需求，催生了新的货币替代品和新的金融中介机构。央行的基本任务是通过稳定利率和充当最后贷款人，为金融体系提供一定程度的稳定性。货币主义者以两种证据否认货币供给的内生性：第一，货币供给的高峰和低谷明显先于名义国民生产总值的高峰和低谷；第二，银行存款与中央银行可以控制的基础货币有密切的关系。卡尔多对这两点进行了驳斥。第一点，由于预期支出时需要货币，因此货币供给与货币收入之间的滞后关系不能证明是因果关系。第二点，基础货币和货币供应量之间总是存在高度相关性，卡尔多指出这是完全不对的。在任何情况下，基础货币都不是外生决定的，因为货币当局通常为了政府债务融资的利益，希望获得稳定的利率。

卡尔多关于货币需求方面的观点是，货币需求能保持稳定恰恰是因为货币供给不稳定，无法满足恒定利率的需求。因此，卡尔多认为，货币需求的利率弹性不是证明货币在决定名义收入中有效力的证据，恰恰相反，它是难以控制货币供给的证据。在回应弗里德曼时，卡尔多将英国货币供给的巨大差异归因于公共部门借贷需求的变化，1970 年之前，政府赤字是由银行体系提供资金。在卡尔多后来的著作中，他证明 1975 年后公共部门借贷需求与货币 M3 变动之间没有任何联系，来反对撒切尔政府的货币主义政策。弗里德曼回应了卡尔多的批评：如果货币与收入之间的关系是一种供给反应，那么国家货币供给及其他因素，是如何导致货币与收入之间关系没有很大差异的呢？卡尔多简单地回答，货币流通速度存在很大差异。显然，如果从理论到实践都证明了货币流通速度不稳定，并非一个常数，那么弗里德曼的新货币主义大厦也就缺乏坚实的地基。

# 第八章　卡尔多的经济政策观

## 第一节　卡尔多关于支出税的建议

### 1. 税基的选择

卡尔多作为国际税务专家，在税务理论和实践方面多有贡献，特别是在国际税务实践中，大力推行支出税。但其最终结果，大多并不理想，现实的税务问题远比经济学家所思考的问题复杂得多。卡尔多在20世纪四五十年代就探索过该想法，并在印度和斯里兰卡进行过实践，但并不成功。在20世纪70年代，许多人对用个人支出税代替个人所得税的想法又重新产生了兴趣。

卡尔多认为收入和支出的定义应该准确。他指出："到底是以收入还是以支出为最理想测度应税能力的问题，是税收最基本的问题。"①学者们的观点并不相同，欧文·费雪定义的收入与消费密切相关。他的解释是所有收入解释中最著名的，他认为收入是个人的满意流，是一个主观价值，它类似于效用，但比效用定义要宽一些，它来自对具有交换价值东西的消费，总可以用交换价值或购买力来表示。卡尔多认为，用这种方式来看，费雪所指的收入是在一段时间内总消费的测度，而不是通常认为的收入，收入应等于消费加上净储蓄。根据费雪的观点，一段时间内的净储蓄只不过是源自本期的、未来满意流增量的折现值。并且，他把未来满意流的折现值添加到当前未折现的满意流总和之中。反对这个观点的是黑格·西蒙斯，他的收入概念是两个时点之间经济能力的净增长。黑格·西蒙斯的基

---

① ［英］尼古拉斯·卡尔多. 支出税的一个新观点［M］. 伦敦艾伦和昂温出版社，1955：237.

本概念是，在一定的时间区间内，个人控制社会稀缺资源的增加，与他选择现行消费多少的目的无关。在黑格·西蒙斯看来，收入体现一个人对稀缺资源的控制，这是对他经济实力的测度。反过来，又是评估其为社会支出作贡献能力的适当标准。但卡尔多认为，黑格·西蒙斯的收入是一个流量的概念，以每年的增量而不是在给定时刻的总和来衡量该能力，并没有特别突出的优点。因此，以个人对资源的控制权作为税基来评估个人的年度财产税，似乎比只考虑当前经济实力增加的所得税更可靠。希克斯认为，"收入概念难以捉摸"。①

卡尔多认为，基于收入的税收比基于收入来源的税收，更能自然和合理地衡量应纳税能力。卡尔多认为收入来源不容易测度。收入来源的第一种形式是对资源的控制权。卡尔多认为，无论如何定义，这些个人的应税能力都不能用他们的收入来源来衡量。如一个人持有不能处置的地产，他真实控制的资源限定于土地上产生的价值，他的资源实际测度的是他从土地丰收所得的衍生物，而不是来自土地本身。在现代资本主义社会，实物资产不一定具有完全法律人格，可以通过参股等形式体现。依此推论，在财富可转让权利方面，可处置和不可处置权利之间的区别并不明显。第二个收入来源的形式更难测度，如个人赚钱能力没有在市场价值中得到体现的情况。卡尔多认为它不能被转让，这种能力本身也不能作为应税基础。所以源自工作能力的经济利益，除了收入外，没有其他合适的选项用于经济实力的测度。卡尔多指出，在理想的情况下，对源自物质财产和个人收入能力的应税能力应该可以进行比较，特别是许多个人的经济能力同时源于这两种资源，累进税率要求对源自所有资源的收入进行加总，这只能通过个人所得税来实现。对所有来源的收入征收累进税并不排除对存量物质财富的补充税。卡尔多发现黑格·西蒙斯关于应税能力的概念，在理论上要比费雪的概念更具吸引力，除了社会道德的原因，对人们从公共池中拿走的部分，而不是投入池中的部分征税更好。但卡尔多认为，从分配正义的角度来看，这不是决定性的考虑因素。卡尔多之所以提倡支出税，主要是因为难以找到一个精确的收入定义，能够使黑格·西蒙斯的观念正确发挥作用。就立法和行政实践而言，即使理论上找到了令人满意的定义，也无法从税务征收上接近这种收入概念。

正如黑格·西蒙斯所表明的，收入等于消费和净储蓄总和。卡尔多指出，实施所得税的所有困难都涉及对净储蓄全面征税的问题。在不同环境

---

① ［英］希克斯. 价值与资本［M］. 商务印书馆，2013：191.

下保证对每个人的公平和公正，不容易做到。黑格·西蒙斯指出，一个人财产市场价值的资本增值是储蓄的一种形式，同源自股票资产的增值没有本质差别。因此，卡尔多认为，在理想的制度中，应将资本收益与其他形式的收入同等对待。而且，为了在不同纳税人之间保持公正，应在得到资本收益而非在资产变现时征税。实际上，对未实现资本增值的年度征税极难操作，即使是全面所得税最激进的支持者也不提倡。对净储蓄征税的根本困难不在于实现的标准，而在于金融资产增值本质上是否为一个增值，或是否为通常在未来某个时点出现再估值的结果。价值增加应有其对应的资产增量，即从国民收入定义的意义上进入储蓄，本质上是明确的增值。但是对一个现存资产的再估值，如果它代表了对商品和服务需求的增加，可能只是个人经济实力的补充。卡尔多认为卖更多商品赚取的真实利润，同用更高价格卖出商品所赚取的利润是有差异的。

卡尔多认为，理论上对所有的再估值不容易处理，在实际管理之中也不可能把真实增值的一类和非真实增值的一类区分开。如果两个纳税人花费时间相同，支出相同，他们可以被假设为具有相等的实际消费。尽管在通胀时期，这个表述只在一定程度上是对的，因为在两个时点之间，一个人的支出可能显示出比另一个人的支出更大的价格上涨。但是在净储蓄方面，不同的人在货币方面显示出相同的净储蓄额，有的是净储蓄的真实增加，有的则不是。

卡尔多认为，绝对的收入测度也存在问题。如在通胀时期，发放津贴是为了防止货币购买力下降。但是，由于个人经济状况不同，给定的通胀率对不同纳税人有不同的含义。对于有不同净储蓄值的人而言，通胀产生的经济影响不同。所以，通胀比例调整不仅仅是一个简单净储蓄指标的问题，适度津贴也不仅依赖于给定时期价格的上涨，而且依赖于某一时期开始时一个人拥有财富数量的多少。金融市场变化也是同样的情况，由于利率的变化，而不是对未来收益率的预期，也会出现同样的问题。而这又类似于重估，它不是利率变化的结果，而是未来收益预期折现主观不确定的结果。所以，卡尔多认为仅对收入征税并不是一个好的选择。

## 2. 支出税优于收入税的观点

放弃了仅把收入作为税基之后，卡尔多把眼光投向了支出。卡尔多支出税的思想源自艾伦和休恩等学者的观点。卡尔多之所以赞成支出税的原则，不仅是因为所得税制存在漏洞和缺陷，还因为收入概念的局限性，不可能把黑格·西蒙斯的概念付诸实践。从这个意义上讲，卡尔多认为支出税是次优选择。卡尔多认为，如果把主观因素考虑在内，用实际消费来衡量消费能力，那么在异质人之间平均分配税收是不公平的。但是，如果假设不同人的消费倾向，不会因个人的口味和气质差异不同而发生很大的变化，而主要受税收制度等客观因素影响，那么与任何实际可行的所得税相比，基于实际支出税可能会更接近真实的消费能力。

卡尔多其实持有多个标准系统征税的观点，他认为没有必要选择一个税种而排除另一个税种。正如卡尔多所说的，与仅靠单个准则的税收系统相比，基于多标准的个人直接税系统，可以根据应纳税能力提供一个更可靠的税收分配系统。这些税基包括收入、支出、资本收益、净财富、受赠和遗产等。卡尔多认为，多标准征税系统将有两个实践优势。第一，它是基于现金流的个人消费税，操作上将更简单。通过测度消费的方法，主要是通过比较从所有来源收到的现金，与所有免税支出之间的差额。所有个人所得税的提倡者，至少来自费雪以来的学者认为，确定一个人在一段时间内支出唯一实用方法是：获取一个人在期初的消费，加上其在该期间的现金收入减去期末的余款。但是，卡尔多认为，操作起来并不容易，要取决于税务机关从出售资产、现金和银行结余、借贷、业务提款、赠予和遗产以及各种收据中收到的所有来源的现金日常的全面信息，再根据现行法律纳税。为了达到消费税的目的，对税务当局而言，索取所有这些信息似乎在现实中是可能的，但在实践中操作非常困难，除非信息是为了满足部分税收评估要求而收集的。多税基系统的第二个优势是，引入支出税比较容易，因为支出税不是对所得税的完全替代，而是作为高税率所得税的补充，并不针对基本所得税率。其中最重要的优势是，这种税制转换比其他方式更容易。不仅是英国的学者，美国的威廉·安德鲁斯教授也支持这个补充税的观点。

卡尔多认为还有一个优势是，在很多国家税收立法中，许多人对征储蓄税拒不让步，他们以人寿保险、养老金和抵押贷款减免、投资补贴等形式变相处理。的确，对更多财富或更高收入群体而言，这些让步变得异常艰难。如果操作不当，反而是穷人缴更多的税，而富人少缴税。这是因为，更富有的纳税者通过资本或资本利得的负储蓄，纯粹虚构抵扣，使减免税成为可能。典型工资和薪金收入者的消费，则是与他们应税收入更紧密地联系在一起。所以，在不同个人的相对税收负担中，对他们的储蓄进行减免，除了抵押减免就没有太大区别。卡尔多指出，从个人所得税向支出税的转变并不容易，许多人没有意识到其中涉及堵塞税收漏洞的政治和社会问题，采用高度扭曲和满是漏洞的所得税，而非基于正确理论的支出税，通常是迫于政治压力的让步。

卡尔多对支出税的影响不仅是在理论上，而且在支出税的国际实践之中付诸行动，尽管这种实践常常以失败告终。在卡尔多的倡导下，印度在1957年引入了支出税，最后以失败告终。1957年，印度财政部引入支出税法，尽管支出税在制定过程中被反复攻击，印度议会还是通过了。但最终法案依然未能实施，相当于纯粹浪费立法机关的时间。印度削弱税法的特别条款是把税收与最低收入限制，而不是最低支出限制联系起来。要回避支出税就必须操控收入，以至于不达到关键控制数，相对大的支出税义务就不会发生。所有人都知道，避免一个过高收入并不难。印度除了法案外，还有一系列豁免的规定，而本来这些规定在所得税法中没有对应的规定。毋庸置疑，如果这些税种豁免不迅速收回，漏洞将变得更大。卡尔多在印度税制改革的实践以流产而告终。

众所周知，欧美国家有许多百万富翁，他们设法回避支付所得税，因为可以避免有一个净应税收入，过着奢华生活，稳步管理财富而变得富有。卡尔多认为，孕育税法的变化是容易的，既然没有这样做，一定有强大的政治理由。无论是通过补充支出税还是通过所得税改革建立真正的累进税制，这些理由都将同样具有影响力。卡尔多强烈支持补充支出税的政治观点，是补充支出税消除或至少是极大减弱了被频繁征收的累进税。那些纳税者为了减少累进税而减少可获得的储蓄资金，这样做是因为他们有高收入，储蓄了收入的大部分。然而，没人相信市场机制能永远产生足够的利润，来满足企业家进行投资的资金。卡尔多声称，支出税将鼓励储蓄和抑制富人消费，不会导致投资减少，除非有其他刺激来保证有更多同比例的投资，同时还可以降低富人花费。但是，假设有这样的工具，政府也会采用适宜的经济管理政策，在一个经济系统中保证大部分资源在投资和奢侈消费之间被同样分配。可以看出，卡尔多的税收政策分析的逻辑没有问题，问题在于卡尔多没有考虑税收适用的现实情景，以至于卡尔多支出税的多国实践基本以失败告终。

# 第二节　经济目标的冲突

## 1. 第二次世界大战后各国政府政策的四个主要目标

卡尔多认为，凯恩斯理论的最大收获是政府制定经济目标的思想被广泛接受。尽管各国政府制定的经济目标有差异，但是有四个目标被广泛认同：就业率或失业率控制目标、物价稳定目标、国际收支目标和经济增长目标，这也是现代社会国家政府普遍设定的管理目标。卡尔多指出，制定国家的国民经济目标并不难，但是制定多个经济目标而不发生冲突，却需要对相关经济目标内在逻辑的深刻理解。卡尔多指出，从亚当·斯密以来，为了发现什么样的政策能够使经济运转更好，经济学一直关注经济系统如何运行。毫无疑问，更多的财富和更均匀的财富分配一直被视为国家经济政策的主要目标。但实际上直到第二次世界大战之前，经济政策的主要任务被认为是建立法律和制度框架，为市场力量的运作提供最佳环境，而不是直接操纵那些力量。

卡尔多认为，自凯恩斯主义建立之后，经济政策目标的概念获得了新的精确度。人们几乎可以说出新的含义，并且政府已经开始根据绩效标准来判断，而这些标准在早些时候会遭到强烈否定。最好的证据是，政策目标已经以定量的形式表达，如就业和失业率、国际收支、经济增长率等指标。[①] 尽管各国都在设置不同的政策目标，但对于这些目标从未清晰定义过。卡尔多认为，成功的政府管理包括同时实现四个主要目标。如果已被接受为政策的强制性目标，那么公众可以合理地期望其政府目标的实现，卡尔多指出，这就是凯恩斯《通论》出版的知识革命所产生的最重要的政治结果。这部著作提供的一个重要信息是，在市场经济中，商品和服务产出不是由它处理稀缺资源的总量和使用效率决定，而是由收入产生过程的某些特征决定。凯恩斯的理论表明，管理经济以确保充分利用资源，特别是充分利用劳动力，需要通过政府在财政和货币领域的行动，而不在市场经济体制框架上进行任何根本性改变。这个想法具有巨大的吸引力，因为战争时期的经验证明，只要有足够的需求，失业就能很快消失。由经验产生的舆论压力无疑使得战时联合政府为其制定的政策负责，政府将把战后维持高水平和稳定的就业作为其主要目标和责任之一。卡尔多指出，假定政府一旦承担了这个责任，战后政府就能通过充分就业的政策，保证一个令人满意的国际收支平衡和合理稳定的工资和价格水平。1944 年的英国白皮书与当年出版的贝弗里奇的《充分就业》一书，可以看作战后所有政策的原始蓝图。关于价格稳定的问题，白皮书明确地指出："一般工资水

---

①　经济增长 GDP、就业和失业率、通胀率等目标是一般国家政府设定的目标，但基于不同环境和要求，可能会对目标的先后顺序进行调整，包括在某些特殊时期会放弃 GDP 增长目标。

平的提高必须与生产率的提高有关。"①在国际收支方面，它强调避免不利的外汇平衡，必须出口比战前更多的产品。

但是，卡尔多认为，同时实现所有这些目标会遇到很多困难。如果其他目标与一个目标公开冲突，那么该如何执行政府政策，当时的人们几乎一无所知。

卡尔多认为，政府的经济目标必须有相应的工具支撑，同一调控工具往往不可能达到多个经济目标，这一发现极具价值。战后政府未能实现其既定目标，主要原因不是没有多样性的政策工具，而是没有充分区分手中的政策工具和保证同时达到各种不同目标。丁伯根教授首先提出了现代经济政策理论的一个基本原则，为了实现多个不同的政府目标，至少需要与目标数量相等的不同的政策工具。卡尔多认为，仅在特殊情况下，同一工具才能确保同时实现多个目标。如不能仅通过财政政策，还需使用需求管理来确保目标就业水平；如果要确保目标工资增长，只能从收入政策的角度来考虑，就还需要另一种工具；如果要确保国际收支，还要有进一步浮动汇率的工具；如果政府希望确保生产的增长率目标，还需要其他手段来确保更有效地利用资源。

所以，卡尔多断言，在正式的理论层面上，失败的根本原因是试图达到太多目标，但是又有太少行动自由，没有能够抓住经济管理原则的精确内涵。从更现实的角度来看，卡尔多认为，对政府政策自由度的限制是由政治、社会和意识形态等诸多方面的限制所设定的，这些限制阻碍了政府某些领域的行动。比如，即使符合布雷顿森林协定字面意义和精神，各国政府的货币贬值总是面临巨大阻力。卡尔多认为，其中有深层次的原因，远不只是由于部长或官员对教授丁伯根的理论理解不当的失败。在20世纪六七十年代，英国货币贬值的历史事件已经证明，英镑贬值的阻力非常强烈，它等同于需求重估。同样，当时英国右派和左派的经济学家和政治家，对收入政策的抵制，更多与拒绝接受其社会和政治影响有关，而不是对菲利普斯曲线的结论不加批判地接受。这证实了许多经济学家的观点，只要适当地执行了货币和财政政策，不让需求压力超过一定的限度，工资和物价的上涨将自动被市场力量所抑制。

卡尔多认为，在国际层面而不是在国内面上，由于英国承受过特殊压力，所以相比之前，在20世纪70年代对经济管理政策工具的认识水平更高，有更广泛的对这些工具需求的共识。汇率调整是使国际收支体系保持

---

① 尼古拉斯·卡尔多. 国家经济目标的冲突[J]. 经济杂志，1972(12)：95.

合理平衡的合理工具，实际上是国际收支调整过程必不可少的一部分，国际货币基金组织一直负责在系统框架内提议更多的汇率灵活性。对于通货膨胀，甚至英国保守党首相也普遍认为，其过程是成本诱发，而不是需求诱发的，这显然意味着只能通过收入政策来解决它。

收入政策问题是社会和政治问题，而且这是所有工业化国家所共有的问题，而不是英国所特有的问题。对于汇率政策，这个工具很重要但不受欢迎，卡尔多的观点是应该更频繁、更轻松地使用该工具，以避免由于国际收支危机而造成的周期性经济增长中断。卡尔多的基本论点是，以用财政管理来控制需求压力为中心。卡尔多对英国战后建立的经济管理政策的主要批评是，英国白皮书将充分就业和隐形增长问题视为内部需求管理问题，而不是出口和国际竞争力方面的问题。卡尔多声称，英国当时负责制定新政策基础的经济学家，未能领会凯恩斯主义就业不足均衡模型的真正含义。

### 2. 20 世纪初西方发达国家的政府目标

卡尔多继承了凯恩斯经济政策设计的衣钵。对于英国在 20 世纪初的失业问题，卡尔多认为应该按照需求管理原则来解决。卡尔多用 1925 年 2 月温斯顿·丘吉尔担任英国财政大臣时撰写的关于回归金本位的观点，分析英国战前政策出了什么问题，这也暗示着战后政策出了什么问题。丘吉尔对英国金融机构的傲慢态度提出了批评，同时，对英国高失业率与当时英国不变的财政和货币政策表达了担忧，尽管当时英国的金融和财政当局都认为高失业率与他们没有任何关系。凯恩斯革命以后，大多数经济学家对财政政策与信贷政策相结合的作用取得共识，认为这种结合可以消除或逐步消除失业，不会导致恶性和累积性的通货膨胀。另一方面，任何通过刺激内需来提高生产和就业率的政策，都会引起相对于出口的进口增加。尽管卡尔多是后凯恩斯主义学派中的一员，但他们的观点并非一致。"如果持后凯恩斯主义观点的经济学家可在一点上达成一致，这一点就是通胀无法通过传统的财政和货币政策工具加以控制。"[1]

卡尔多反对英国的金本位政策，他认为，在 20 世纪 20 年代英国没有办法实施完全的就业政策，同时又难以保持重返金本位。英国当时的政策是把恢复金本位作为最重要的国家经济目标，于是按照英国货币委员会的建议，采取了通货紧缩政策，而英国的出口未能恢复，导致了英镑汇率上

---

① 布鲁，格兰特. 经济思想史[M]. 北京大学出版社，2014：416.

涨。英国同刚刚从战争中恢复过来的欧洲大陆国家相比，出口表现不佳，而英国的失业主要集中在传统出口行业。卡尔多指出，解决英国严重失业唯一可行的措施就是提高出口，这就需要放弃金本位的目标，选择浮动汇率，而这就是凯恩斯提出受管理货币的本意。

事实是，卡尔多认为当时丘吉尔及其幕僚们都并不清楚，在出口和进口在总产量占比都很大的发达工业国家中，决定有效需求增长率的主要因素是国际竞争力，而国际竞争力又取决于其工业成本相对于其他国家工业出口商的成本水平。名义工资水平在向下方向上保持黏性，并且不太受外部价格的影响。因此，考虑到不同工业国家工资率和生产率水平之间的关系，竞争力在很大程度上取决于汇率。此外，由于制造业规模收益递增，任何出口竞争力方面的初步优势，都倾向于产生累积效应，与其他国家相比，其出口行业的生产率增速也往往更快，该国就能够更快地增加其制成品出口，这又将进一步增强其竞争优势。因此，卡尔多指出，从长期增长潜力的角度出发，选择有利的汇率来保持竞争力对工业国家而言是最重要的。

卡尔多指出，如果是在 20 世纪 30 年代，正统凯恩斯主义者看待 20 世纪 20 年代的问题时，不会因认为充分就业政策与回归黄金标准不相容而发生争执。有人认为，如果没有进一步的措施来解决由于过度储蓄而导致有效需求不足的问题，仅采用浮动汇率是不够的。除非保持较低汇率，否则不足以产生大量出口顺差，也就是说，通过产生足够的海外投资来弥补国内投资的不足。但是卡尔多认为，如果在动态环境中考虑此问题，而不是像 20 世纪 30 年代初凯恩斯主义模型那样，在纯静态环境中考虑，则问题将表现出完全不同的方面。卡尔多发现，如果英国仅根据需求增长率而不是根据需求水平来考虑问题，就不能再将英国国内投资水平视为自主决定了。对工业产品的需求增长越快，对现有产品的利用就越充分，工业投资将越大。马修斯教授曾指出，英国战后有效需求的完全就业水平，与战前就业水平不足之间的重要差异主要在于投资水平，特别是在工业投资水平上，而不是由于采取了更具扩张性的财政政策。根据希克斯的超级乘数原理，任何给定外生需求的增长率，都将产生一定投资产出比率的增长，它比需求增长率要高。

因此，卡尔多认为，很有可能英国在 20 世纪 20 年代至 30 年代早期采用了受管理的货币，尽管当时汇率自由变动，但汇率的实际变动在很大程度上受到官方干预。如果为了维持恰当的出口增长率而对汇率进行了有目的的管理，那么英国应该确保既有足够的出口，获得令人满意的国际收支，又有足够的国内投资，确保充分就业和令人满意的增长，但事实并非如此。卡尔多认为，无需对形成惯例的财政预算进行任何大幅度改变，只要有科学的浮动利率就可以产生额外的进口，并且不会在国际收支中产生任何不当的盈余。由于世界贸易条件不断变化，英国出口竞争力状况在很大程度上受到新兴工业出口商崛起的影响。因此，卡尔多指出英国当时的主流观点并不正确，认为以黄金或美元计价的固定汇率可以确保稳定出口增长率的观点不对，除非名义工资以极端地方式移动，来补偿任何净劳动力需求的变化，但显然现实中无法操作。卡尔多认为，根据经验，汇率将不得不双向发生变化，不能认为调整只会在一个方向上进行。英国的生产率增长也将得到加速，有时可能需要提高汇率以防止出口需求的增长快于预期。

卡尔多认为，从长远来看，理想的出口增长率是使实际国民收入最大化的增长率。国民收入最大增长率部分取决于较高的出口增长率和在生产方面的投资，部分取决于其贸易条件。较高的出口增长率一方面与商品贸易条件有关，另一方面还与潜在 GDP 增长率有关。因此，理论上的最佳目标是确保特定的潜在生产增长率，在该增长率下收入增长率最高。但卡尔多指出，这并不意味着理想的出口增长率与充分就业时确保国内储蓄和国内投资相等所需要的增长率相同。卡尔多指出，这也不是一个理想的条件，因为以一定比例的国内储蓄为海外投资提供资金，需要以经常账户盈余为目标。所以，依靠汇率政策来确保理想的出口增长率，并不意味着财政政策不起作用，仍然需要用财政政策工具来确保财政平衡。只有财政政策保证财政收支平衡，协调出口和 GDP 的最佳增长率，维持国际收支中的目标盈余才是理想状态。

卡尔多认为英国的需求管理政策并不理想。英国并未采用最科学的管理方法。在 20 世纪 70 年代，第一，尽管英国具有浮动汇率的实际运营经验，但实际上英国于 1935 年放弃了该系统，且无法完全理解放弃浮动汇率的不良后果。第二，世界贸易几乎就是各国的贸易输出数量管控，整个世界都渴望商品，问题是如何为出口生产留出足够的资源，而不是如何出售。第三，如果国际协议取消各国出口控制，将在多边自由贸易的基础上，促进世界经济增长，这符合当时英国作为贸易国的重大长期利益。1944 年订立的布雷顿森林协定是这个政策的重大基石，它寄希望于固定汇率和货币可兑换的双挂钩。卡尔多认为，当时英国大多数人认为承担布雷顿森林协定义务的好处大大超过了风险。布雷顿森林体系建立 25 年之后，英国的经济并未得到明显改观，卡尔多指出当时的英国政府应重新考虑未来的政策。即使是在世界贸易迅速扩张的时期，英国也未能实现出口的适当增长。直到 20 世纪 80 年代，英国执行的实际经济管理政策，主要依靠财政措施和固定汇率制度进行内部需求管理，仅在严重危机出现的极端情况下才使用汇率调整。卡尔多发现，从短期运营效率和长期对经济增长结构性影响两个方面来看，英国经济政策都存在诸多弊端。

卡尔多分析过英国的个人消费情况。在 20 世纪 70 年代，当时英国政策的意图是优先考虑出口和投资的增长，但事实上，英国的经济政策旨在通过刺激或限制个人消费等内部措施来调节需求压力，这意味着英国个人消费支出成为经济的主要动力。这是因为在资本主义经济中，私人企业投资主要是由需求引起的。它对利率、税收或补贴等直接的激励措施相对需求而言反应不大，如果对最终需求进行控制，则影响要大得多。财政措施和信贷控制，都是通过控制消费者支出的变化来对经济起作用。需求管理的结果是当时英国个人消费已经取代了出口，成为控制需求增长的自主因素。因此，投资水平和投资构成都受到消费增长的控制。各个行业产能的增长由国内消费者需求结构左右，而不是由世界对不同产品需求的增长所控制。英国当时的投资不是直接由出口引起的，而是反映了英国国内消费的增长和方式。

卡尔多指出，并非消费主导型增长都是优点。在发达开放经济国家的这种消费主导型增长，同出口主导型增长相比有许多劣势。第一，政府在考虑消费需求增长时必须谨慎行事，因为对需求的任何大的刺激都会导致投资不成比例的增长，这在短期内将导致进口商品的过度流入，会导致贸易赤字突然上升。在封闭经济或者进口价格管控的经济中，投资热潮受到产能短缺的制约，因此政府在决定需求增长导向政策时，卡尔多认为应该采取较为谨慎的态度。

第二，由于谨慎态度将意味着投资动机很弱，因此投资水平就会很低。反过来，尽管对需求增长持谨慎态度，但财政政策仍将继续运作，以便在维持充分就业的情况下使消费占总需求中的很大一部分。管理需求压力的政策会产生意想不到的结果，最终将产生新的需求结构，其中消费占总产出的比例很高，而投资占总产出的比例相对较低。仅这个因素就将使得生产增长率和潜在增长率都很低。卡尔多认为，在英国固定汇率下，内部需求管理的主要结构缺陷在于，它没有提供将资源从消费转移到投资的有效手段，外生需求的增长不足以匹配经济增长潜力。通过提高税收或严格控制消费信贷来减少消费会释放资源，但同时会削弱投资动机，可能会减少而不是增加投资。卡尔多指出，这是一个两难选择，英国政府一直处于两难选择的困境之中，到底是为投资和出口提供更多资源而限制消费，还是宽松地限制消费者需求的增长，以确保经济增长。在以出口为导向的经济增长中，这种难题不会出现，可以限制消费以释放资源。外国需求的增长将激励人们有效地利用它们，不仅是通过增加出口，而且是增加出口产业的产能。

第三，产出增长模式将反映最终消费者需求的模式，这为提高生产率和规模报酬递增提供了广阔的空间。大量证据表明，制造业表现出强劲的增长回报，而农业、采矿业或服务业等其他经济活动却没有发现类似规律。因此，制造业生产率的增长率越高，则产出增长率越高。卡尔多指出，总体生产增长率越高，制造业产出相对于其他经济体的增长速度更快，并且从事制造业活动的劳动力和资本等生产性资源的份额也将更大。消费主导型增长所带来的制成品需求增长，远不如出口主导型增长。消费主导型增长的经济体，相对于其他经济体而言，制造业增长占比将较小。在给定投资产出比的情况下，生产率增长速度将会更低。卡尔多认为，高投资比率和制造业在产出增长中的较高份额，使得出口主导型增长比消费主导型增长具有一个更高的潜在增长率。出口主导型尽管在某些方面的影响是暂时的，但它可以把受限的经济结构调整到发展更快的自主消费经济增长阶段，出口和投资均以比 GDP 更快的速度增长，其中一些改变将是永久性的。专业化不断发展，技术进步无限，以及生产过程的分工，这都是阿林·杨格指出的持续经济增长的主要原因。即使所有部门都以相同的速度增长，制造业部门生产率的增长率仍将保持较高水平。

第四，如果采用消费主导型增长，出口增长是跟随生产能力的增长而增长，不是引导它的增长，进口增长将与国内消费和投资增长同时发生，甚至在此之前，内部需求管理政策很可能造成了国际收支不稳定，因为进口增长总是趋向于超过出口增长。卡尔多指出，消费主导型增长使决策者的任务更加艰巨，政策是否成功在很大程度上取决于短期预测的准确性。政策刺激会导致出口、进口、消费和投资发生变化，短期决策中不可避免的错误将迫使政府采取临时政策，其应对措施往往过于剧烈。如果采用出口导向型政策，政府拥有更大的决策余地，这种误差的影响主要反映在进出口平衡的波动之中，意味着可以将这种影响分散到整个世界经济中，而不是使国内经济承担调整的全部冲击。因此，当需求管理政策建立在汇率政策而不是财政政策的基础上时，政策可以较少依赖于短期预测的准确性，成功的经济管理也就不那么困难了。

卡尔多得出的结论是，英国战后增长困难的主要原因是英国宏观经济管理政策中的一个方向错误。但是，卡尔多并非认为战后试图管理经济的尝试是失败的，并非不采取任何经济管理政策，英国的经济就会更好。相反，卡尔多坚信，与不受管理的制度相比，英国把固定汇率制度和中性财政政策相结合，实现了更高的就业率、更高的投资水平、更高的经济增长率以及更快的出口增长趋势。其原因是，英国国内市场的可控增长确保了一定工业的产能增长，作为它的副产品，出口稳定增长。没有它，英国不仅会失业更多，而且投资会大大减少，出口业绩会更糟。消费带动的增长显然比经济滞涨要好，如果自主增长的出口本身不足以维持充分的投资水平，那么消费引导经济增长只能是替代选择。但是，卡尔多认为英国并未真正理解经济政策的运行机制。

卡尔多指出，如果英国进入欧洲共同体市场，共同体继续执行货币一体化计划，而不仅仅是海关一体化，那么英国会面临更大的经济困境。因为进入共同体之后，不仅排除了英国可以使用管理汇率的手段，而且英国通过财政政策确保国内需求持续增长将更难操作，除非英国成为快速增长的欧共体的产业中心。卡尔多认为，假设英国是从一个缓慢增长地区开始，英国将面临 20 世纪 50 年代已经经历过的总需求和就业下降的问题，如果没有外部援助，英国就没有能力通过地方政策来应对这一问题。到了 20 世纪七八十年代，采用有管理的浮动汇率政策的障碍可能不像之前那么大，尤其是如果英国运用浮动汇率政策的目的是使英国出口增长目标同世界贸易整体增长率相比有一个合理的目标水平时，这种浮动汇率政策更容易被接受。但是卡尔多发现，低估从消费主导型增长转到出口主导型增长时，英国将面临的严重内部问题。卡尔多指出，尽管英国付出了巨大的努力，设法释放了国际收支平衡的资源，但尚未维持较高增长所需的投资增长，尤其是用制造业投资来调节经济。与所有具有较高趋势增长率的工业化国家相比，英国消费与总产值之比仍然明显较高，而投资水平却较低。因此，要转向更高潜在增长率下的出口导向型增长，就需要后期抑制消费的增长，这种政策必然会引起政治上的反感。卡尔多的观点很清晰，他所支持的是出口导向型增长而不是消费主导型增长。

## 第三节　卡尔多对世界经济滞涨的分析

### 1. 世界经济滞涨的原因

经济问题的出现常常出乎人们的预料，不仅是普通民众无法预料，即使是专业的资深经济学家也常常犯错。在第二次世界大战结束后的 25 年，西方主要工业化国家度过了经济增长和社会繁荣的幸福时光，其特征是生活水平快速提高，失业率极低，且朝鲜战争已经于 1953 年结束，没有了战争前那种生产或价格不稳定的影响。可以肯定地说，几乎没有人预料到滞胀会发生，因为当时的情况与第一次世界大战后的事件形成了鲜明的对比，在朝鲜战争后，没有战后的经济低迷。战后很长一段时间通胀率一直保持适度，直到 20 世纪 60 年代末期，通货膨胀率一直没有明显的加速趋势。除了朝鲜战争期间外，世界食品价格和基本原材料价格平均来讲都非常稳定。

但是大约从 1968 年开始，经济状况似乎开始转向，出现了许多不良的苗头，经济情况开始发生较大的变化。尽管通胀上升速度有所不同，但几乎所有主要工业国家单位工业产出的劳动力成本开始加速增长，国际支付压力越来越大，导致在 1971 年各国普遍放弃了固定汇率制度。随后，在 1972 年和 1973 年间，大宗商品价格迅速上涨。阿以战争后，石油价格更是突然暴涨了 4 倍。在商品价格上涨之后，紧接着是工资率膨胀，加剧了总体价格上涨，导致所有国家的消费者价格出现了前所未有的通胀。在和平时期，这种情况从未发生过。这种程度的通胀不是发生在一两个国家，而是涵盖世界上所有主要工业国家。这种通胀的另一个独特特征是它伴随着工业生产的显著衰退。70 年代中期经济增长下降了 10% 左右，出现了大萧条以来的最高失业水平。通胀和经济衰退同时出现是一个新现象，是之前从未出现的滞胀现象，它直接挑战了菲利普斯曲线的合理性。卡尔多认为，寻找单一的原因是徒劳的，如有人认为是所有国家的货币供应量增加或集体谈判导致普遍成本上升的推动作用。通胀率急剧上升是在此之前长期蔓延通胀的必然结果，卡尔多认为也是错误的。[①]

卡尔多分析了其中的原因，认为首先应考虑的是主要经济部门和工业部门。他认为，与凯恩斯主义或货币主义派的宏观经济分析相比，有必要对经济活动进行更多分类，而不仅仅是将世界经济划分为第一产业、第二产业和第三产业进行分析。这些部门在很大程度上是相互补充的。第一部门以食品、燃料和基本材料的形式为工业活动提供了必不可少的基本供给，第二部门将材料加工成制成品进行投资或消费，第三部门则辅助其他部门，提供各种服务。尽管第三产业可能不会引起大问题，但工业部门和第一产业都可以成为通货膨胀的来源，一二产业有不同特征，其性质和因

---

① 尼古拉斯·卡尔多. 世界经济的滞胀[J]. 经济杂志, 1976(12): 56.

果机制及对总经济的影响结果也都不同。卡尔多认为，持续稳定的经济发展要求这两个部门的产出增长之间必须保持恰当的比例关系，也就是说，农业和采矿业的增长应与需求增长保持一致，这在总体上反映了第二和第三部门的增长要求。但是，从技术角度看，不能保证由节约土地创新推动的初级生产增长率，与第二、第三产业部门增长率完全一致。要确保一致，就需要依靠价格机制，尤其是相对价格机制的调节。农业和采矿业的贸易条件越有利，新投资将更越利于开发新技术，并且产出增长越快。如果初级生产的增长先于工业需求的增长，贸易条件将朝着有利于工业的方向发展。理论上将刺激工业增长，从而刺激对初级商品的需求，同时阻碍初级商品生产的增长。卡尔多所指的贸易条件，是初级商品和制成品两种价格的比率。卡尔多认为必须更仔细地研究商品市场和工业产品市场的性质，才能说出这种机制的有效性。

卡尔多认为贸易条件中的农业产品和工业产品的价格生成机制不同，但是这个不同似乎没有引起古典主义学者的重视。卡尔多指出，在初级生产领域，市场价格由单个生产者或消费者决定，价格直接以斯密所描述的经典方式应对市场压力。价格变化是将来调整生产和消费的信号。在现代工业社会中，生产大部分集中在大公司的手中，价格是受管制的，生产通过库存调整机制，根据需求变化进行生产调整，而与市场价格变化无关，由自己决定并且生产。当未售商品积压，就减少产量；面对短缺，就增加产量。与初级产品的价格机制相反，工业价格不是市场出清的，因为通常典型的生产者没有满负荷生产，它可以在不增加单位成本的前提下增加产量，并且经常通过生产更多产品来降低成本。此类制造品价格是成本决定，而不是市场决定的。工业部门的利润率和人工成本都不响应需求的变化。这意味着，初级生产增长与制造业活动增长之间的任何失调，几乎全部由商品市场承担。投机性预期对持有存货的巨大影响，需求弹性以及价格变化对供给调整所涉及的时滞，使得商品市场是不稳定的。当生产增长超过消费增长时，产生的效果是积压存货，在对未来需求增长有良好预期的情况下，这种情况可能会持续数年，而价格只会出现适度的变化。粮食价格下降导致城市工人实际收入的增加，抵消了对工业需求的刺激。商品价格的迅速下跌引发了历史上最大的工业萧条。

卡尔多说明了一个更基本的命题，即商品价格的任何大幅度变化，无论是对初级生产者有利还是不利，都会对工业活动产生抑制作用。在两种情况下，它都阻碍了工业的增长，而不是在一种情况下阻碍了工业的增长，而另一种情况下促进了工业的增长。卡尔多认为可能有两个原因：大宗商品价格下跌，往往是向对初级产业生产者不利的贸易条件方向移动；大宗商品价格上涨，在推动贸易条件对初级产业生产者有利方面效果不大。卡尔多的观点是，实际收入增加和减少部分是信息不对称的结果。卡尔多指出，第一个不对称的重要原因是，商品价格是由需求决定的，而工业价格是由成本决定的。因此，在成本方面，商品价格上涨起到了非常强大的通胀作用。基本材料和燃料价格的上涨经过生产的各个阶段，最后传递到最终价格。如果在主要成本中增加一定百分比的附加费用，每个阶段的现金利润都会增加，导致了制造业增值中利润份额增加，而在工会力量强大的国家中，利润份额本身就成为增加工资的有力因素。此外，约翰·希克斯爵士从另一个角度进行解释，由于实际工资刚性，导致价格上涨，从而导致工资上涨。工人不愿接受降低生活水准的行为，同样，不愿接受提高工资的人也没有。由于这些原因，有利于初级生产者的贸易条件波动不可能持续很长时间。最终，具有强大市场力量的工业部门，通过成本引起工业价格上涨来应对商品价格的上涨，从而抵制其实际收入的下降。

卡尔多分析，第二个原因是通货膨胀会对工业产品的实际有效需求产生通缩效应，其中部分原因是第一产业中生产者的利润增加与支出增加不匹配。还有部分原因是，大多数工业国家政府很可能会通过财政和货币措施，对国内通货膨胀做出反应，减少消费者的需求，抑制工业投资。因此，商品价格的上涨很可能导致工业部门中，工资价格比呈现螺旋形通胀，从而导致工业活动受限。后者往往会消除短缺，从而扭转商品价格上涨的趋势。1972—1973 年美国通胀就是一个很好的例子，它明显是由成本而不是由工资上涨引起的。商品价格上涨，使工资上涨落后于生活成本上涨，导致了强烈的限制性货币政策以应对通胀，进而导致了严重的经济衰退。后来，其他发达国家如德国和日本的政府也采取了类似的限制主义政策。卡尔多指出，市场是一个效率低下的监管机构，无法确保生产增长和需求增长之间的协调并进行及时、持续的调整。从理论上讲，工业化加速，商品过剩出现，通过减少对工业产品的有效需求而产生了不利影响。同样，商品短缺出现，通过改善贸易条件，加速初级产品可用性的增长，反而可能导致制造商价格的上涨，这往往会抵消贸易条件的改善。对工业活动的抑制作用，恶化了第一产业和工业领域新投资的环境。卡尔多认为，一个了不起的事实是，战后工业化国家的繁荣持续了很长时间，中断很少，而且商品价格稳定，一直持续到 20 世纪 70 年代初。卡尔多分析，造成这种情况的主要原因是，土地节约型农业技术的进步比以往任何时期都要快得多，导致了主要谷物生产国和出口国出现大量的盈余，所有主要生产国的政府价格支持政策，以及出于战略目的的库存政策都消除了正常的价格效应。这些价格支持政策确保了农业收入的稳定增长，并为制成品需求的增长提供了重要的来源。

卡尔多分析了西方发达国家在 20 世纪五六十年代通胀及缓慢增长的原因。尽管初级产品的出口价格保持稳定，但由于工业国的通胀不断上升，制成品的出口价格却在缓慢上涨。

卡尔多对工资诱发通胀两种标准理论中的任何一种都不认同。其中一种认为是由于集体谈判过程而产生的成本推动工资增长，另一种认为是劳动力市场过于紧张，导致需求拉动工资增长。卡尔多指出，某些主导部门，主要是工业部门的工资增长往往会决定总体工资增长的步伐。工业部门的生产率增长明显高于平均水平，而其他部门的生产增长又明显低于平均增长水平。在大公司主导的经济体中，由于采用新产品或新工艺，或销量迅速增长，或两者兼而有之的价格竞争并不那么迅速或有效，并不能迫使企业大幅降低成本，以低价产品的形式，把全部利益同等地转移给消费者。卡尔多提出了一种新的工资增长机制，从不同工人群体的相互影响来解释工资增长的机制。他认为，工资增长的这个解释高度依赖于这样一个假设：在任何一个时期，绝大多数工资方案的要求和获得工资增长的比例本质上都具有模仿性。某一特定工人群体的工资变动是为了维持地位，受相对于他们的其他群体地位变动所驱动，而不仅是保障工人生活水平的绝对提高。许多研究证明，在彼此紧密联系的工人群体之间，习俗和传统构成薪酬差异的一个重要因素。既然一个特定群体与有关其他群体彼此密接接触，同理，它也会与第三个工人群体密切接触。这样就构成一个连锁反应，用某种特定工资增长标准，通过公平或可比性的影响来传递，这就是这种差别长期稳定背后的巨大社会力量。这种因习俗赋予的差异会随时间流逝而增强。显然，卡尔多认为是一种特殊的工资增长传递模式，以及攀比和跟随的社会效应造成了通胀的传递。

## 2. 价格暴涨的年代

普遍认为 20 世纪六七十年代的价格上涨是成本上涨导致的，卡尔多对价格暴涨原因十分关注。1968—1971 年是世界工资猛增的年代，卡尔多关注了两个不同的通胀现象，在 1953—1967 年间，是缓慢增长的通胀，在 1968—1971 年工资突然加速增长，卡尔多认为前者的分析方法不能用于对后者的分析。在 1968—1971 年，大宗商品价格仍然温和向上移动，工资突然激增，原因有争议。1968—1969 年，发生在日本、法国、比利时和荷兰，1969—1970 年，发生在德国、意大利、瑞士和英国。美国的这一过程开始得较早，但温和得多，制造业小时工资的年增长率在1967—1968 年达到了 6% 的峰值。到 1970 年，所有西欧国家和日本，收入的年增长都达到了两倍。有一种学派认为，这一切归因于越南战争在美国造成的需求通胀，通胀是通过国际价格进行传递，或者是由于未偿还的国际收支顺差引起的需求压力与不断增长的美国相对应赤字转移到其他国家造成的。在卡尔多看来，这种解释似乎难以置信。卡尔多分析其中原因：首先，由于美国的工资和物价上涨比欧洲或日本温和得多，因此很难将国际价格上涨归因于美国的内部通胀。其次，假设美国的国际收支赤字给其他工业国家带来了额外的需求压力，而工资的爆炸性增长可以被认为是劳动力市场需求压力增加的后果。尽管在某些国家可能是这种情况，但在其他国家显然不是。

卡尔多找到了一个替代解释，认为其根本原因是工会战斗力的提高。卡尔多把它归因于工资包中用于支付所得税和保险费扣除额的急剧上升。但这个假设仍然无法解释为什么工资爆炸增长是在那个特定时间而不是更早发生的。收入中的税收和保险缴费扣除份额一直有增加的趋势，已经持续了十多年，似乎不能解释为什么暴涨在这么多不同的国家几乎同时发生。为此，卡尔多认为，没有证据能给出完全令人满意的解释。

卡尔多在分析工资上涨的原因之后，还分析了商品价格猛涨的原因。他认为工资通胀加速与国际贸易中制成品价格水平迅速增长有关。以美元计算的联合国世界制成品贸易价格指数在 1953 年与 1968 年之间每年增长1%，在 1968—1971 年期间每年增长 5%。制成品价格的缓慢增长反映了贸易条件的相应恶化。在 1953 年与 1971 年之间，累积恶化率达到 24%，卡尔多分析，几乎所有恶化都发生在 1953 年至 1968 年期间。在 1968—1971 年间，制成品价格快速上涨的同时，初级产品尽管涨幅较小，价格也上涨了。卡尔多发现，大宗商品价格真正的爆炸性增长始于 1972 年下半年，其中很大一部分原因是人们对短缺的预期，直到 1973 年，世界小麦库存量降至正常水平的一半以下，1974 年和 1975 年都没有明显增加。美国人意识到，在经历了这么多年盈余之后，他们正进入长期短缺的时代。

卡尔多认为，这不是起作用的唯一因素，可能还有其他原因。在某种程度上，在美元正式停止与黄金可自由兑换之后，货币动荡加上通胀预期，一定会导致购买大量商品作为通胀的对冲，这与通胀的爆发一样。1951 年至 1953 年的朝鲜战争导致大宗商品价格迅速上涨，原因是人们预计会出现短缺，但这种情况最终没有实现。在 1976 年，黄金价格波动与商品价格指数之间存在着显著的相关性，它们遵循的时间路径几乎相同。在商品价格因此增加一至三倍之后，以美元计价的石油价格大幅度上涨。随后的全球工业衰退导致一些商品，如金属和工业材料价格以几乎相同的速度回落，到 1976 年 2 月以后又以更快的速度再次上升。食品价格在 1976 年也在上涨。然而，工业化国家的就业水平仍远未恢复到衰退前的水平。除石油以外，商品生产者的贸易条件似乎并不比 1970 年好得多。卡尔多指出，在 20 世纪七十年代中期，更危险的是大宗商品价格上涨将在工业国家中掀起新的通胀浪潮，导致快速上涨和快速回落的过程重复发生。大宗商品价格的快速上涨，表明它们越来越受到通胀预期的影响。卡尔多认为，没有任何可以作为通胀对冲稳定货币的工具，意味着需求的任何复苏都将导致以投机活动为基础的商品价格的急剧上涨。相对于资源浪费和失业等麻烦后果，控制通胀的问题将越来越成为当时所有工业化国家关注的焦点。

卡尔多的初步判断是，初级产品供应适当增长所需要的贸易条件与维持工业世界的价格稳定目标不相容。20 世纪 80 年代前的所有经验表明，某种形式的官方的市场干预，会使商品市场价格非常稳定，加上降低生产者和投资者的主观风险，很可能会大大增加供给。

面对这些现象，卡尔多提出了解决世界经济缓慢增长问题的货币方案。他认为，首要需要是加强初级产品供求增长之间的调节机制。这就要求政府或国际机构采取一致行动，要有更多数量的商品库存来干预市场，平稳物价。战后经济繁荣的持续时间和稳定性很大程度上归功于美国和其他国家政府，为稳定价格和出于战略目的，吸收和持有谷物和其他基本商品库存的政策。许多人还坚信，如果美国更大限度地增加库存谷物的能力，而不是在 20 世纪 60 年代通过各种方式，通过法案条款，限制种植面积、减少产量来消除其巨额盈余，就可以避免由于苏联大量购买谷物而引起的粮食价格的急剧上涨，这种世界价格水平剧烈波动的事情本可避免。

卡尔多支持凯恩斯建立大宗商品国际缓冲库的想法。卡尔多坚信，使世界经济更加稳定和最有希望的行动方案，是为所有主要商品建立国际缓冲库存，并将这些库存直接与主要大宗商品挂钩，与特别提款权等国际货币发行联系起来，并可以直接相互转换。如果这些缓冲库存涵盖的范围足够宽，就可以为促进世界经济增长和稳定提供强有力的自我调节机制。如果商品过剩，缓冲库存可以通过积累库干预来防止衰退，将在生产发展节奏方面产生深远的影响。如果以国际货币计算，库存当局购买的商品价值将是生产者收入的净增加额。增加世界投资将产生强大的乘数效应，将增加对工业产品的出口需求，从而刺激工业投资。卡尔多认为，货币进入库存流程的过程将提高商品的吸收率，直到与生产率达到平衡为止。如果超过了这一点，该机制将发生逆转，缓冲库存当局出售商品，将导致对工业品的需求萎缩，因为初级生产者的收入将达不到消费者的支出，因此，缓冲库存系统将用库存积累中稳定收入的变化机制，代替大宗商品价格上涨和下跌的粗略机制。事实上，凯恩斯和卡尔多的建立国际缓冲库的想法有两个基本假设前提，在现实中并不容易满足。一个是商品缓冲库当局计划的有效，另一个是各成员国之间的相互合作。事实证明，这两个条件在现实经济中并不容易达到。

卡尔多认为，有必要证明，由只能相互兑换货币组成的货币体系能否成功维持其商品价值稳定。尽管黄金的作用只是短暂的，但自 20 世纪 20 年代以来，两者正式关联的布雷顿森林体系足以维持这种幻觉，黄金与美元等价。商品具有长期正常的美元价值，市场价格围绕其波动。正如随后发生的事件所表明的那样，黄金的正式去货币化大大削弱了市场中的这种稳定力量。当货币供给是指活期账户存款和其他形式的流动性金融资产时，卡尔多不认为对货币供应量的监管足以替代货币与库存商品之间的转换。如果没有这种转换，就不能在不受监管的市场经济中创造一种足以维持货币稳定的货币媒介。在解决通胀的思路方面，卡尔多继承和沿袭了凯恩斯建立国际缓冲库的观点，原创性贡献似乎并不太大。

## 第四节 商品价格在经济复苏中的作用

### 1. 市场资源在第一、二产业间错配

卡尔多认为互补而非替代模型更具有解释力。在卡尔多看来，最有可能解决世界经济面临的核心问题的经济模型，是一种将世界经济活动视为由两个大的互补而非替代部门组成的模型。模型中主要包括第一和第二产业部门。可以简单地将这两个部门称为农业和工业。卡尔多强调，并不是所有的初级产品都是农产品，例如采矿业产品。它们的共同点是，生产是基于陆地的活动，使用土地在其中发挥着重要作用。工业产业需要可获得劳动和资本，除了短期受限外，其本身获取并无限制。在任何给定时刻，作为对过去遗产的继承，可以把世界上全体工业的产能看成既定，但从长

期来讲，它几乎可以无限地增加。理论上讲，在全球范围内，没有劳动就业增加的实际限制，而通过额外投资资本积累不过是工业生产增长的一个方面，是对工业产品需求增加的自动结果。

这里，卡尔多赞同古典经济学家的观点，认为古典经济学家斯密及其追随者毫无疑问地走在了正确的轨道上，他们的假设是，收益递增定律适用于工业，因为劳动生产率取决于劳动分工，而劳动分工反过来取决于市场规模。农业规模报酬递减，因为最有利的机会首先被开发，然后把生产扩展到次优机会的自然资源，然后更少机会的地方等。卡尔多认为，古典主义是潜在的悲观主义，它们认为初级生产资料终极有限，必然使得所有经济增长迟早结束。然而，没有哪个经济学家的预测像马尔萨斯和李嘉图的预言那样错得离谱。他们认为，为了吃饱饭，随着世界人口的增长，越来越多的世界劳动力和资本资源将被要求专门用于农业，而用于工业和服务业的资金越来越少。然而事实恰恰相反，尽管人口激增，但最近200年农业和采矿业的经济资源份额急剧下降。卡尔多承认，完全没有预料到这种趋势，是因为没有意识到从数量上讲，节省土地或节省自然资源的技术进步比制造业中节省劳力的技术进步更为重要。还有一种观点是，世界初级商品的生产不能保证全球工业发达国家的生活水平同其他地区的生活水平同步提高。实际上，要消除第三世界的落后和低生活水平，就需要大量增加能源、矿物、农业原料和食品的产量。决定世界经济增长率的最终要素是初级产品而不是劳动和资本可获得性，卡尔多指出，在这里有一个潜在假定，就是技术不变。在给定增长率的前提下，在少数快速增长地区，由于静态和动态经济规模累积效应，工业增长倾向于更加极化。

在卡尔多看来，市场机制并非那么美好。根据标准的经济学理论，市场机制的作用是确保维持初级产品的可用性增长与工业增长之间的长期兼容。如果没有政府或国际机构的经济计划，该机制将由市场力量引起初级商品相对于工业品的价格发生变化。如果工业需求增加，那么初级产品价格将上涨，这将抑制工业增长，同时刺激农业增长。相反，贸易条件与农业发展趋势背道而驰，则调整将朝相反的方向进行。由于初级产品价格是由竞争激烈的市场确定，而工业产品是在垄断下销售，这使得市场机制的作用越来越受到损害，工业生产者确定价格主要是参考生产成本。制造商扩张或收缩生产，是根据新订单超过或少于在正常情况下商品周转所需要的存货。短期内，中间商的职能是通过库存储备来弥补供需产品的缺口。在需求过剩的情况下提供额外的供给来源，在供给过剩的情况下提供额外的需求。但是，这种运作机制的效率在很大程度上取决于专业交易者是否愿意吸收或释放存货，以应对市场价格波动过大的意愿。整个体系的有效运行依赖于引致存货或私人持有存货的变化调整。

卡尔多指出，商品市场的效率在很大程度上取决于交易者对每种商品正常价格长期稳定的信念。一旦这种信念被实际价格的不稳定所破坏，交易者对持有存货所产生风险的主观评价会增加，结果是他们要求对其正常库存任何向上或向下的偏离都要求更高的预期补偿。因此，卡尔多坚信，与大众普遍持有的信念相反，不受管制的商品市场代表了一种商品供需的调整机制，是一种高度浪费和原始的工具。根据经验，甚至在 1929 年崩盘后，世界大宗商品价格暴跌之前，商品价格稳定计划的需求日益广泛。[①]

卡尔多支持为了稳定价格，采取国家计划的模式。这时卡尔多已经距离古典主义很远了，基本已经放弃自由市场经济的观点。卡尔多指出，在 20 世纪 30 年代期间，大部分国家引入了保证农产品有利可图和稳定农产品价格的计划，主要是针对粮食生产者。第一个计划是美国罗斯福统治时期的农业价格支持项目，对市场进行干预，设定了国家计划的模式。欧洲经济共同体的共同农业政策计划是与早期方法一致的计划，它是第一个在欧洲经济共同体多个成员国间成立联盟保护农业价格的计划，但不是通过干预地方市场手段，不考虑在相对低成本和相对高成本自由竞争的现实，而是同时给予共同价格的保护。卡尔多指出，如同对农民进行补贴，它的目的是通过农民可获利来稳定价格水平。卡尔多强调它有两个优点没有被广泛认识到。首先是稳定价格在提高农业生产率方面的巨大优势。这等同于成本的大幅度降低，使生产商进行投资的利润比他们本来可以得到的要大得多。例如，通过直接市场干预，或通过向在低于保证价格的自由市场上出售农产品的农民补齐缺额来稳定价格的计划。其次是不断提高农业产业购买力对制成品需求的影响。第二产业的增长率主要取决于其产品需求的增长率，需求主要来自该部门以外的市场，无论是出口需求，还是一个国家农业部门的需求。如果农业的需求增长加速，那么工业部门内需求增长也将通过一种交叉效应，吸引投资和消费而加速。因此，只要保持农产品价格与工业价格之间的合理稳定关系，通过市场干预，农产品价格稳定将加快农业和工业的增长速度。卡尔多认为，应该把用于市场干预的支出净额视为资本支出，而非税收支出。因为，如果是源自税收，则该政策的部分或全部扩张的效果将通过额外征税使其干预无效。最后，如果该政策

---

①　尼古拉斯·卡尔多. 经济复苏中商品价格的作用[J]. 劳埃德银行评论，1987(5)：53.

导致库存积压，在世界市场上通过折扣销售也不失为一个好方法。从价格稳定的干预机制可以看出，卡尔多从潜意识里不受古典自由市场经济的束缚。

## 2. 国际大宗商品库缓冲库

仅仅考虑局部农业价格的稳定显然不够。卡尔多考虑，应该扩大欧盟共同农业政策的原则，使其真正成为全球性的，而不局限于某个国家集团的生产者。并且，干预市场购买存货的净支出应被视为投资，而不是当期支出。卡尔多的这个想法源于凯恩斯。第二次世界大战期间凯恩斯的建议是，建立一个新的国际机构，以尽可能多地增加缓冲商品库存来稳定世界范围的商品价格。但人们对凯恩斯提出的为稳定大宗商品价格而成立国际机构的战时计划，连同他的国际清算联盟计划，知晓人员并不多。该计划在 1944 年的《布雷顿森林协定》中被去掉，之后凯恩斯 30 年著作集发表，这个计划方为人知晓。凯恩斯已经为这个机构取好了名字，他将该机构命名为国际商品管制局，该机构将为所有主要商品建立缓冲库存，由一个附属组织针对每种特定商品进行操作，这些附属组织应遵循相同的原则并受总理事会的中央控制。与凯恩斯提出的成立国际清算联盟的提议不同，该计划从未在国际上得到认真考虑，尽管许多经济学家认为该计划对于确保战后世界的稳定与繁荣至为重要。可能其中一个重要原因是价格自由是资本主义的底色，任何对它的冲击，都会受到巨大的抵抗。

让卡尔多感到遗憾的是，国际缓冲库的建议未能被采纳。经过政府机构内部的讨论，这两种方案都起草了一系列草案，但被认为彼此之间有很大的重叠。两者都经过了官方和部长级委员会的详细审议，但是缓冲库存计划遭到了英国农业部和英格兰银行的更多反对。

卡尔多认为，该计划的净支出是对世界投资的净增加，商品管制局提供特别提款权。这个计划的最大优点是将为世界经济提供最强大的稳定手段，而这种手段将确保整个世界有最高可持续的经济增长率，即初级产品供应量增长所允许的世界工业增长。之所以会这样，卡尔多认为，是因为每当初级产品供应增长超过需求增长时，库存投资就会增加，会自动产生对工业产品需求的增长，并将产生较大的乘数效应。在相反情况下，存货投资减少将自动抑制工业的过度增长，将导致对工业产品需求的增长放缓。卡尔多指出，在世界范围存货缓冲机制下，世界工业生产增长不再是通过价格变动，而是通过国际商品控制机构存货投资的变动，使得初级产品可获得性的增长发生。因此，这两个部门的协调不是通过贸易条件的变化，而是通过收入的变化，或者是通过工业产出和收入增长率的诱发变化来实现的。

卡尔多指出，凯恩斯倡导的那种全面缓冲库存计划，既不能排除不同商品之间相对价格的调整，也不能保证商品平均价格水平完全稳定。但是价格的调整将受到精心制定的规则限制，当特定商品的库存-周转率之比变动与平均值之差超过允许的变动范围时，这些规则将运行，并且调整过程将需要遵循一系列连续的规则。但是由于这种偏离存货平均价格变化的个体调整，可以向任何一个方向发展，因此，与特别提款权发行相关的缓冲库存计划将为世界提供基本货币单位，可以保证基本商品的货币单位稳定。卡尔多认为，这本身就是一个巨大的成就，它将在很大程度上解决世界范围内长期存在的通胀问题。卡尔多指出，商品价格的上涨会导致工业化国家通胀，有两个不同但又相互联系的原因：原材料价格上涨经过了加工和分配的不同阶段，放大了价格中的利润百分比，最终由消费者买单；因为上一个原因引起了生活成本增加，又导致工资增加，这进一步放大了通胀的影响。正是由于两种市场结构之间是有差异的，工业价格由成本决定，商品价格由市场决定，两种市场结构之间的差异会产生螺旋效应。

卡尔多指出，由于名义工资增长超过劳动效率工资的上升，它不能保证工业产品没有通胀。然而，就商品而言，稳定的国际储备货币将对工资导致的通胀产生强大的抑制作用。这是因为，如果一个国家允许其效率工资以比其他国家增长更快，它将面临经常账户的国际收支差额。因此，卡尔多认为，就特别提款权而言，它是以贬值减轻对国际收支的限制，这反过来又有助于降低特别提款权方面的工业价格。

在卡尔多看来，按照凯恩斯的思路，一种国际缓冲库存计划，似乎是摆脱资本主义市场经济陷入困境的最有希望的途径。首先，卡尔多认为至关重要的是，市场经济要恢复持续的经济增长，而又不会因为不正常的投机性影响，导致商品价格随之上涨，而产生不可接受的通胀，并能够进行必要的库存变动，保持当前价格与正常价格没有大的偏差。卡尔多认为，以适当的规模恢复对初级产品新产能的投资至关重要。随着价格的剧烈波动，增加产能投资的风险大大增加。卡尔多的观点依然不变，从长远来看经济增长取决于食品、工业原料和能源等工业部门基本投入可利用性的增长。大宗商品库与国际货币的自由相互转换，可以确保此类商品的世界稳定价格。卡尔多认为这就是凯恩斯倡导国际商品管制的思想。因此，凯恩斯的提议与英国当时共同基金的提议，具有相同的预期效果，即使后者与建立可兑换成商品的新国际货币没有联系。但是，由于后一种计划起源于发展中国家，即贸发会议的成员国，因此与凯恩斯的想法一样，受到了同样的好评。卡尔多指出，尽管该提案是由发展中国家推动的，但采纳该提案符合发达工业化国家的切身利益，因为这是确保工业持续不断增长所必要的、有足够长期投资的前提条件。

## 第五节　卡尔多对应用经济政策的理论贡献

卡尔多在支出税上的现实贡献，大于其理论贡献，尽管他在印度、斯里兰卡等国家的支出税实践以失败而告终。但是，这反过来证明了一项经济政策的应用远非理论逻辑那样清晰无误。卡尔多在 1955 年开始从理论上大力鼓励采用支出税为主、多税种并行的税收政策。他认为累进税的原则是基于应税能力或支付能力的概念，不一定能准确反映一个人的应税能力。卡尔多在 1951 年至 1954 年担任英国皇家利润和所得税收委员会成员时所关心的问题是，收入的测度是否能很好地衡量应税能力。卡尔多认为收入作为税基有三个不足：第一，收入本身不是一个明确的概念；第二，以税收为目的，实际收入定义将由于某些原因，把某些视为为收入，某些不被视为收入，在制度中造成重大的不平等；第三，收入只是衡量应税能力的一种方法，因为它忽视了源自财产的应税能力。除了收入之外，还有其他消费能力的来源，但要用一个单一的可征税能力来衡量所有这些来源并不容易。所有这些都使得卡尔多相信，相比收入而言，支出本身被作为一种衡量支出能力的手段。卡尔多认为应该使用支出税，支出税将比所得税提供更公平税收体系的税基。在 20 世纪 50 年代，当卡尔多是印度和斯里兰卡的税务顾问时，在两个国家实施了支出税，但是两个国家最终都放弃了。卡尔多承认，他低估了管理支出同收入相比，容易扩大税基的复杂性。同时，卡尔多认为税收具有多重性，并非采纳一个而一定要放弃另一个。

卡尔多关于国家经济目标的思想主要源于丁伯根教授。卡尔多更多是对英国政府的政策进行批评。当然，当现实证明卡尔多是错的，他才放弃。如在 1971 年，卡尔多仍然相信浮动汇率作为一种国际收支调节机制的有效性，并进行了大量的论证，直到 1972 年后浮动汇率的经验证明并非如此，他才失去信心。卡尔多认为英国政府的行为有问题，他对政府忽视国际贸易部门的消费导向型增长政策提出强烈批评。卡尔多的灵感来自所谓的新剑桥学派，这个学派曾经一度想颠覆传统政策工具的使用，将货币和财政政策用于解决外部平衡，并将汇率调整用于解决内部平衡。卡尔多是新剑桥学派的主要代表人之一。新剑桥学派认为，预算赤字规模与国际收支经常账户上赤字之间存在直接的因果关系，该理论是基于若干假设，但是这个关系最后破灭了。在 1974 年至 1976 年期间，卡尔多担任财政大臣特别顾问。与此同时，剑桥应用经济系的同事们对这种政策的基本原理进行了广泛的争论。然而，卡尔多强调的是，政策目标不是降低绝对进口水平，而是降低国民收入中进口的比例。

卡尔多在经济实务部门的经历，使他对现实经济问题理解更加深刻。在 1976 年，世界经济陷入了滞胀，这是一个全新问题，现实否决了菲利普斯曲线。与此同时，卡尔多还从更广的范围关注世界经济的通胀和衰退。卡尔多对通胀有着长期的兴趣，他 15 岁时同父母一起在巴伐利亚阿尔卑斯山脉度假时，就目睹了 1923 年德国的恶性通胀。卡尔多对通胀确定了若干来源，并对通货膨胀过程提出了与货币冲动无关的若干解释，包括：在增长经济中，工资与物价，或工资利润比螺旋式上升；工业化国家的结构性失衡和瓶颈，以及通过供给冲击的国际通胀传导。他认为，要了解世界通胀趋势，必须区分初级生产和次级生产的价格机制。在初级产品市场，价格是需求决定的，或是市场决定的；在工业产品市场，价格是成本决定的。当初级产品价格上升，工业成本和价格上升，政府抑制需求以免通胀。当初级产品价格下降，对工业产品的购买力下降，导致经济衰退。所以，卡尔多的结论是，初级产品价格波动是滞胀的源头。他将 1972 年后世界经济的滞胀归咎于商品价格的行为，他发现 1968 年至 1971 年的通胀更难解释，于是卡尔多努力从社会因素中去寻找答案。但是，这个答案也有问题，如果将它归咎于工会的好战性，那么为什么是在几个国家同时爆发。

卡尔多认为商品价格波动是世界经济不稳定的原因。卡尔多认为初级产品波动性带来了许多问题。首先，导致了外汇收入和国际收支的巨大不稳定，使得投资规划和经济管理更加困难，特别是在严重依赖初级商品生产和出口的最不发达国家。其次，因为经济系统的信息不对称，波动性带来了通胀倾向和停滞趋势。最后，初级产品价格波动导致贸易的波动，它可能并不反映初级产品和制成品之间的贸易均衡，从这个意义上讲，两个市场的供求相等，可能导致如果工业贸易条件太低，增长受到供给约束；如果工业贸易条件太高，则增长受到需求约束，这就是凯恩斯高度关注的问题，他在 1942 年主张建立一个商品管制计划，即世界中央银行发起的大宗商品缓冲库。在 1964 年，卡尔多、哈特和丁伯根提出一项新的由 30

种主要商品支撑的国际储备货币建议，其目的有三个：消除布雷顿体系下黄金交易的脆弱性，提供一个新的国际储备资产；防止商品生产导致世界经济的上下波动；提供一个全球对抗通胀的堡垒。实际上，卡尔多的这一思想原创于凯恩斯的商品控制计划。价格稳定将刺激初级商品生产的投资和扩张，用卡尔多的话说，初级商品的供给是工业长期增长唯一真正的制约。

# 参 考 文 献

［1］Young A A. Increasing returns and economic progress［J］. Economic Journal, 1828, 38(152).

［2］Joshua S. Gans J Q. A Technological and Organisational Explanation for the Size Distribution of Firms［J］. Small Business Economics, 2003 (21): 243-256.

［3］Adam Krawieca M S O. The Kaldor-Kalecki business cycle model［J］. Annals of Operations Research, 1999(89): 89-100.

［4］Pitelis C N. The Sustainable Competitive Advantage and Catching-up of Nations: FDI, Clusters and the Liability of Smallness［J］. Management international review, 2009, 95-120(49).

［5］Sattinger M. A neoclassical Kaldor model of real wage declines［J］. Journal of Economic Inequality, 2005(3): 91-108.

［6］StephaSeiter. Productivity and Employment in the Information Economy: What Kaldor's and Verdoorn's Growth Laws Can Teach the US［J］. Empirica, 2005(32): 73-90.

［7］Arthur W B. Increasing returns and path dependence in the economy［M］. Ann Arbor: University of Michigan Press, 1994.

［8］Bacon R E W. ritain's Economic problem: too few producers［M］. London: Macmillan, 1976.

［9］Balogh T. The irrelevance of equilibrium economics［M］. New York: Liveright, 1982.

［10］Baumol W J. Review of N. Kaldor, Essays on value and distribution and essays on economic stability and growth［J］. American Economic Review, 1961, 51(3).

［11］Blinder A S. The fall and rise of Keynesian economics［J］. Economic Record, 1988, 64(1970).

[12] Break G F. Review of N. Kaldor, An expenditure tax[J]. Economica, 1956, 23(90).

[13] Burger P. Sustainable fiscal policy and economic stability: theory and practice[M]. Cheltenham: Elgar, 2003.

[14] Chhen A J. The Kaldor/Knight controversy. Is capital a distinct and quantifiable factor of production[J]. European Journal of tile History of Economic Thought, 2006, 13(1).

[15] Dobb M H. A Skeptical View of the Theory of Wages[J]. Economic Journal, 1929, 39(156).

[16] Thirlwall F T A A. The essential Kaldor[M]. New York: Holmes & Meier Publishers, 1989.

[17] Goodhart R M. The non-linear accelerator and the persistence of business cycles[J]. Econometrica, 1951, 19(1).

[18] Hart A G. Model building and fiscal policy[J]. American Economic Review, 1945, 35(4).

[19] Hawtrey R. Mr. Kaldor on the forward market[J]. Review of Economic Studies, 1940, 7(3).

[20] Harrod R F. The Trade Cycle[M]. Oxford: Clarendon Press, 1936.

[21] Harrod R F. An Essay in Dynamic Theory[J]. Economic Journal, 1939, 49(193).

[22] Hahn F H. Kaldor on Growth[J]. Cambridge Journal of Economics, 1989, 13(1).

[23] Harcourt G C. A critique of Mr. Kaldor's model of income distribution and economic growth[J]. Australian economic papers, 1963, 2(1).

[24] Hamberg D. Review of N. Kaldor, Essays on economic stability and growth[J]. Southern economic journal, 1962, 28(3).

[25] Hicks. J R. Mr. Keynes and the 'classics': a suggested interpretation[J]. Econometrica, 1937, 5(2).

[26] Hicks. J R. A contribution to the theory of the trade cycle[M]. Oxford: Clarendon Press, 1950.

[27] Hicks. J R. The crisis in Keynesian economics[M]. Oxford: Blackwell, 1974.

[28] Kalecki M. A Theory of Profits[J]. Economic Journal, 1942, 52(206-207): 258-267.

［29］King J E. A History of Post Keynesian Economics Since 1936［M］. Cheltenham：Elgar, 2002.

［30］McCmbie J S L. Kaldor's law in retrospect［J］. Journal of Post Keynesian Economics, 1983, 5(1).

［31］Miles M A. Review of N. Kaldor, the scourge of monetarism［J］. Journal of Economic Literature, 1983, 21(3).

［32］Minsky H P. Review of N. Kaldor, Essays on economic stability and growth［J］. Journal of Economic Literature, 1981, 19(4).

［33］Okun A M. Prices and quantities：a macroeconomic analysis［M］. Oxford：Blackwell, 1981.

［34］Pasinetti L L. Rate of Profit and Income Distribution in Relation to the Rate of Economic Growth［J］. Review of Economic Studies, 1962, 29(4).

［35］Pasinetti L L. Nicholas Kaldor：a few personal notes［J］. Journal of Post Keynesian Economics, 1983, 5(3).

［36］Pasinetti L L. Nicholas Kaldor：an appreciation［J］. Cambridge Journal of Economics, 1986, 10(4).

［37］Pigou A C. Socialism versus capitalism［M］. London：Macmillan, 1937.

［38］Robinson J. History versus equilibrium［J］. Indian Economic Jounal, 1947, 21(3).

［39］Samuelson P A. A summing up［J］. Quarterly Journal of Economics, 1966, 80(4).

［40］Solow R M. A Contribution to the Theory of Economic Growth［J］. Quarterly Journal of Economics, 1956, 70(1).

［41］Swan T W. Economic Growth and Capital Accumulation［J］. Economic Record, 1956, 32(2).

［42］Targetti F A P T. The Essential Kaldor［M］. London：Duckworth, 1989.

［43］Vines D. John Maynard Keynes 1937-1946：the creation of an international macroeconomics［J］. Economic Journal, 2003, 113(488).

［44］Young A A. Increasing returns and economic progress［J］. Economic Journal, 1828, 38(152).

［45］赵海怡. "立法完成最优产权界定"之不可能性［J］. 学习与探索, 2010(2)：172-174.

［46］柳欣. 一般均衡论：一种新的解说［J］. 当代经济研究, 1999(12)：

31-38.

[47] 马元,柳欣. 两部门经济周期波动模型——对卡尔多周期模型的古典解释[J]. 南京社会科学,2010(3):22-28.

[48] 贾敬全,殷李松. 中国经济增长系统的结构动力与演化变迁研究——基于尼古拉斯·卡尔多进路的实证分析[J]. 统计与信息论坛,2018,33(12):64-72.

[49] 胡娟,陈挺. 从帕累托到卡尔多:财政体制改革两个背景分析[J]. 商业研究,2017(9):118-126.

[50] 王俊杰. 以内需促进中国经济增长:理论与实证[J]. 当代财经,2014(9):5-17.

[51] 张毅. 分化社会中福利经济学作为政策分析基础的局限性[J]. 经济问题探索,2009(6):14-18.

[52] 卡门·阿帕雷西达·费若,马科斯·托斯特斯·拉莫尼卡,赵丽红. 制造业对巴西经济发展的重要性[J]. 拉丁美洲研究,2013,35(2):68-78.

[53] 柳欣. 劳动价值论与马克思主义经济学[J]. 南开经济研究,2001(5):28-32.

[54] 曹静. 劳动收入份额稳定性之争:分歧与解读[J]. 江西财经大学学报,2013(1):53-59.

[55] 魏作磊. 卡尔多定律在中国30个省份的适用性检验:1990~2005[J]. 国际经贸探索,2007(7):13-17.

[56] 高建伟,李海伟. 土地征收中公共利益的经济学分析[J]. 中国土地科学,2009,23(5):4-8.

[57] 曹玉昆,国洪飞. 基于职工家庭视角的国有林区社会福利卡尔多-希克斯改进研究[J]. 林业经济,2009(2):52-56.

[58] 张明. 宏观经济的混沌模型[J]. 浙江大学学报(人文社会科学版),2001(3):70-80.

[59] 王俊杰. 工业需求对中国经济增长贡献的实证分析[J]. 统计与决策,2013(19):141-144.

[60] 刘元庆,黄怡胜,张德勇. 我国技术进步的内外生状况及政策建议[J]. 中国科技论坛,2006(3):60-64.

[61] 李晶,李学林. 我国要素收入分配结构调整的税收政策研究——基于扩展的卡尔多增长模型[J]. 经济问题探索,2015(1):23-29.

[62] 曹子坚. 改革的推进方式及其对受损者的补偿[J]. 经济学家,2000

（6）：62-67.

[63]黄德海．权力、政策与经济增长的动力[J]．经济评论，2002（6）：43-47.

[64]杨虎涛，徐慧敏．演化经济学的循环累积因果理论——凡勃伦、缪尔达尔和卡尔多[J]．福建论坛（人文社会科学版），2014（4）：28-32.

[65]陈奇斌．用卡尔多收入分配模型试解里昂惕夫之谜[J]．经济学家，2004（3）：81-84.

[66]范成勇，付士波，谢鑫星．粮食安全与耕地保护研究——基于卡尔多-希克斯改进视角[J]．草业科学，2010，27（3）：132-135.

[67]刘宾，陈波．经济金融化与美国收入分配差距的扩大：理论与实证分析[J]．上海金融，2019（12）：63-70.

[68]刘钧．西方福利经济学发展浅探[J]．中央财经大学学报，2001（3）：6-11.

[69]孔令锋，向志强．论政府能力与可持续发展[J]．中国人口·资源与环境，2007（2）：36-39.

[70]曹静，柳欣．转型问题：总量测量的困惑[J]．南京社会科学，2007（5）：1-7.

[71]孙蕾．非对称信息下的卡尔多-希克斯改进[J]．南开经济研究，2008（2）：53-63.

[72]田菲，孙怡，邢志勤．帕累托改进还是卡尔多改进——论旅游扶贫视角下京津冀旅游产业链协同发展[J]．经济研究导刊，2015（17）：100-101.

[73]夏明．生产率增长的规模递增效应与经济结构转变——卡尔多-凡登定律对中国经济适用性的检验[J]．经济理论与经济管理，2007（1）：29-33.

[74]胡海鸥．温特劳布-卡尔多的内生货币理论介评[J]．金融研究，1997（10）：62-66.

[75]罗长远．卡尔多"特征事实"再思考：对劳动收入占比的分析[J]．世界经济，2008（11）：86-96.

[76]周林彬，马恩斯．数据财产归属的反思——基于卡尔多-希克斯模型[J]．制度经济学研究，2018（4）：1-16.

[77]曹静．对卡尔多程式化事实的重新解释[J]．政治经济学评论，2006（1）：112-122.

[78]李平．卡尔多的分配理论及其修正和发展[J]．辽宁大学学报（哲学社

会科学版），1986(3)：20-23.

[79]张雷声. 卡尔多索和他的"依附的发展"理论[J]. 世界经济，1991
(12)：84-86.

[80]根井雅弘，古柯. 著名应用经济学家尼古拉斯·卡尔多[J]. 国外社
会科学，1993(6)：63-66.

[81]井润生. 西方福利经济学的发展演变[J]. 学术研究，2002(8)：
12-15.

[82]曲振涛，肖芳，周方召. 公司法改革方向的经济学分析：一个契约路
径的视角[J]. 制度经济学研究，2006(1)：121-134.

[83]胡立新，粟建国，张琦. 卡尔多定律与经济的发展[J]. 经济问题探
索，1999(2)：13-15.

[84]陆萱荣. 卡尔多和他对经济学的贡献[J]. 国外社会科学情况，1985
(11)：39-43.

[85]茅国平. 西方的经济周期研究方法[J]. 外国经济与管理，1988(6)：
38-40.

[86]袁芳. 浅析西方福利经济理论的研究沿革[J]. 首都师范大学学报(社
会科学版)，2004(S2)：68-71.

[87]郑家驹. 消费税理论探源[J]. 中央财政金融学院学报，1995(2)：
58-59.

[88]胡景北. 浅谈经济学直觉[J]. 经济资料译丛，2013(4)：84-87.

[89]田忠宝. 新剑桥学派[J]. 中共山西省委党校学报，1987(3)：40-44.

[90]葛伟. 用增进民生福祉的政策释放更多发展动能[J]. 人民论坛，
2019(18)：52-53.

[91]李松龄，李素文. 配置效率与法经济学的"效率至上论"[J]. 南华大
学学报(社会科学版)，2007(1)：27-30.

[92]陈晓光，龚六堂. 经济结构变化与经济增长[J]. 经济学(季刊)，2005
(2)：583-604.

[93]魏巍，王玥. 货币供给内生性研究[J]. 经济论坛，2003(22)：17-18.

[94]崔勇列. 现代西方经济周期理论浅析[J]. 世界经济，1985(4)：
21-27.

[95]王璐. "剑桥资本争论"与新古典分配理论的质疑[J]. 当代财经，
2004(8)：12-19.

[96]王璐，王洪朋. "琼·罗宾逊的遗产"和经济学的批判与回归[J]. 政
治经济学评论，2014，5(1).

[97] 刘伟，黄彪. 从剑桥方程到斯拉法超级乘数——需求拉动型经济增长理论评述[J]. 中国人民大学学报，2019，33(5)：75-88.

[98] 刘文超，路剑. 从新剑桥增长模型到新卡莱斯基增长模型——后凯恩斯主义增长理论的当代转向[J]. 经济学动态，2016(1)：100-114.

[99] 夏锦清. 再论"两个剑桥之争"：缘起、回顾及新进展[J]. 当代经济研究，2019(7)：41-49.

[100] 崔建军. 剑桥的回声——凯恩斯《就业利息和货币通论》理论价值再探索[J]. 陕西师范大学学报(哲学社会科学版)，2016，45(5)：89-100.

[101] 柳欣. 剑桥资本争论之谜——实物还是货币、技术关系还是社会关系[J]. 学术月刊，2012，44(10)：62-71.

[102] 郭金兴. 剑桥资本争论的终结："悖论"以及一个方法论的解释[J]. 江淮论坛，2007(5).

[103] 李帮喜，藤森赖明. 固定资本与剑桥方程式[J]. 经济理论与经济管理，2010(7)：24-29.

[104] 杨飞虎，黄寒燕. 基于新剑桥增长模型的我国收入分配与经济增长问题探讨[J]. 统计与决策，2008(23)：117-119.

[105] 史焕平，沈鑫伟. 对新剑桥学派经济增长理论的质疑：理论、实证及再拓展[J]. 南昌大学学报(人文社会科学版)，2014，45(2)：72-79.

[106] 张俊夫，陈勇勤. 对新古典经济学生产资料理论的批判——基于马克思、庞巴维克与熊彼特不同资本观的比较分析[J]. 当代经济研究，2018(3).

[107] 曹静. 帕西内蒂定理和帕西内蒂悖论[J]. 南开经济研究，2003(4)：36-41.

[108] 褚鸣. 新剑桥学派的现状与未来[J]. 国外社会科学，2006(4)：56-59.

[109] 吴宇晖，王秋. 经济增长与"富裕中的贫穷"——重温新剑桥学派经济增长理论[J]. 学习与探索，2012(6)：91-94.

[110] 柳欣. 论马克思的价值与分配理论[J]. 学术月刊，2004(7)：27-34.

[111] 李帮喜，藤森赖明. 马克思-斯拉法模型与固定资本：兼论剑桥方程式的成立条件[J]. 经济学家，2014(5)：5-17.

[112] Dow J C R. Addenda to Mr. Kaldor's note[J]. Review of Economic Studies，1940，7(3).

［113］Freidman M. The role of monetary policy［J］. American Economic Review, 1968, 58(1).

［114］Marshall A. Industry and trade［M］. London：Macmillan, 1930.

［115］Kaldor N. A Case Against Technical Progress［J］. Economica, 1932, 12 (36).

［116］Kaldor N. The Equilibrium of the Firm［J］. Economic Journal, 1932, 44 (173)：60-76.

［117］Kaldor N. The equilibrium of the firm［J］. Economic Journal, 1934, 44 (173).

［118］Kaldor N. Mrs. Robinson's economics of imperfect competition ［J］. Economica, 1934, 1(3).

［119］Kaldor N. Market imperfection and excess capacity ［J］. Economica, 1935, 2(5).

［120］Kaldor N. Wage subsidies as a remedy for unemployment［J］. Journal of Political Economy, 1936, 44(6).

［121］Kaldor N. Limitation factors and the elasticity of substitution［J］. Review of Economic Studies, 1937(4).

［122］Kaldor N. Annual survey of economic theory：the controversy on the theory of capital［J］. Econometirca, 1937, 5(1).

［123］Kaldor N. Pigou on Money Wages in Relation to Unemployment［J］. Economic Journal, 1937, 47(188).

［124］Kaldor N. On the theory of capital：a rejoinder to Professor Knight［J］. Econometirca, 1938, 6(1).

［125］Kaldor N. Professor Chamberlin on monopolistic and imperfect competition［J］. Quarterly Jorunal of Economics, 1938, 52(33).

［126］Kaldor N. Mr. Hawtrey on short and long term investment ［J］. Econometirca, 1938, 5(20).

［127］Kaldor N. Stability and full employment［J］. Economic Journal, 1938, 48(192).

［128］Kaldor N. Money wage cuts in relation to unemployment：a reply to Mr. Somers［J］. Review of Economic Studies, 1939(6).

［129］Kaldor N. Principles of emergency finance［J］. Tile Banker, 1939, 5 (163).

［130］Kaldor N. Welfare propositions of economics and interpersonal comparisons of utility[J]. Economic Journal, 1939, 49(195).

[131]Kaldor N. Speculation and Economic Stability[J]. Review of Economic Studies, 1939(7).

[132]Kaldor N. Review of A. W. Marget, The theory of price[J]. Economic Journal, 1939, 49(195).

[133]Kaldor N. The trade cysle and capital intensity: a reply[J]. Econometirca, 1940, 7(25).

[134]Kaldor N. A comment on about. H. M. Somers, money wage cuts in relation to unemployment: a rejoinder to Mr. Kaldor[J]. Review of Economic Studies, 1940(7).

[135]Kaldor N. A Model of the Trade Cycle[J]. Economic Journal, 1940, 50 (197).

[136]Kaldor N. A note on the theory of the forward market[J]. Review of Economic Studies, 1940, 7(3).

[137]Kaldor N. Review of M. Abramovitz. An approach to price theory in a changing economy[J]. Economic Journal, 1940, 50(188).

[138]Kaldor N. A note on tariffs and the terms of trade[J]. Economica, 1940, 7(28).

[139]Kaldor N. The White Paper on national and expenditure[J]. Economic Journal, 1941, 51(202-203).

[140]Kaldor N. Review of A. C. Pigou, Employment and equilibrium- a theoretical discussion[J]. Economic Journal, 1941, 51(204).

[141]Kaldor N. Professor Hayek and the Concertina Effect[J]. Economica, 1941, 9(36).

[142]Kaldor N. The income burden of capital taxes[J]. Review of Economic Studies, 1942, 9(2).

[143]Kaldor N. The 1941 White Paper on national income and expenditure [J]. Economic Journal, 1942, 52(206-207).

[144]Kaldor N. The Beveridge report-II. The financial burden[J]. Economic Journal, 1943, 53(209).

[145]Kaldor N. Employment policies and the problem of international balance [J]. 1951, 19(1).

[146]Kaldor N. Mr. Hicks on the trade cycle[J]. Economic Journal, 1951, 61(244).

[147] Kaldor N. The Relation of economic growth and cyclical fluctuations [J]. Economic Journal, 1954, 64(253).

[148] Kaldor N. An expenditure tax [M]. London: Allen & Unwin, 1955.

[149] Kaldor N. Professor Wright on methodology-a rejoinder [J]. Economic Journal, 1955, 65(257).

[150] Kaldor N. Alternative theories of distribution [J]. Review of Economic Studies, 1956, 23(2).

[151] Kaldor N. Characteristics of economic development [J]. Asian Studies, 1956, 1(1).

[152] Kaldor N. Capitalist evolution in the light of Keynesian economics [J]. Sankhya, 1957, 18(1-2).

[153] Kaldor N. A model of economic growth [J]. Economic Journal, 1957, 67 (258).

[154] Kaldor N. Review of P. A. Baran, the political economy of growth [J]. American Economic Review, 1958, 48(1).

[155] Kaldor N. Economic growth and the problem of inflation [J]. Economica, 1959, 26(103).

[156] Kaldor N. A Rejoinder to Mr. Findlay [J]. Review of Economic Studies, 1960, 27(3).

[157] Kaldor N. Increasing returns and technical progress: a comment on Professor Hick's article [J]. Oxford Economic Studies, 1961, 29(3).

[158] Kaldor N, J. A. Mirrlees. A new model of economic growth [J]. Review of Economic Studies, 1962, 29(3).

[159] Kaldor N. Will underdeveloped countries learn to tax [J]. Foreign Affairs, 1963, 41(2).

[160] Kaldor N. International trade and economic development [J]. Journal of Modern African Studies, 1964, 2(4).

[161] Kaldor N. Prospects of a wages policy for Australia [J]. Economic Record, 1964, 40(90).

[162] Kaldor N. Causes of slow rate of economic growth and of the United Kingdom [M]. Cambridge University Press, 1966.

[163] Kaldor N. The choice of technology in less developed countries [J]. Monthly Labor Review, 1969, 92(8).

[164] Kaldor N. The case for regional policies [J]. Scottish Journal of Political

Economy, 1970, 17(3).

[165] Kaldor N. The irrelevance of equilibrium economics [J]. Economic Journal, 1972, 82(328).

[166] Kaldor N. Problems and prospects for reform [J]. The Banker, 1973, 123(571).

[167] Kaldor N. What is wrong with economic theory [J]. Quarterly Journal of Economics, 1975, 89(3).

[168] Kaldor N. Economic growth and Vendor's law: a comment on Mr. Rowthorn's article [J]. 1975, 85(340).

[169] Kaldor N. Inflation and recession in the world economy [J]. Economic Journal, 1976, 86(344).

[170] Kaldor N. Capitalism and industrial development: some lessons from Britain's experience [J]. Cambridge Journal of Economics, 1977, 1(2).

[171] Kaldor N. Further essays on economic theory [M]. London: Duckworth, 1978.

[172] Kaldor N. Essays on economic stability and growth [M]. London: Duckworth, 1980.

[173] Kaldor N. Reports on taxation [M]. London: Duckworth, 1980.

[174] Kaldor N. The scourge of monetarism [M]. Oxford University Press, 1982.

[175] Kaldor N. The economic consequences of Mrs. Thatcher [M]. London: Duckworth, 1983.

[176] Kaldor N. Devaluation and adjustment in developing countries [J]. Finance and development, 1983, 20(2).

[177] Kaldor N. An exchange rate policy for India [J]. Economic and Political Weekly, 1984, 19(28).

[178] Kaldor N. Economics without equilibrium [M]. Cardiff: University College of Cardiff Press, 1985.

[179] Kaldor N. Pier Sraffa 1898-1983: Proceedings of the British Academy [C]. Proceedings of the British Academy, 1985.

[180] 尼古拉斯·卡尔多. 静态均衡的决定 [J]. 经济研究评论, 1934.

[181] 尼古拉斯·卡尔多. 企业均衡 [J]. 经济杂志, 1934(3).

[182] 尼古拉斯·卡尔多. 市场不完全和过剩产能 [J]. 经济学刊, 1935(2).

[183]尼古拉斯·卡尔多. 经济学的福利命题[J]. 经济杂志, 1934(3).

[184]尼古拉斯·卡尔多. 庇古论关于失业的名义工资[J]. 经济杂志, 1937(12).

[185]尼古拉斯·卡尔多. 一个商业周期模型[J]. 经济杂志, 1940(3).

[186]尼古拉斯·卡尔多. 投机和经济稳定[J]. 经济研究评论, 1939(10).

[187]尼古拉斯·卡尔多. 五十年后的凯恩斯经济学[M]//沃里克特雷维西克. 凯恩斯和现代世界. 剑桥大学出版社, 1933.

[188]尼古拉斯·卡尔多. 分配的选择理论[J]. 经济研究评论, 1955(6).

[189]尼古拉斯·卡尔多. 资本积累和经济增长[M]. 麦克米伦出版社, 1961.

[190]尼古拉斯·卡尔多. 英国经济增长缓慢的原因[R]. 1966.

[191]尼古拉斯·卡尔多. 区域政策的实例[J]. 政治经济学季刊, 1970(11).

[192]尼古拉斯·卡尔多. 论国际贸易和经济增长理论中递增回报的作用、技术进步和累积因果关系[J]. 经济应用, 1981(4).

[193]尼古拉斯·卡尔多. 资本主义和产业发展：来自英国经验的某些教训[J]. 剑桥经济杂志, 1977(1).

[194]尼古拉斯·卡尔多. 均衡经济学的不相关性[J]. 经济杂志, 1972, 82(12).

[195]尼古拉斯·卡尔多. 经济理论为什么错误[J]. 政治经济学季刊, 1975(8).

[196]尼古拉斯·卡尔多. 均衡理论和增长理论[M]//博斯金. 经济和人类福利：纪念西契夫斯基的文章. 学术出版社, 1977.

[197]尼古拉斯·卡尔多. 支出税的一个新观点[M]. 艾伦和昂温出版社, 1955.

[198]尼古拉斯·卡尔多. 货币政策, 经济稳定和增长[Z]. 1958.

[199]尼古拉斯·卡尔多. 新货币主义[J]. 劳埃德银行评论, 1970(7).

[200]尼古拉斯·卡尔多. 经济复苏中商品价格的作用[J]. 劳埃德银行评论, 1987(5).

[201]尼古拉斯·卡尔多. 国家经济目标的冲突[J]. 经济杂志, 1972, 31(12).

[202]尼古拉斯·卡尔多. 世界经济的滞涨[J]. 经济杂志, 1976, 86(12).

[203]尼古拉斯·卡尔多. 一个静态均衡确定性的分类注解[J]. 经济研究评论, 1934, 1(2)：122-136.

[204]杰弗里·霍奇逊.制度经济学的演化[M].北京大学出版社,2012.

[205]约翰·金.尼古拉斯·卡尔多[M].华夏出版社,2010.

[206]罗伯特·海尔布罗纳.几位著名经济思想家的生平、时代和思想[M].商务印书馆,1994.

[207]巴克霍尔兹.经济大师不死[M].先觉出版社,2000.

[208]马克·斯考森.现代经济学的历程:大思想家的生平和思想[M].长春出版社,2006.

[209]马克·布劳格.经济理论的回顾(第五版)[M].中国人民大学出版社,2009.

[210]亨利·威廉·斯皮格尔.经济思想的成长(上、下册)[M].中国社会科学出版社,1999.

[211]罗伯特·赫伯特,小罗伯特·埃克伦德.经济理论和方法史.[M].中国人民大学出版社,2001.

[212]约瑟夫·熊彼特.经济分析史(1—3卷)[M].商务印书馆,1996.

[213]约瑟夫·熊彼特.从马克思到凯恩斯十位著名的经济学家[M].江苏人民出版社,2017.

[214]埃里克·罗尔.经济思想史[M].商务印书馆,1981.

[215]基德,李斯特.经济学说史[M].商务印书馆,1986.

[216]斯坦利·布鲁.经济思想史[M].机械工业出版社,2003.

[217]普雷斯曼.思想者的足迹——五十位重要的西方经济学家[M].江苏人民出版社,2001.

[218]马涛.经济思想史教程[M].复旦大学出版社,2002.

[219]晏智杰.西方经济学说史教程[M].北京大学出版社,2001.

[220]蒋子强.经济思想通史[M].浙江大学出版社,2001.

[221]蒋子强,张旭昆.三次革命和三次综合——西方经济学演化模式研究[M].上海人民出版社,1996.

[222]卡尔·马克思.资本论[M].人民出版社,2004.

[223]亚当·斯密.国富论[M].商务印书馆,1972.

[224]亚当·斯密.道德情操论[M].商务印书馆,1997.

[225]大卫·李嘉图.政治经济学及赋税原理[M].商务印书馆,1962.

[226]托马斯·马尔萨斯.人口原理[M].商务印书馆,1992.

[227]萨伊.政治经济学概论[M].商务印书馆,1997.

[228]约翰·穆勒.政治经济学原理[M].商务印书馆,1993.

[229]李斯特.政治经济学的国民体系[M].华夏出版社,2009.

[230]弗里德里希·李斯特．政治经济学的自然体系[M]．商务印书馆，1997．

[231]奥古斯丹·古诺．财富理论的数学原理的研究[M]．商务印书馆，1994．

[232]赫尔曼·海因里希·戈森．人类交换规律与人类行为准则的发展[M]．商务印书馆，1997．

[233]斯坦利·杰文斯．政治经济学理论[M]．商务印书馆，1984．

[234]卡尔·门格尔．国民经济学原理[M]．上海人民出版社，2001．

[235]斯拉法．用商品生产商品[M]．商务印书馆，1997．

[236]保罗·斯威奇．资本主义发展论——马克思主义政治经济学原理[M]．商务印书馆，1997．

[237]小罗伯特·卢卡斯．经济周期理论研究[M]．商务印书馆，2000．

[238]弗里德曼，萨缪尔森，诺斯，等．西方经济学经典选读[M]．海天出版社，2002．

[239]莱昂·瓦尔拉斯．纯粹经济学要义[M]．商务印书馆，1989．

[240]马歇尔．经济学原理[M]．商务印书馆，1994．

[241]约翰·梅纳德·凯恩斯．就业利息和货币通论[M]．商务印书馆，2005．

[242]约翰·梅纳德·凯恩斯．货币论(上下册)[M]．商务印书馆，1986．

[243]约瑟夫·熊彼特．经济发展理论[M]．商务印书馆，1990．

[244]弗里德利希·奥古斯特·哈耶克．通往奴役之路[M]．中国社会科学出版社，1997．

[245]哈耶克．致命的自负[M]．中国社会科学出版社，2000．

[246]萨缪尔森．中间道路经济学[M]．首都经济贸易大学出版社，2000．

[247]米尔顿·弗里德曼．货币数量论研究[M]．中国社会科学出版社，2001．

[248]迪特威尔·罗伯逊．现代经济学导论[M]．商务印书馆，1982．

[249]欧文·费雪．资本和收入的性质[M]．商务印书馆，2017．

[250]亚诺什·科尔奈．反均衡[M]．中国社会科学出版社，1988．

[251]莱昂内尔·罗宾斯．论经济科学的性质和意义[M]．商务印书馆，2000．

[252]大卫·柯南德尔，哈利·兰德雷斯．经济思想史[M]．人民邮电出版社，2011．

[253]罗伯特·艾伦．近代英国工业革命揭秘[M]．浙江大学出版

社，2012.

[254]托德·布赫霍尔茨. 经济学大师们[M]. 中信出版社，2012.

[255]肯尼思·约瑟夫·阿罗. 社会选择：个性与多准则[M]. 首都经济贸易大学出版社，2000.

[256]阿里桑德洛·荣卡格利亚. 西方经济思想史[M]. 上海社会科学出版社，2009.

[257]安德鲁·甘布尔. 自由的铁笼[M]. 江苏人民出版社，2002.

# 附录  尼古拉斯·卡尔多
## (Nicholas Kaldor)生平

| | |
|---|---|
| 1908 年 5 月 12 日 | 出生于匈牙利布达佩斯 |
| 1920—1923 年 | 大学预科 |
| 1924 年 | 律师事务所职员 |
| 1925 年 | 于德国洪堡大学学习经济学 |
| 1927 年 | 于英国伦敦政治经济学院学习 |
| 1929 年 | 获德国洪堡大学经济学学士学位 |
| 1930 年 | 录取为英国伦敦经济学院研究生 |
| 1931—1947 年 | 伦敦政治经济学院，助教、讲师、副教授。 |

期间：

| | |
|---|---|
| 1931 年 | 伦敦政治经济学院助教(非教职) |
| 1933 年 | 伦敦政治经济学院助教(获得教职) |
| 1934 年 | 获得英国公民身份 |
| 1935—1936 年 | 获得了洛克菲勒奖学金，到美国访学 |
| 1938 年 | 伦敦政治经济学院助教(讲师) |
| 1941 年 | 《经济研究评论》主任 |
| 1941—1943 年 | 同时也在剑桥大学授课 |
| 1945 年 | 伦敦政治经济学院高级讲师 |
| 1946 年 | 英国航空部和后勤部顾问 |
| 1947 年 | 从伦敦政治经济学院离职 |
| 1947—1948 年 | 于联合国欧洲委员会计划部任职 |
| 1949 年 | 剑桥大学国王学院研究员、讲师 |
| 1952 年 | 剑桥大学国王学院高级讲师 |
| 1952—1963 年 | 在联合国工作。 |

期间：

| | |
|---|---|
| 1956 年 | 为印度新德里经济事务部工作 |

| | |
|---|---|
| 1958 年 | 受斯里兰卡政府的邀请，为斯里兰卡直接税改革提供意见 |
| 1958—1959 年 | 为印度、斯里兰卡、中国、日本、墨西哥、秘鲁、智利提供政策建议 |
| 1961 年 | 为加纳和英属圭亚那提供政策建议 |
| 1959—1960 年 | 美国伯克利进行访学 |
| 1964—1967 年 | 于詹姆斯·卡拉汉政府任特别顾问 |
| 1966 年 | 剑桥大学国王学院个人讲座教授 |
| 1967—1968 年 | 于罗伊·金肯森政府任特别顾问 |
| 1974—1976 年 | 于丹尼斯·希尔政府任特别顾问 |

期间：

| | |
|---|---|
| 1964—1976 年 | 劳动党的经济顾问 |
| 1975 年 | 从剑桥大学退休 |
| 1986 年 9 月 30 日 | 尼古拉斯·卡尔多逝世 |